INSTITUIÇÕES, PODERES E JURISDIÇÕES

I SEMINÁRIO ARGENTINA – BRASIL – CHILE DE HISTÓRIA ANTIGA E MEDIEVAL

EDITORA AFILIADA

Visite nosso *site* na Internet
www.jurua.com.br
e-mail:
editora@jurua.com.br

ISBN: 978-85-362-1562-4

Av. Munhoz da Rocha, 143 – Juvevê – Fone: (41) 3352-3900
Fax: (41) 3252-1311 – CEP: 80.035-000 – Curitiba – Paraná – Brasil

	Guimarães, Marcella Lopes (Coord.).
G963	Instituições, poderes e jurisdições./ Marcella Lopes Guimarães, Renan Frighetto (Coords.)./ Curitiba: Juruá, 2007. 202p.
	1. História Antiga. 2. Idade Média – História. 3. Jurisdição. I. Frighetto, Renan (Coord.). II. Seminário Argentina – Brasil – Chile de História Antiga e Medieval (1.:2007 abr. 24-26: Curitiba, PR). III. Título.
00271	CDD 909.07(22.ed) CDU 930.25594

Marcella Lopes Guimarães
Doutora em História pela UFPR; Professora Adjunta de História Medieval da UFPR;
Colaboradora do Núcleo de Estudos Mediterrâneos da UFPR.

Renan Frighetto
Doutor em História Antiga pela Universidade de Salamanca (Espanha); Professor Adjunto
de História Antiga da UFPR; Bolsista PQ-ID do CNPq; Coordenador do
Núcleo de Estudos Mediterrâneos da UFPR.

Coordenadores

INSTITUIÇÕES, PODERES E JURISDIÇÕES

I SEMINÁRIO ARGENTINA – BRASIL – CHILE DE HISTÓRIA ANTIGA E MEDIEVAL

Colaboradores

Ariel Guiance
Diego Melo Carrasco
Fátima Regina Fernandes
José Carlos Gimenez
José Marín Riveros
Marcela A. E. Cubillos Poblete

Marcella Lopes Guimarães
Marcelo Cândido da Silva
Pedro Paulo A. Funari
Renan Frighetto
Renata Senna Garraffoni

Curitiba
Juruá Editora
2007

PATROCÍNIOS E APOIOS

Conselho Nacional de Desenvolvimento Científico
e Tecnológico – CNPq/MCT

Núcleo de Estudos Mediterrânicos – NEMED

COMISSÃO CIENTÍFICA

Prof. Dr. Renan Frighetto (UFPR)

Profª. Drª. Marcella Lopes Guimarães (UFPR)

Profª. Drª. Fátima Regina Fernandes (UFPR)

Prof. Dr. Ariel Omar Guiance (Universidad Nacional de Cordoba)

Prof. Dr. Marcelo Cândido da Silva (Universidade de São Paulo)

Prof. Dr. Pedro Paulo de Abreu Funari (Unicamp)

Profª. Drª. Renata Senna Garraffoni (UFPR)

INSTITUIÇÕES, PODERES E JURISDIÇÕES

I Seminário Argentina-Brasil-Chile de História Antiga e Medieval – 24 a 26 de abril de 2007 – Curitiba – Brasil

Todo encontro de caráter acadêmico-científico passa, necessariamente, por um processo de gestação, em que entram em cena pessoas interessadas e devotadas, tanto em compartilhar idéias quanto em assumir novos referenciais e perspectivas. Assim, encontrar diferentes leituras, submeter as próprias ao olhar do outro e se refazer constitui a base para a geração e difusão do conhecimento em todos os níveis e áreas. Dentre estas, a História, em especial, nos faz entender aquilo que hoje somos – nações, sociedades e estados, e nos dá particular oportunidade de rever perspectivas.

"O presente não pode esquecer-se do passado", sentenciou Arnaldo Momigliano, referindo-se a um passado que transcende à chegada de Colombo ou Cabral ao "Novo Mundo". O navegador genovês e o português trouxeram em sua "bagagem" política, social, cultural e religiosa elementos duma Europa em transformação, alicerçada numa tradição clássica greco-romana, tardo-antiga e medieval que não pode ser minimizada, com perigo de disseminarmos equívocos sobre um universo de valores que forjou o Mundo Ocidental, particularmente a nossa América Latina.

Vários historiadores e várias historiadoras sul-americanas vêm desenvolvendo suas pesquisas nesta baliza cronológica que definimos por História Antiga e Medieval. Contar com alguns deles e delas, especialistas da Argentina, Brasil e Chile, nesta primeira iniciativa do NEMED, é um privilégio. Com efeito, tratar de "Instituições, poderes e jurisdições" pode levar-nos ao estudo do universo privado, dos espetáculos, da importância política de determinados personagens, das influências ideológicas e culturais de formas de governo, das relações entre o soberano e a nobreza através da legislação, das relações entre o rei e o universo citadino, das relações entre reis e papas num período de grande turbulência política, das relações entre mouros e cristãos e da importância dos matrimônios régios na ação política dos reinos.

Essa iniciativa não seria possível sem alguns parceiros. Agradecemos, por isso, o apoio institucional e financeiro concedido pelo Conselho Nacional de Desenvolvimento Científico e Tecnológico, vinculado ao Ministério de Ciência e Tecnologia do Brasil (CNPq/MCT) e os apoios do PGHIS/UFPR, do Círculo de Estudos Bandeirantes, do Banco do Brasil e da Juruá Editora.

SUMÁRIO

EL OTRO PODER: VIDA COTIDIANA Y CONTROL SOCIAL EN ROMA
Marcela A. E. Cubillos Poblete.. 15

NOTICIAS BIZANTINAS EN ESPAÑA – EL CASO DE SAN ISIDORO DE SEVILLA
José Marín Riveros... 27

TIRANOS Y TIRANIA EN LA CASTILLA MEDIEVAL (SIGLOS VIII-XII)
Ariel Guiance... 51

ALGUNAS APROXIMACIONES EN RELACIÓN CON EL ESPACIO FRONTERIZO ENTRE CASTILLA Y GRANADA (S. XIII-XV): ESPACIO, INSTITUCIONES, GUERRA Y TREGUA
Diego Melo Carrasco.. 69

RELAÇÕES ENTRE A MUNICIPALIDADE E A MONARQUIA PORTUGUESA: O CASO DE BRAGANÇA
Marcella Lopes Guimarães... 87

PODER E ESPETÁCULO NO INÍCIO DO PRINCIPADO ROMANO
Renata Senna Garraffoni... 107

O REI E A LEI NA *HISPANIA* VISIGODA: OS LIMITES DA AUTORIDADE RÉGIA SEGUNDO A *LEX WISIGOTHORUM, II, 1-8* DE RECESVINTO (652-670)
Renan Frighetto.. 117

A MONARQUIA PORTUGUESA E O CISMA DO OCIDENTE (1378-85)
Fátima Regina Fernandes.. 137

ALIANÇAS MATRIMONIAIS COMO ESTRATÉGIAS POLÍTICAS NA PENÍNSULA IBÉRICA
José Carlos Gimenez 157

JÚLIO CÉSAR, PODER, INSTITUIÇÕES E JURISDIÇÕES NA CONSTRUÇÃO BIOGRÁFICA DE PLUTARCO
Pedro Paulo A. Funari 175

AUTORIDADE PÚBLICA E VIOLÊNCIA NO PERÍODO MEROVÍNGIO: GREGÓRIO DE TOURS E AS *BELLA CIVILIA*
Marcelo Cândido da Silva 181

ÍNDICE ALFABÉTICO 197

EL OTRO PODER: VIDA COTIDIANA Y CONTROL SOCIAL EN ROMA

Marcela A. E. Cubillos Poblete[1]

Sumario: *1. Cotidianeidad, poder y control social. 2.* **Cotidianeidad** *en Roma Imperial: cambio de vida y de mentalidad. Otros derroteros para el control social. 3. Entre vivir y padecer la Capital del Imperio. 4. La cocina: consolidación del* **buongustaio** *romano. 5. Referencias.*

1   COTIDIANEIDAD, PODER Y CONTROL SOCIAL

Norbert Elias plantea que *las coacciones sociales*, externas e internas, son elementos fundamentales para la construcción de la civilización moderna[2]. Al respecto, proponemos ampliar dicho trazado conceptual a otros períodos por cuanto, en realidad, toda sociedad posee sus propias coacciones, muchas veces ocultas, complejos entramados político-sociales que fortalecen el proyecto triunfador.

Para nosotros las *coacciones internas* son sinónimo de *cotidianeidad*, vale decir el conjunto de hábitos, rutinas, acciones automáticas, fuertemente instalados en el inconsciente colectivo y transmitidos culturalmente por generaciones. Según Elias mientras la comunidad vive las *coacciones internas*, éstas se cargan de sentimientos y compromisos emotivos que consolidan el proyecto global. Así también, estos hábitos sociales generan símbolos identitarios que homogenizan y ordenan los grupos articulando sistemas sociales cada vez más unidos y reacios al cambio.

El espacio por excelencia de las *coacciones internas* es el mundo doméstico, ventana al *intra muros* que permite distinguir otra forma de *poder*[3], aparentemente irrelevante, pero claves para el disciplinamiento en torno a un poder central que, nacido *extra muros*, se introduce en la comunidad por los corredores de la sociabilidad. Una *cotidianeidad* sólida, entonces, genera la atmósfera adecuada para el proyecto imperante, en la medida de su éxito, sea el escenario ideal para ordenar la sociedad en función de las prioridades que el poder central demanda. No obstante cuando la fuerza del cambio, inscrito en un nuevo proyecto, se hace notar en la *cotidianeidad*, las

---

[1] Doctora en Historia Antigua por la Universidad de Pisa (Italia); Profesora del Departamento de Ciencias Sociales. Facultad de Ciencias Sociales y Económicas. Universidad de La Serena, Chile; colaboradora del Nucleo de Estudos Mediterranicos de la UFPR.
[2] Cf. ELIAS, N. **El proceso de la civilización. Investigaciones sociogenéticas y psicogenéticas.** México, 1994.
[3] Cf. MANN, M. **Las fuentes del poder social.** Madrid, 1997. 2 v.

coacciones internas también pueden sufrir modificaciones significativas sin un plan previo, de manera natural y a ritmos variados dependiendo de la pertenencia socio-económico y del compromiso ideológico de la elite.

De consecuencia, a propósito del tema que nos convoca "*Instituciones, poderes y jurisdicciones en la Antigüedad*", observamos la *cotidianeidad* alto imperial romana como un *espacio de poder*, una zona de acción donde el control social de la elite gobernante mostró su imperio sea en los nuevos ideales, en los nuevos grupos emergentes desapegados a las tradiciones, como en las expectativas no cumplidas de quienes nunca alcanzaron los altos niveles de éxito que la sociedad requería para ser ubicados junto a los grandes. Ofrecemos algunas pistas para una comprensión más profunda de dicha sociedad. Para ello nos concentramos en torno a dos ámbitos de *cotidianeidad* Alto Imperial que dan cuenta sobre el cambio radical de mentalidad. El primero es el espacio urbano y la vida en ciudad. Y, el segundo, se refiere a una esfera aparentemente banal: la cocina. Estos frentes nos muestran un romano Alto Imperial alejado de la imagen del soldado-campesino, característico de la República[4]. Ahora el romano medio del Alto Imperio Romano responde a una tipología social más urbana, de aglomeraciones, "plurireligiosa", exigente, sofisticada, más elitista, exitista y, por lo mismo, más frustrada a la hora de hacer un balance de vida.

2 *COTIDIANEIDAD* EN ROMA IMPERIAL: CAMBIO DE VIDA Y DE MENTALIDAD – OTROS DERROTEROS PARA EL CONTROL SOCIAL

Desde el inicio del siglo I a.C. la *luxuria Asiatica* había "invadido" la mentalidad de la clase dirigente romana, siendo fuente de continuos ataques de parte de algunos pensadores quienes, identificados con modelos republicanos como Catón el Viejo, se mostraban reacios al gusto por el lujo y exteorización de las riquezas[5] tan de "moda" por esos años. Esta intelectualidad sentía que esas "modas" eran rasgos típicos de la cultura helenística y, por lo mismo, ajenos y dañinos a la esencia de la *romanitas*[6]. De hecho hasta la Guerra Social (91-88 a.C.) la mentalidad romana se asociaba a un ideal de vida de austeridad, sencillez, gran apego al pasado y a la tierra[7].

Ahora, ¿cómo se explica un cambio tan radical? Por nuestra parte, y en atención al contexto de nuestra comunicación, sólo podemos señalar que las causas del cambio de mentalidad romana fueron numerosas y con variadas aristas. Por de pronto destacamos algunos puntos neurálgicos. Uno

---

[4] BARROW, R. H. **Los romanos**. México, 1975; © 1949. p. 61-81.
[5] La proliferación del sepulcro individual de tipo heroico y del retrato son una muestra de estas nuevas costumbres. Cf. ZANKER, P. **Augusto e il potere delle immagini**, (trad. it.) Torino, 1989.
[6] Cf. DUPONT F. **La vita quotidiana nella Roma repubblicana**, (trad. it.) Roma-Bari, 1990.
[7] TORELLI, M.; GRECCO, E. **Storia dell'Urbanistica. Il mondo romano**. Roma-Bari, 1988. v. 2, p. 104-125.

de los más significativos, a nuestro parecer, es el triunfo romano en la última Guerra Púnica (149-146 a.C.) o el proceso iniciado con el triunfo en la Primera Guerra Púnica (264-241 a.C.). Como sea Roma triunfa sobre Cartago y extiende su horizonte hasta África transformando la pequeña capital del *Latium* en el centro de un imperio territorial conducido por una elite gobernante inspirada y "llamada" a ese fin, ideal que proyecta en el *populus*. Roma dejó de ser una capital más del Mediterráneo Occidental; todo romano se siente El habitante de La Capital del *Mare Nostrum*.

Otro punto neurálgico es la acción de Sila (82-79 a.C.). De frente a la devastación arquitectónica de Roma, producto de las Guerras Sociales y Civil, el general romano opta por un camino novedoso – un tanto helenístico – compartido incluso hasta por sus enemigos políticos: la reconstrucción urbana. Tal proyecto generará una carrera desenfrenada por obtener y realizar las obras más prestigiosas, cuya principal finalidad será la de hacer pública ostentación de la "generosidad" de una personalidad determinada[8], antecedente clave para el evergetismo romano imperial[9]. En este contexto también se inscribe Pompeyo, quien gracias a los triunfos militares en Oriente (66-62 a.C.), materializa su ambicioso programa arquitectónico centrado en el Circo Máximo, el Campo Marcio y la obra más helenística de todas, el Teatro, luego convertido en *opere Pompeianae*[10]. La Guerra Civil (88-31 a.C.) interrumpe el programa pompeyano que luego es retomado por Julio César.

Sorprendentemente, los *mores maiorum* nunca fueron abandonados públicamente, y la visión del pasado se convierte más bien en una fantasía, una utopía narrativa que inspira a literatos, poetas y artistas, mientras en la verdadera *cotidianeidad* el ideal de vida simple se modificó radicalmente para dar paso a dos tipologías de vida urbana. La primera y más conocida es aquella cargada de elegancia, refinamiento y sofisticación, propia de la clase alta, situación que muchos intelectuales incluso disfrutaban en sus *domus*, pero se negaban de aceptar públicamente como símbolo de la nueva identidad romana. La segunda tipología de hombre urbano alto imperial, será aquella cargada de miserias, dificultades, aglomeraciones, insalubridad y goces temporales.

En este ambiente urbano, político y de mentalidad se inscribe Augusto y los emperadores que le siguen, todos trascendentales en el cambio de mentalidad. Como sabemos Octaviano permanentemente busca rescatar el

---

[8] De hecho el proyecto urbanístico *silano* se prolongó hasta después de su muerte: en el 78 a.C. el cónsul M. Emilio Lépido reconstruye la Basílica Emilia y el colega Q. Lutacio Catulo realiza el *tabularium*. *Ibidem*, p. 117-120.

[9] Cf. VEYNE, P. **Il pane e il circo. Sociologia storica e pluralismo politico**. (Trad. it.) Bologna, 1984.

[10] La *villa* de Pompeyo, los *ludi scaenici*, la *porticus Minucia*, el Circo Flaminio, la *pompa triunphalis* y los *ludi greadiatorii*, constituyen un complejo único con un claro proyecto ideológico. TORELLI, M.; GRECCO, E. **Storia dell'Urbanistica...**, p. 122.

espíritu republicano tanto en el marco ideológico del nuevo sistema de gobierno, como desde el punto de vista de la fachada urbana de Roma: la fisonomía de la ciudad sirve para expresar un nuevo mensaje político, donde no casualmente el ideal republicano se funde con la propia figura de Augusto[11]. El *saeculum augustum* se convierte en un momento de cambio del entero sistema de comunicación visiva. No es exagerado, pues observar que lógicamente todo esto traería repercusiones profundas para cada uno de los miembros de la sociedad alto imperial. Sin ir muy lejos, antropológicamente sabemos que vivir en sociedad también pasa por un fenómeno de imitación social, todos de una u otra forma imitamos a otros, en especial a las elites, a fin de ser aceptados en nuestra propia comunidad. Por ende, no debiera resultar extraño que este intenso clima de cambios, de innovaciones, de nuevos gustos afectara profundamente la vida cotidiana del romano común.

3   ENTRE VIVIR Y PADECER LA CAPITAL DEL IMPERIO

La paulatina desaparición de la pequeña propiedad campesina[12] llevó a que muchos se dirigieran a los grandes centros urbanos[13], acentuando los problemas propios de grandes grupos humanos residiendo en lugares limitados. Una consistente masa proletaria, la plebe urbana, representaba un indudable factor de inquietud social, objeto de las continuas maniobras, propias de la lucha política, incentivadas por las grandes familias dominantes que, siguiendo una "politica de prestigio", buscaban asegurarse el apoyo de la plebe urbana, todavía depositaria del poder electoral.

Paralelo al cuadro de reorganización y embellecimiento de la ciudad, Roma vivía otro proceso, aún más decisivo en su replanteamiento como centro urbano: la reorganización de las masas urbanas[14], consecuencia del aumento de la población[15]. Atraídas por las oportunidades que ofrecía la ciudad, en especial por los beneficios a ellas reservados – derecho de residencia, derecho a voto, distribuciones de grano[16], espectáculos gratuitos etc. –, desde finales del siglo

---

[11] ZANKER, P. **Augusto e il potere delle immagini...**, p. 87.
[12] Cf. CARANDINI, A. **Schiavi in Italia**. Roma, 1988.
[13] La urbanización es uno de los grandes cambios de la península desde mediados del siglo III a.C. Se modifica el paisaje general, mientras el centro y la periferia se fortalecen, constituyendo partes de un mismo conglomerado urbano, con frecuencia asociado a específicas realidades socioeconómicas TRAINA, G. **Ambiente e paesaggio di Roma Antica**. Roma, 1992. p. 30-88.
[14] CHEVALLIER, R. Cité et territoire. Solutions romaines aux problèmes de l'organisation de l'espace. *In*: **ANRW**, II, 1, 1974. p. 649-788.
[15] Los cálculos de la población romana son variados, con cifras que oscilan entre los 400.000 habitantes en la época de Sila (aprox. 82 a.C.) y 1.000.000 en la época de Augusto (14 d.C.). Cf. SALMON, P. **Population et dépopulation dans l'Empire romain**. Paris, 1974; DUNCAN-JONES, R. P. **Structure and Scale in the Roman Economy**. Cambridge, 1990; HERMANSEN, G. The population of Imperial Rome. *In*: **Historia**, 27, 1978. p. 166-170.
[16] Cf. GALLO, L. Demografia e alimentazione. *In*: SETTIS, S. (a cura di) **Civiltà dei Romani. Il rito e la vita privata**. Milano, 1992. p. 246-259; GARNSEY, P. **Carestia nel mon-**

II a.C. el crecimiento demográfico[17] no se detuvo hasta el siglo III d.C., cuando la gran capital alcanza su máxima expansión.

Asimismo existen otros aspectos relacionados con la urbanística de la ciudad igualmente significativos, muchas veces "respuestas" ante la situación que vivía la Urbe, nos referimos por ejemplo al aumento de los barrios populares, la creación de gigantescas infraestructuras, el surgimiento de una fuerte especulación sobre los terrenos – pensemos en Craso[18] –, la propagación de la *villa* de producción esclavista[19] y la difusión de la decoración helenística tanto en ámbito público, como privado[20].

Con el tiempo, no obstante la plebe fuese perdiendo su derecho a voto, seguía ocupando un papel, era una "voz" que debía ser escuchada y, por lo mismo, influía en la estabilidad política de la gran capital que, a su vez, repercutía en el Imperio. La masa urbana y su movimiento social cumplían un nuevo rol – no muy lejano a la opinión pública contemporánea –, por lo tanto conseguir su favor era uno de los primeros pasos para llegar a la casa imperial. Además que mantener un cierto equilibrio era un hecho indispensable para vivir, Roma no podía permitirse el caos urbano.

Un buen ejemplo de todo el cuadro descrito hasta ahora lo ofrece Décimo Junio Juvenal[21] en sus diez y seis Sátiras, donde ilustra pormenorizadamente la deteriorada calidad de vida de muchos habitantes de la capital y las variadas sofisticaciones que caracterizan al romano más pudiente.

Dentro de sus observaciones destaca el aire "superficial" de la Urbe comprobado en el escaso interés por la política y la excesiva preocupación por las donaciones de grano y espectáculos gratuitos (X.77-81). A su vez, la Urbe no ofrece adecuadas condiciones de vida: vivir en Roma implica *mille pericula* (III.8). Otro de los inconvenientes era el ruido continuo. En efecto, durante la noche el alboroto era tal que ni siquiera se podía dormir (III.231),

---

do antico. **Risposte al rischio e alla crisi** (Trad. it.) Firenze, 1997; PUCCI, G. I consumi alimentari. *In*: **Storia di Roma**. 4: Caratteri e morfologie. Torino, 1989. p. 369-387.

[17] Tal crecimiento es más evidente desde finales del siglo II a.C. con la realización de los *Horrea Galbana*, indispensables para conservar los alimentos (especialmente el grano) ofrecidos a la población. La progresiva acumulación de un enorme cantidad de restos de ánforas, a espaldas de los *Horrea Galbana*, terminaron por formar una pequeña colina por todos conocida como el *Mons Testaceus*, la cual confirma la gran cantidad de utensilios usados en las mencionadas distribuciones y el alto número de población. COARELLI, F. La crescita urbana di Roma. *In*: SETTIS, S. (a cura di) **Civiltà dei Romani. La città il territorio l'impero**. Milano, 1990. p. 23.

[18] M. Licinio Craso, uno de los triunviros (60 a.C.), se habría enriquecido a desmesura gracias a sus diversas inversiones inmobiliarias. ALBENTIIS, E. de **La casa dei romani**. Milano, 1990. p. 115.

[19] CARANDINI, A. **Schiavi in Italia...**, p. 19-224.

[20] TORELLI, M.; GRECCO, E. **Storia dell'Urbanistica...**, p. 117 e ss.

[21] Aparte de las Sátiras, las fuentes más usadas para reconstruir la vida del poeta son: 1) la *Vita Iuvenalis* (incluida en el código *Pithoeanus*, del siglo VI d.C.), 2) Los Escolios, 3) la inscripción de Aquino y 4) *Los Epigramas* de Marcial (probable gran amigo de Juvenal).

llegando Juvenal a afirmar que un romano pobre no tenía derecho a dormir porque estaba obligado a vivir en barrios bulliciosos y activos (III.235, III.236-238). En la agitada ciudad sólo los ricos podían salir adelante, gracias a sus *litigas* ¡hasta con ventanas! (I.30-32, I.63-68). Mientras ellos esquivaban la masa urbana que llena las calles (III.239-242), la otra parte de la población, a pié intenta abrirse paso en una carrera desenfrenada, esquivando empujones, pisoteadas, fango y hasta cocinillas con motivo de la *sportula*[22] diaria (III.243-248; III.249-250).

Los accidentes viales amenazaban continuamente a la población, consecuencia de carros que transportaban las mercaderías más variadas (III.254-256, III.257-261). Pero las preocupaciones no terminan ahí, existía un desvelo aún mayor, los incendios (III.7) que en los barrios populares parecían ser usuales (III.197s.). Incluso existía una especie de "broma" o venganza – eso debe ser aclarado – que seguramente en más de una ocasión terminó mal: quemar la puerta de casa de un residente en la ciudad (IX.97-99). Otros riesgos eran: los derrumbes de casas (III.190-196), las tejas caídas (III.269s.) y los innumerables objetos botados desde las ventanas (III.270s., III.271s., III.274s., III.276-277).

Otro aspecto relacionado con la calidad de vida en Roma Imperial es la inseguridad ciudadana producto de robos, peleas callejeras, bandas de delincuentes[23] escondidas en las afueras de la ciudad (III.302-315), y el permanente aumento de los mismos durante las festividades (XIII.23-25).

Entre los barrios comerciales uno se destaca: la Suburra (V.106, X.156, XI.50-51, XI.141). Zona popular y mercantil, situada entre el Quirinal y el Esquilino, al parecer no presentaba las mínimas condiciones de habitabilidad ya que el poeta prefiere una pequeña isla deshabitada en la costa de Campania a vivir en la Susurra que incluso la asocia al lugar de proveniencia del pescado de mala calidad (V.103-106). La zona más allá del Tíber corresponde a otro importante barrio comercial. Aquí surgían mercados malolientes que, para variar, no siempre vendían sus productos a precios particularmente honestos (XIV.200-204).

El corazón de Roma era ocupado por una serie de *tabernae*[24] (I.105) que permanecían abiertas hasta tarde en la noche (VIII.158-162). En estos locales el vino ocupaba un puesto privilegiado y el ambiente mezclaba ebrios

---

[22] Parte del acuerdo clientelar entre *patronus* y cliente, la *sportula* era una suerte de bonificación en determinado contexto de *amicitia* e *fides*. Diariamente el *patronus* ofrecía el la *sportula* al *cliens*. Este tipo de relación interpersonal desde finales del siglo I a.C. fue perdiendo valor, convirtiéndose en un mero trámite por intermedio del cual el cliente recibía la *sportula* (no siempre en dinero, muchas veces podían ser alimentos u otros) a cambio de su favor político en las votaciones.

[23] SHAW, B. D. Bandits in the Roman Empire. *In*: **P&P**, 102-105, 1984. p. 3-52; WHITTAKER, C. R. Il povero. *In*: GIARDINA, A. (a cura di) **L'uomo romano**. Roma-Bari, 1993. p. 299-333.

[24] De las cuales sabemos que, por lo menos cinco, podían pertenecer a un mismo propietario quien no necesariamente era un ciudadano romano (III.102-106).

con gente de los oficios más variados, desde esclavos hasta marineros (VIII.172-178). Los negocios predominantes junto a las *tabernae* se dedicaban a la venta de perfumes, de "moda" en la época y duramente criticados por Juvenal (II.40-42). Además, no tenemos que olvidar el verdadero "negocio" constituido por los *lupanares* que aunque poco mencinados igualmente la arqueología ha demostrado su número y centralidad respecto a la Suburra.

4 LA COCINA: CONSOLIDACIÓN DEL *BUONGUSTAIO* ROMANO

En el Imperio Romano la cena era el momento definitivamente más importante del día. Ahora ese momento no era sólo cuando el dueño de casa – *dominus* y *pater familias* – se alimentaba, sino sobre todo era el momento de socializar por excelencia a través de todo tipo de placeres discursivos, culinarios, poéticos, filosóficos, musicales etc.[25]. Relajarse en torno a una mesa bien servida refleja una forma de vida de elite y que, a la larga, se convirtió en el icono del "saber vivir a la romana".

El paso de la República al Imperio implicó una serie de cambios profundos, tanto en la ciudad, como en la vida cotidiana. Por ahora nos limitaremos a la clase alta ya que las fuentes se pronuncian más claramente sobre el tema. Sin embargo, así como reconstruimos el paisaje urbano del romano medio, también es posible reconstruir la vida cotidiana más íntima del romano común.

Con el siglo I a.C. llegaron en abundancia nuevas gentes, nuevas tierras, nuevas costumbres, nuevos productos y también nuevas necesidades. En ese clima, la elite se adapta con rapidez, después de todo antropológicamente está demostrado que resulta más fácil adaptarse a la abundancia que a la necesidad ¿no?

Esta elite se ve influida por el gusto orientalizante que inundó todos los ámbitos de la vida urbana. La *domus*, por ejemplo, aumentó sus dimensiones y el número de habitaciones lo que posibilitó el cambio de sala según la estación del año[26]. En la "sala del banquete" o *triclinium,* generalmente de planta cuadrangular, se ubicaban tres letigas o divanes en tres de sus lados, con capacidad para tres personas cada uno, dejándose libre el cuarto lado para la disposición del servicio y productos a consumir durante la velada. Cada romano consumía los diversos productos y platos recostado, apoyado en el brazo izquierdo y asegurando su comodidad gracias a los numerosos cojines. Durante el Alto Imperio llegaría incluso una nueva moda: las letigas semicirculares con capacidad hasta para nueve invitados.

Así como para la sociedad romana la imagen pública y el "buen nombre" eran capitales, el mundo culinario fue un excelente espacio

---

[25] Recordemos la famosa cena de Trimalción descrita por Petronio *El Satiricón*.
[26] Cf. ALBENTIIS, E. de. **La casa dei romani**.

doméstico donde poder hacer gala del propio éxito y poder económico; todo servía para el juego de las apariencias: la comida, los vinos, las frutas, la vajilla, la decoración de la sala[27], el número de esclavos etc. Eso sí todo debía "hablar bien" de la familia.

Por otro lado, recordemos que el *triclinium* era un lugar sagrado, asociado al fuego del hogar, con profundo valor cósmico[28]. De allí, por ejemplo, la frecuencia de ciertas prohibiciones rituales para la sala: barrer, recoger los alimentos caídos, entrar en la sala con el pié izquierdo, dar vuelta la sal, cortar la carne con la punta del cuchillo, entendido casi como herir a un muerto. El número de comensales también estaba regulado: se debía evitar el número par (mal presagio), existiendo un mínimo de tres y un máximo de nueve. De igual manera, se debían evitar los temas tristes, aunque tampoco era recomendable permanecer en silencio. Por último, tampoco la vestimenta se podía descuidar: la toga no debía presionar el cuerpo, quedando libre y cómodo. La cena se enmarcaba en una atmósfera cuanto menos licenciosa y muy relajada[29].

En cuanto a los alimentos mismos, la entera cena estaba constituida por tres platos: *antipasto*, plato de fondo y postres. No obstante todos se fueron modificando con el pasar el tiempo[30].

Sobre esta materia en el Libro I Juvenal ofrece varias pistas a través de dos cenas largamente descritas. La primera, en la IV Sátira, describe una cena organizada por el emperador Domiciano[31] quien, acompañado por comensales de dudosa fama (v. 65), disfruta de platos marinos, anunciados como productos de consumo masivo en los estratos socio-económicos más altos. Particular atención dedica al pescado, delicia muy preciada. De hecho menciona distintas especies variadas proveniencias, por ejemplo, el "siluro" de Egipto o aquellos de los "hielos meóticos" (Mar de Azov). Los mariscos, ostras y erizos son presentados como exquisiteces por pocos conocidas, asociadas a paladares muy refinados y acostumbrados a dichos platos ya que pueden distinguir perfectamente la proveniencia de un producto sólo basados en su gusto (v.140 ss.). Por otra parte resulta singular la mención del tamaño de un pescado, el "rodaballo", interpretado como anuncio de futuros prodigios (v. 125 e ss.). En cuanto a las bebidas el vino que ocupa el centro de la escena proviene de Falerno (v. 139).

---

[27] **Recordemos la difusión en ámbiente romano de los diversos estilos de pinturas parietales**: pompeyano I, II, III y Iv. Cf. *Idem.*
[28] **Pensemos el caso de la *Domus Aurea*, donde Nerón también concibió el comedor principal a imagen del universo.** Cfr. *Idem.*
[29] Cf. ROBERT, J.-N. **I piaceri a Roma**. (Trad. it.) Milano, 1985.
[30] A este propósito, la obra del "*shef*" romano por excelencia, Apicio, ha sido una de las fuentes más ricas para conocer los gustos culinarios romanos en época imperial. Cf. **De condituris**.
[31] Tito Flavio Domiciano, emperador de origen romano. Elegido por los pretorianos y confirmado por el Senado sucede. a su hermano, el emperador Tito. Muere apuñalado por una conjura de palacio en el 96 d.C.

Por su parte, en la V Sátira Juvenal describe otra cena donde matiza cuestiones sociales con cuestiones culinarias. Una de ellas es proponer, tras una fuerte ironía, como "supremo bien" vivir de la mesa ajena, insinuando un modelo de virtud de hombre parásito[32] que contradice los *mores maiorum* de virtud, austeridad y honestidad. No obstante cuando la desesperación conduce a un individuo, con dignidad, a soportar todo esto, es claro que el orgullo quedará satisfecho con un poco de comida (v. 6), debiendo aceptar unos comensales de dudoso prestigio. Pensando estos casos, el poeta recomienda vivir mejor en puentes, aceras o esteros (v. 8 e s.), lugares más dignos antes que rebajarse por un plato de comida.

Todo ello porque, en estas nuevas costumbres citadinas, la cena es un medio de pago más de la "lealtad". Ahora, independiente de la crítica situación de los más pobres, no deja de hacer pensar la difícil situación por la que pasaban algunos romanos como para aceptar tales humillaciones. Asimismo, desde otro ángulo la escena también es una demostración palpable de la profunda transformación de las relaciones, tanto políticas, como humanas. La nobleza aparece como una clase donde priman las apariencias y la clientela un grupo de desesperados, humillados y dispuestos a todo contar de alimentarse. Por ello el cliente acepta ser un mero relleno de espacio: todos se usan en función de sus intereses. La cena, entonces, se ha convertido más que nada en una *vitrina social*, asumiendo un código comunicacional donde la condición socioeconómica es el principal mensaje a enviar.

Retomando las cuestiones culinarias, la sátira confirma el mal trato al cliente cundo éste se ve obligado a aceptar un vino mala calidad, usado incluso para desgrasar la lana, el cual puede hasta transformar a los comensales en *coribantes*[33]. Pero la humillación puede ser aún mayor cuando a los comensales más humildes se les ofrece agua en lugar de vino (v. 34).

Se destacan dos tipos de pan, el duro y mohoso destinado para el cliente pobre y que sirve, sobre todo para los fines irónicos de la sátira, pero que seguramente no dista mucho de la realidad, y, por otro lado, el pan amasado, tierno y blanco destinado al dueño de casa. De consecuencia, el color del pan de cada comensal lo define a sí mismo socioeconómicamente hablando (v. 65-71).

Interesante comparación nos muestra Juvenal en el verso 85 cuando al describir la diferencia entre los platos del *dominus* y los platos del humilde cliente invitado a la cena dice: al primero se le sirve una enorme langosta (el tamaño de la cola lo dice todo) acompañada de espárragos y al segundo se le sirve una *feralis cena* o sea una "cena de velatorio", conocida por su modestia: un langostino acompañados de dos medios huevos. Para condimentar la cena de los clientes se valen de aceites malolientes de África.

---

[32] Cf. DAMON, C. **The Mask of the Parasite. A Pathology of Roman Patronage**. University of Michigan, 1997.
[33] Los sacerdotes de la diosa Cibeles, conocidos por las festividades orgiásticas y sanguinarias.

En otro contexto, resulta muy reveladora la afirmación del verso 92 cuando señala que prácticamente ya no hay peces en el *mare nostrum* y en el Tirreno los pocos que hay casi no tienen tiempo para crecer porque rápidamente son consumidos. Todo por culpa de la glotonería. En otras palabras, Juvenal es claro al subrayar la escasa conciencia ecológica de la *elite* romana. Nada importa más que satisfacer los propios lujos sin pensar en nadie ni en nada.

También en este caso, las diferencias sociales se observan en platos de origen marino. Mientras al señor se le ofrece una "morena" de Sicilia, de gran tamaño, al cliente le sirven una anguila, comparada con una larga culebra o, en invierno, un pez del Tíber "cebado en los remolinos de la cloaca y acostumbrado a plantarse por las alcantarillas en medio de la Suburra" (v. 105 e ss).

Finalmente otro fuerte contraste se da cuando, uno de los comensales, Aledio, pide "trufas" en vez de pan (el alimento más común de la plebe) y en ambos caso es África el lugar de proveniencia de tales productos. La Península Itálica ha dejado de ser tierra de campesinos y agricultores.

Los comensales son descritos como seres tan hambrientos que son presa fácil de los olores de la cocina de los señores (v. 162 e ss.) y, en ese contexto, el poeta es muy categórico: "*Es listo ése que así te maneja. Si puedes aguantarlo todo, es que también lo mereces*" (v. 170).

En definitiva, Roma fue cambiando, generando nuevas formas de ordenamiento de la sociedad con metas que, distanciadas de las viejas tradiciones, soñarán con un mundo absolutamente ideal que ya no está y que, por las condiciones imperante, tampoco podrá renacer. El hombre alto imperial romano fue un hombre de gran cosmopolitismo, consciente de las dimensiones del "mundo" en ese momento y, a momentos, deseoso de ser un pequeño ídolo al interior de ese mundo, menos riguroso y más placentero que la austera vida republicana.

5 REFERENCIAS

ALBENTIIS, E. de **La casa dei romani**. Milano, 1990. p. 115.
BARROW, R. H. **Los romanos**. México, 1975, © 1949. p. 61-81.
CARANDINI, A. **Schiavi in Italia**. Roma, 1988.
CHEVALLIER, R. Cité et territoire. Solutions romaines aux problèmes de l'organisation de l'espace. *In*: **ANRW**, II, 1, 1974. p. 649-788.
COARELLI, F. La crescita urbana di Roma. *In*: SETTIS, S. (a cura di) **Civiltà dei Romani. La città il territorio l'impero**. Milano, 1990. p. 23.
DAMON, C. **The Mask of the Parasite. A Pathology of Roman Patronage**. University of Michigan, 1997.
DUNCAN-JONES, R. P. **Structure and Scale in the Roman Economy**. Cambridge, 1990.
DUPONT F. **La vita quotidiana nella Roma repubblicana**. (Trad. it.) Roma-Bari, 1990.
ELIAS, N. **El proceso de la civilización. Investigaciones sociogenéticas y psicogenéticas**. México, 1994.

GALLO, L. Demografia e alimentazione. *In*: SETTIS, S. (a cura di) **Civiltà dei Romani. Il rito e la vita privata**. Milano, 1992. p. 246-259.

GARNSEY, P. **Carestia nel mondo antico. Risposte al rischio e alla crisi** (Trad. it.) Firenze, 1997.

HERMANSEN, G. The population of Imperial Rome. *In*: **Historia**, 27, 1978. p. 166-170.

MANN, M. **Las fuentes del poder social**. Madrid, 1997. 2 v.

PUCCI, G. I consumi alimentari. *In*: **Storia di Roma**. 4: Caratteri e morfologie. Torino, 1989. p. 369-387.

ROBERT, J.-N. **I piaceri a Roma**. (Trad. it.) Milano, 1985.

SALMON, P. **Population et dépopulation dans l'Empire romain**. Paris, 1974.

SHAW, B. D. Bandits in the Roman Empire. *In*: **P&P**, 102-105, 1984. p. 3-52.

TORELLI, M.; GRECCO, E. **Storia dell'Urbanistica. Il mondo romano**. Roma-Bari, 1988. v. 2, p. 104-125.

TRAINA, G. **Ambiente e paesaggio di Roma Antica**. Roma, 1992. p. 30-88.

VEYNE, P. **Il pane e il circo. Sociologia storica e pluralismo politico**. (Trad. it.) Bologna, 1984.

WHITTAKER, C. R. Il povero. *In*: GIARDINA, A. (a cura di) **L'uomo romano**. Roma-Bari, 1993. p. 299-333.

ZANKER, P. **Augusto e il potere delle immagini**. (Trad. it.) Torino, 1989.

NOTICIAS BIZANTINAS EN ESPAÑA – EL CASO DE SAN ISIDORO DE SEVILLA

José Marín Riveros[1]

Sumario: *1. Relaciones entre el reino godo y Bizancio. 2. Visigodos y Bizantinos frente a frente. 3. La Realeza Goda. 4. Viajeros. 5. La conexión africana y el caso de Mérida. 6. Comencíolo. 7. Notas acerca de la actitud de la historiografía visigoda frente a Bizancio. 8. Recapitulación en torno al* **Chronicon** *de San Isidoro. 9. Referencias.*

San Isidoro de Sevilla, en su *Chronicon*, nos informa acerca de las invasiones eslavas en los Balcanes, en época del emperador Heraclio[2], cuestión que nos ha llevado a preguntarnos acerca del cómo pudo el Hispalense informarse acerca de un hecho que no sólo ocurría muy lejos de su tierra, sino que además las fuentes bizantinas apenas registran. ¿Pudo el obispo haber tenido fuentes de información fidedignas de lo que entonces sucedía en oriente? Creemos que sí, y una breve revisión de las relaciones visigodo-bizantinas nos puede aclarar esta cuestión, indicándonos qué tipo de informantes se pueden identificar y cómo San Isidoro pudo recibir noticias de ellos.

1 RELACIONES ENTRE EL REINO GODO Y BIZANCIO

Es muy probable que, para el Imperio Bizantino, los dominios de *Spania* – nombre que recibían los territorios conquistados en la Península Ibérica – no hayan revestido nunca gran relevancia, excepto por su situación geopolítica. En efecto, Spania ocupó territorialmente una posición marginal – aunque clave en la navegación mediterránea – y cronológicamente se trató de una región que no pudo sostenerse sino por poco más de setenta años. Así, las fuentes bizantinas dicen muy poco acerca de Hispania[3], y la documentación visigoda, algo mayor, no es, muchas veces, suficientemente clara. Ello explica que los estudios acerca de las relaciones entre el Reino Visigodo de Toledo y el Imperio Bizantino sean relativamente escasos – aparte, claro está, de las

---

[1] Profesor en la Pontificia Universidad Católica de Valparaíso, Pontificia Universidad Católica de Chile, Universidad Adolfo Ibáñez; colaborador permanente del Centro de Estudios Bizantinos de la Universidad de Chile; colaborador permanente del Nucleo de Estudos Mediterranicos de la UFPR.

[2] "*Eraclius dehinc sextum decimum agit imperii annum. Cuius initio Sclaui Graeciam Romanis tulerunt...*". **Chronicon**, A. M. 5813 (Martín, CCEL, 2003, Brepols, p. 203)

[3] *V.* FREIXAS, A. España en los historiadores bizantinos. *In*: **Cuadernos de Historia de España**, n. XI-XII, 1949, Buenos Aires, p. 5-24.

obligadas referencias en los manuales generales –, siendo la valoración del influjo oriental en territorio peninsular, una cuestión todavía abierta[4].

Entre los estudios que podríamos llamar "clásicos", se cuentan los de P. Goubert y H. Schlunk, trabajos que podríamos considerar "pioneros" en el tema, y que plantearon los problemas centrales de las relaciones godo-bizantinas. Unas dos décadas más tarde, nos encontramos con la obra de E. A. Thompson, quien dedica un apéndice de su libro al tema, un capítulo bien documentado que examina, particularmente, la cuestión política y administrativa. Pero, sin duda, el aporte más significativo en esta materia corresponde a las investigaciones de M. Vallejo, quien en los años noventa del siglo pasado publicó varios trabajos en los que abordó prácticamente todas las aristas que plantea esta temática. A su tesis doctoral publicada en 1993, se pueden agregar algunos artículos que dicen relación con tópicos bastante precisos, como es el caso de la inscripción de Comenciolo, por ejemplo. De la misma época datan los estudios de J. M. Hoppe y de A. Prego de Lis, quienes nos demuestran el renovado interés de los últimos quince años en el estudio de un tema que, por largo tiempo, quedó semi abandonado.

En nuestro caso, nos interesa indagar en algunos tópicos de las relaciones entre el Reino Visigodo de Toledo y el Imperio Bizantino, entre mediados del siglo VI y comienzos del VII, especialmente en el ámbito cultural, con el fin de establecer posibles vías a partir de las cuales San Isidoro de Sevilla pudo conocer lo que contemporáneamente ocurría en el Mediterráneo Oriental. No pretendemos, pues, realizar un estudio exhaustivo de aquellas relaciones de influencia, pero sí detenernos en algunos detalles significativos, sin perder de vista nuestro objetivo.

2   VISIGODOS Y BIZANTINOS FRENTE A FRENTE

Desde el año 552, y hasta el 625, el Imperio Bizantino mantuvo una fuerte presencia – especialmente militar – en el sur y levante de la península Ibérica, región que se integró al Imperio como provincia con el nombre de *Spania*[5]. Frente a Bizancio, la población visigoda sostuvo una actitud

---

[4] *V.* BADENAS, P. Informe sobre los estudios bizantinos en España. *In*: **La filologia medievale e Umanistica Graeca e Latina nel secolo XX**. Roma, 1993, v. II, p. 753-768, trabajo parcialmente actualizado en: <http://www.filol.csic.es/bizantinos/bizesp. html>.

[5] *V.* en general: GOUBERT, P. Byzance et l'Espagne wisigothique (554-711). *In*: **Etudes Byzantines**, II, 1944, Bucarest, 1945, p. 5-78; MALLEROS, F. **El Imperio Bizantino 395-1204**. Ediciones del Centro de Estudios Bizantinos de la Universidad de Chile, Segunda Ed. revisada, aumentada y actualizada, 1987 (1951), Santiago de Chile, p. 114-116; SAYAS ABENGOCHEA-GARCÍA MORENO. **Romanismo y Germanismo. El despertar de los pueblos hispánicos (siglos IV-IX)**. v. II de la *Historia de España* de Tuñón de Lara, Labor, Primera reimpresión de la primera edición, 1982 (1981), Barcelona, p. 330 y ss.; VASILIEV, A. **History of the Byzantine Empire 323-1453**. The University of Wisconsin Press, Second english ed. 1964 (1928), Madison and Milwaukee, p. 137 y s.; THOMPSON, E. A. **Los godos en España**. Tradução de J. Faci, Alianza ed. Segunda edición, 1979 (Oxford, 1969), Madrid, p. 365 y ss. v. tb. DE VALDEAVELLANO, L. G. La moneda y la economía de

ambigua: si, por un lado, se advierte una actitud hostil hacia el invasor, por el otro lado es posible percibir el enorme influjo del Imperio sobre el mundo godo ibérico. Ambas posturas pueden parecer paradójicas, pero no son contradictorias, pues se resuelven en planos distintos.

Algunos autores llegaron a suponer que los habitantes del Reino Visigodo, especialmente la aristocracia hispanorromana, vieron con agrado la llegada de los ejércitos imperiales. Tal idea descansa, sobre todo, en una cuestión de índole religiosa[6], pero nada nos permite asegurar que la población católica peninsular se haya sentido especialmente identificada con los recién llegados. Es más, para muchos de ellos el oriente bizantino era una verdadera cuna de la herejía[7], de modo que en ese plano también es posible encontrar una actitud hostil hacia el invasor – como veremos más adelante en el caso del propio San Isidoro de Sevilla –, toda vez que en la época de Justiniano se desató la querella religiosa de los "Tres Capítulos"[8], que tensionó a la Cristiandad de la época.

A pesar del rechazo, se estaba produciendo – incluso con anterioridad – una paulatina bizantinización de la monarquía goda, que ahora se vio acentuada[9]: *"a la invasión guerrera había precedido la penetración pacífica"*[10].

La influencia de Bizancio sobre los godos se dio de diversas maneras, en distintos niveles y con mayor o menor intensidad, según el caso, ya sea que se trate del comercio, la vida política, o el ámbito cultural e intelectual.

3 LA REALEZA GODA

La influencia del oriente griego en la Península Ibérica se hizo sentir a lo largo de toda la segunda mitad del siglo VI y las primeras décadas de la centuria siguiente – directamente algunas veces, y otras indirectamente –. Pero fue entre los años 568 y 601, que corresponde a los reinados del arriano

---

cambio en la península ibérica desde el siglo VI hasta mediados del siglo XI. *In*: **SSS**, v. VIII, p. 216.

[6] *V*. DUBLER, C. Sobre la Crónica arábigo-bizantina del 741 y la influencia bizantina en la península Ibérica. *In*: **Al-Andalus**, v. 11, n. 2, 1946, p. 291; más recientemente: CASTILLO, R. Bizancio en España. *In*: **PORFURA**, n. 3, 2004, p. 47 y s. [www.imperiobizantino.it].

[7] *V*. SAN ISIDORO, **Etim**. VIII, V (PL, t. LXXXII; L. Cortés y Góngora, BAC, 1951, Madrid, p. 192 y ss.).

[8] *V*. FONTAINE, J. **Isidoro de Sevilla. Génesis y originalidad de la cultura hispánica en tiempos de los visigodos**. Tradução de M. Montes. Encuentro, 2002 (Brepols, 2000), Madrid, p. 282 y ss.; FONTAINE, J. Isidoro de Sevilla frente a la Hispania Bizantina. *In*: **Actas de la V Reunió de Arqueologia Cristiana Hispánica (Cartagena, 1998)**, Barcelona, 2000, p. 34; VALLEJO, M. "La rivalidad visigodo-bizantina en el Levante español", en: Bádenas-Egea (comp.). **Oriente y Occidente en la Edad Media. Influjos bizantinos en la cultura occidental**. U. del País Vasco, 1993, Bilbao, p. 113.

[9] *V*. GOUBERT, P. *Op. cit*. p. 15.

[10] **España Visigoda (414-711)** (=HEV2), por M. Díaz y Díaz, L. García Moreno, M. Ruiz y J. Orlandis, t. III, v. 1 de la *Historia de España* dirigida por R. Menéndez Pidal, Espasa-Calpe, 1991, Madrid, p. 445; MUSSET, L. **Las invasiones. Las oleadas germánicas**. Tradução de O. Durán, Labor, Primera reimpresión, 1982 (1965), Barcelona, p. 214.

Leovigildo (568-586) y del católico Recaredo (586-601), cuando ella se manifestó de manera más visible y poderosa.

Para la monarquía goda, que buscaba la centralización del poder y la unidad del reino, el Imperio Bizantino fue admirado como un modelo digno de imitar[11]. Leovigildo, primer rey visigodo con un claro programa político, quien combatió a los bizantinos en Málaga (570), Medina-Sidonia (571) y Córdoba (572)[12], no pudo, por otro lado, sino sucumbir ante el modelo estatal bizantino, al que intentó emular deliberadamente en diversos aspectos[13].

Leovigildo adoptó en su corte usos y ceremoniales de oriente y, según parece, sentía gran aprecio por la pompa bizantina[14]. Con el fin de diferenciarse del resto de la nobleza, este rey fue el primero en adoptar los *regalia* imperiales como símbolos del poder regio[15]. Así, se presentó ante los suyos vistiendo ropaje real y sentándose en un trono, tal como nos informa San Isidoro de Sevilla[16]. En monedas acuñadas en su época – las primeras datan de los años 575 a 577[17] – que imitan las de Justino I y Justiniano el Grande, el rey aparece ataviado con diadema y *paludamentum* al estilo imperial, a la vez que claramente identificado por su nombre, no ya el del

---

[11] LACARRA, J. M. La península Ibérica del siglo VII al X: centros y vías de irradiación de la civilización. *In*: **Settimane di Studi Sull'Alto Medioevo**. Centro Italiano di Studi sull' Alto Medioevo (=SSS), Spoleto, 1964, v. XI, p. 237.

[12] JUAN DE BICLARA. **Chron**. a. 570, 571, 572 (Cardelle, CCSL, 2001, Brepols, p. 62 y s.; MPL, t. LXXII, col. 864; Mommsen, MGH, AA.AA. XI. **Chronica Minora (saec. IV, V,VI, VII)** (II), 1894, p. 212 y s.). Tb. RUCQUOI, A. **Histoire Médiévale de la Péninsule Ibérique**. Du Seuil, 1993, Paris, p. 37; COLLINS, R. **La España Visigoda (409-711)**. Tradução de M. García, Ed. Crítica, 2005 (2004), Barcelona, p. 49.

[13] VALLEJO, M. *Bizancio y la España Tardoantigua (ss. V-VIII): un capítulo de historia mediterránea*, Universidad de Alcalá de Henares, 1993, Alcalá, p. 475 y ss.; KING, P. D. *Derecho y Sociedad en el reino visigodo*, versión española de M. Rodríguez Alonso, Alianza, 1981 (1972), Madrid, p. 31; GOUBERT, P. *Op. cit.* p. 15; HILLGARTH, J. N. Historiography in visigothic Spain. *In*: **SSS**, 1970, v. XVII, p. 270; FONTAINE, J. Conversion et culture chez les wisigoths d'Espagne. *In*: **SSS**, 1967, v. XIV, p. 102; MORENO, Sayas Abengochea-García. *Op. cit.* p. 309 y ss.

[14] ORLANDIS, J. **Historia social y económica de la España Visigoda**. Publicaciones del Fondo para la Investigación Económica y Social de la Confederación Española de Cajas de Ahorro, 1975, Madrid, p. 147; LACARRA, J. M. Panorama de la historia urbana en la península Ibérica desde el siglo V al X. *In*: **SSS**, 1959, v. VI, p. 319-357; SCHLUNK, H. Relaciones entre la península Ibérica y Bizancio durante la época visigoda. *In*: **Archivo Español de Arqueología**. CSIC, t. XVIII, 1945, Madrid, p. 191.

[15] RUCQUOI, A. *Op. cit.* p. 38.

[16] SANCTI ISIDORI HISP. EPISC. **Historia de Regibus Gothorum, Wandalorum et Suevorum**, 51 (MPL, t. LXXXIII, col. 1071; Mommsen, MGH, AA.AA. XI. **Chronica Minora (saec. IV, V, VI, VII)** (II), 1894, p. 288; C. Rodríguez. Archivo Histórico Diocesano de León, 1975, León, p. 258): "*...primusque inter suos regali veste opertus solio resedit, nam ante eum et habitus et consenssus communis ut genti, ita et regibus erat*". v. tb. KING, P. D. *Op. cit.* p. 43; GOUBERT, P. *Op. cit.* p. 15; SAYAS ABENGOCHEA-GARCÍA MORENO. *Op. cit.* p. 311 y s.

[17] *V.* GARCÍA MORENO, L. **Historia de España Visigoda**. Cátedra, Segunda Edición, 1998, Madrid, p. 120.

emperador[18]. Las monedas de Leovigildo deben ser vistas más como un fenómeno ideológico que económico, ya que manifiestan claramente su vocación de independencia frente a Bizancio[19]. Por otra parte, la adopción del título de *Flavius* por Recaredo[20], la institución de los césares corregentes, la búsqueda de la unidad religiosa, la actividad edilicia o el trabajo legislativo[21], dan cuenta también del influjo bizantino. Sin duda que uno de los elementos más representativos de la política mimética de Leovigildo fue la fundación de la ciudad de Recópolis[22], cuyo nombre es una curiosa mezcla de un prefijo que honra a su hijo, y un sufijo que evoca al mundo greco bizantino[23].

> *Esto último – explica R. Collins en una interesante reflexión que nos parece del caso citar –, que es una interpretación de Juan de Biclara, puede ser una racionalización y no tiene mucho sentido desde un punto de vista lingüístico.* **Recaredópolis** *habría sido perfectamente viable ya que todos los demás ejemplos clásicos y de finales de la Antigüedad en los que se dedica la ciudad a una persona indican que se debería haber utilizado el nombre completo (...) Tampoco es fácil explicar por qué Leovigildo quiso honrar a su segundo hijo en vez de al mayor, que era Hermenegildo. En vez de esto, se podría sugerir que lo que intentaba decir era:* **Rex-opolis**, *"la ciudad del rey"...*[24].

En cualquier caso, tal interpretación refuerza aún más lo que intentamos señalar, esto es, la exaltación de la realeza goda en clara imitación del Imperio de Oriente.

Todavía a comienzos del siglo VII, el impulso imitativo está vigente, como lo demuestra el caso de Sisebuto y la inauguración de la basílica dedicada a Santa Leocadia, el año 618[25], parte de un conjunto arquitectónico palatino en Toledo.

---

[18] *Ibid.*; VALLEJO, M. **Bizancio y la España...**, *op. cit.* p. 168 y s.; FONTAINE, J. **Isidoro de Sevilla frente a...**, *op. cit.* p. 33; SCHLUNK, H. *Op. cit.* p. 191.

[19] GARCÍA MORENO, L. *Op. cit.* p. 120; VALLEJO, M. **Bizancio y la España...**, *op. cit.* p. 168 y s.

[20] *V.* las *subscriptiones* del III Concilio de Toledo. *In*: MANSI, J. **Sacrorum Conciliorum Nova et Amplissima Collectio**. Florencia, 1763, v. IX, col. 1000. v. MORENO, Sayas Abengochea-García. *Op. cit.* p. 325; VILELLA, J. Gregorio Magno e Hispania. *In*: **Studia Ephemeridis Augustinianum**, n. 33, 1991, p. 174.

[21] *V.* SAYAS ABENGOCHEA-GARCÍA MORENO. *Op. cit.* p. 318 y s.

[22] SAN ISIDORO. **Hist. Goth.** 51 (MPL, t. LXXIII, col. 1071; Mommsen, p. 288; Rodríguez alonso, p. 259); JUAN DE BICLAR. **Chron.** a. 578 (MPL, t. LXXII, col. 866; Mommsen, p. 215).

[23] *V.* GARCÍA MORENO, L. *Op. cit.* p. 120; VALLEJO, M. **Bizancio y la España...**, *op. cit.* p. 177 y ss.; GOUBERT, P. *Op. cit.* p. 15 y 50 y s.; KING, P. D. *Op. cit.* p. 31, n. 67; FONTAINE, J. **Isidoro de Sevilla. Génesis y...**, *op. cit.* p. 76.

[24] COLLINS, R. *Op. cit.* p. 52-53.

[25] SAN ISIDORO, Chron. A. M. 5.813 (MPL, t. LXXXIII, col. 1056; Ed. Mommsen, p. 480; la Ed. de Martín no incluye el pasaje 416a). *V.* el interesante análisis de GARCÍA MORENO, L. *Op. cit.* p. 148: "*La efeméride – considerada por Isidoro digna de ser consignada en su*

En fin, en el período que nos interesa, la realeza goda imitó consciente y deliberadamente los usos de oriente, proceso que nos permite hablar no sólo de una *bizantinización* sino, aún más, de una verdadera *imperialización* de la monarquía goda, como ha señalado acertadamente L. García Moreno[26].

4 VIAJEROS

Independientemente del tema político-ideológico, durante el siglo VI y parte del VII, hubo una estrecha relación hispano-bizantina a través del comercio, del trasiego del clero y de la correspondencia[27], de modo que – a pesar de que las noticias que han llegado hasta nosotros sean a veces escasas y parcas –, podemos suponer un intercambio relativamente intenso y fluido entre uno y otro extremo del Mediterráneo[28].

Recordemos, en primer lugar, a Juan de Biclara, de quien se sabe bastante poco; no obstante, sí hay certeza respecto de un dato decisivo: el Biclarense permaneció, durante su juventud, algunos años en Constantinopla, estudiando y perfeccionando sus conocimientos de cultura griega y latina[29]. La Capital Imperial, a la sazón, era no sólo una urbe poderosa, sino también un centro cultural del más alto nivel, cuya fama se había extendido por las costas del Mediterráneo. Si bien el Hispalense menciona el viaje en su *De Viris Illustribus*, han llegado hasta nosotros dos tradiciones manuscritas distintas[30], que difieren en cuanto al tiempo que Juan estuvo en la capital del Imperio, de lo que se ha seguido una ya antigua controversia historiográfica. Así, para algunos historiadores el cronista estuvo diecisiete años en

---

suscinta **Chronica Mundi** – *era un paso más en la imitación constantinopolitana de la* **Urbs regia toletana**. *Pues la basílica dedicada a la hasta entonces insignificante mártir local... [se hizo] a imitación así de la* **Hagia Sophia** *constantinopolitana. La religiosidad así de Sisebuto se nos presenta más que como algo sentido en la intimidad de su alma como una consecuencia de su concepción monárquica. Pero es que, además, ésta debía sentirse muy teñida de esperas escatológicas y visiones apocalípticas muy en voga [sic] en el mundo mediterráneo del momento, sometido a la terrible crisis del invasor sasánida de todo el oriente y a los resultados todavía inciertos de la titánica reconquista de Heraclio*". *El paralelismo entre este emperador y el rey godo no hace más que confirmar que en el reino de Toledo se estaba muy bien informado de los acontecimientos orientales.*

[26] GARCÍA MORENO, L. *Op. cit.* p. 112 y ss.; MORENO. Sayas Abengochea-García. *Op. cit.* p. 311 y s.; COLLINS, R. **España en la Alta Edad Media, 400-1000**, traducción de J. Faci, Crítica, 1986 (1983), Barcelona, p. 71; HILLGARTH, J. N. *Op. cit.* p. 270; WOLFRAM, H. **Histoire des Goths**. Tradução de F. Straschitz et M. Mély, Albin Michel, 1990 (Munich, 1979), Paris, p. 260: "*Le règne de Léovigild vit l'aboutissement d'une évolution qui transforma le* **regnum** *wisigoth en un* **imperium** *hispanique...*"

[27] THOMPSON, E. A. *Op. cit.* p. 37.

[28] V. VALLEJO, M. **Bizancio y la España...**, *op. cit.* p. 448 y ss.

[29] V. SANCTI ISIDORI Hispalensis Episcopi **De Viris Illustribus**, XLIV, 62, en: MPL, t. LXXXIII, col. 1105. Tb. la ed. de FLOREZ, H. **España sagrada**. Imprenta de José Rodríguez, 1859, Madrid, v. 5, Apéndice V, p. 446.

[30] HILLGARTH, J. N. *Op. cit.* p. 267.

Constantinopla[31], mientras que para otros su estadía fue de tan sólo siete años[32]. La confusión se debe a que en algunos manuscritos dice *septimo demum anno*, con seguridad el texto original, y en otros *septimo decimo anno*[33]. Así, el Biclarense habría estado en Constantinopla entre 570-571 y 577-578[34]. No fue ése, ciertamente, el único ejemplo de un peninsular que viajó al oriente bizantino, como veremos enseguida.

Liciniano, obispo de Carthago Spartaria y contemporáneo del Papa San Gregorio Magno (590-602), murió en Constantinopla, según noticias que nos transmite San Isidoro de Sevilla, aparentemente envenenado[35]. Quizá el más conspicuo viajero que encontramos en el clero peninsular sea Leandro de Sevilla (c.534-600), hermano mayor de San Isidoro, contemporáneo de los dos personajes recién mencionados, y que entre los años 579 y 586 realizó un viaje a la capital del Imperio[36]. Su periplo está

---

[31] Por ejemplo: AGUADO BLEYE, P. **Manual de Historia de España**, v. 1: **Prehistoria. Edades Antigua y Media**. Espasa-Calpe S.A. Séptima ed. refundida, 1954 (1914), Madrid, p. 318; COLLINS, R. **España en la Alta...**, *op. cit.* p. 62 y s. donde se sostiene que Juan vivió en Constantinopla entre 562 y 579, lo cual difiere de las fechas dadas por otros autores (559-576); FONTAINE, J. Fins et moyens de l'enseignement ecclésiastique dans l'Espagne wisigothique. *In*: SSS, v. XIX, t. I, p. 158; **España Visigoda (414-711)** (=HEV1), por M. Torres, O. Gil, R. Prieto, R. Gibert, M. López, J. Pérez de Urbel, E. Campe y J. Ferrandis, v. III de la *Historia de España* dirigida por R. Menéndez Pidal, Segunda Ed. corregida y ampliada, Espasa-Calpe, 1963, Madrid, p. XXIV y 457. Hay quienes proponen también dieciséis años: MALLEROS, F. *Op. cit.* p. 116; THOMPSON, E. A. *Op. cit.* p. 97.

[32] Por ejemplo: COLLINS, R. **La España...**, *op. cit.* p. 48 y 152; HEV2, p. 173; FONTAINE, J. **Conversion...**, *op. cit.* p. 106; SAYAS ABENGOCHEA, J. J. y GARCÍA MORENO, L. A. *Op. cit.* p. 308; TOVAR, S. **Biografía de la lengua griega**. Ediciones del Centro de Estudios Bizantinos y Neohelénicos de la U. de Chile, 1990, Santiago de Chile, p. 71. J. HILLGARTH, en su artículo ya citado, frente a tan divididas opiniones, señala que el Biclarense habría estado, al menos, nueve años en Constantinopla, entre 568 y 577. J. M. LACARRA (**Panorama...**, *op. cit.* p. 334), F. LOT (**El fin del Mundo Antiguo y los comienzos de la Edad Media**. Tradução de J. Amoros, UTEHA, 1956, México D.F. p. 249) y L. MUSSET (*op. cit.* p. 214), aluden al viaje de este religioso, pero sin señalar fecha alguna.

[33] v. la "Introducción" de C CARDELLE de Hartmann a la *Crónica* de Juan de Biclara. *Op. cit.* p. 125*, n. 243.

[34] *Ibid.*, p. 125*.

[35] "*Occubuit Constantinopoli, veneno (ut ferunt) exstinctus ab aemulis...*" SAN ISIDORO. **De Viris...**, *op. cit.*, XLII, 60 (MPL, t. LXXXIII, col. 1104; Florez, p. 446). v. FONTAINE, J. **Fins...**, *op. cit.* p. 158; FONTAINE, J. **Conversion...**, *op. cit.* p. 99 y 101; GOUBERT, P. *Op. cit.* p. 27; LACARRA, J. M. **Panorama...**, *op. cit.* p. 344; THOMPSON, E. A. *Op. cit.* p. 35 y 38; VALLEJO, M. *Bizancio y España...* p. 426 y s. 448; FONTAINE, J. **Isidoro de Sevilla frente a...**, *op. cit.* p. 35; ORLANDIS, J. *Op. cit.* p. 148; RUCQUOI, A. *Op. cit.* p. 40.

[36] Acerca de San Leandro v. SAN ISIDORO. **De Viris...**, *op. cit.* XLI, 57 (MPL, LXXXIII, col. 1.103; Ed. Florez, p. 444). Sobre su viaje, SANCTI GREGORII MAGNI PONT **Moralium libri, Exp. In Librum b. Job**, I, 1 (MPL, t. LXXV, col. 510 y s.: "*Reverendissimo et sanctissimo fratri Leandro coepiscopo, Gregorius servum servorum Dei. Dudum te, frater beatissime, in Constantinopolitana urbe cognoscens, cum me illic sedis apostolicae responsa constringerent, et te illuc injuncta pro causis fidei Visigothorum legatio perduxisset*". Para el texto en castellano: DOMÍNGUEZ DEL VAL, U. **Leandro de Sevilla y su lucha contra el arrianismo**. Nacional, 1981, Madrid, p. 416. En general. v. AGUADO BLEYE, P. *Op. cit.* p. 378; COLLINS, R. **España en la Alta...**, *op. cit.*, p. 68, 69, 84; FONTAINE, J. **Fins...**, *op. cit.*

relacionado con la rebelión del príncipe Hermenegildo (†585) y la necesidad de apoyo militar bizantino[37]. En Constantinopla, conoció a San Gregorio Magno[38], entonces apocrisario pontificio en la corte imperial, quien le dedicó su *Expositio in Librum Job*[39]. Durante su estancia en la ciudad imperial, seguramente Leandro pudo beneficiarse de los contactos y amistades del futuro papa[40] y establecer relaciones con la intelectualidad de la época informándose de primera mano de los hechos que por aquel entonces aquejaban al Imperio – entre ellos, el problema ávaro eslavo en los Balcanes –. Juan IV el Ayunador (582-595), Patriarca de Constantinopla, le dedicó uno de sus escritos, lo que demostraría su familiaridad con el ambiente constantinopolitano, como también sugiere la posibilidad de que el obispo hispalense conociese el griego – o al menos podemos presumir que podía leerlo[41] –. No es descabellado suponer que, de regreso en su tierra, Leandro podría haber llevado libros con información de carácter histórico, y que el hermano menor pudo consultar; asimismo, no

---

p. 158; FONTAINE, J. **Conversion...**, *op. cit.* p. 100 y s.; GOUBERT, P. *Op. cit.* p. 26 y ss.; HILLGARTH, J. N. **Historiography...**, *op. cit.* p. 270 HEV, p. XXVI y 450; LACARRA, J.M. **La península...**, *op. cit.* p. 242; LACARRA, J. M. **Panorama...**, *op. cit.* p. 334; ORLANDIS, J. Gregorio Magno y la España visigodo-bizantina. *In*: **Estudios en homenaje a don Claudio Sánchez-Albornoz en sus noventa años**. Instituto de Historia de España, 1983, Buenos Aires, v. I, p. 331; THOMPSON, E. A. *Op. cit.* p. 34, 38 y 82, VALLEJO, M. Bizancio y la España..., *op. cit.* p. 455; LOUNGHIS, T. C. **Les ambassades byzantines en Occident dépuis la fondation des états barbares jusqu'au Croisades (407-1096)**. K. Mihalas Imp. 1980, Atenas, p. 95; BLANCO FREJEIRO, A. *Historia de Sevilla. La ciudad antigua (de la prehistoria a los visigodos)*, Universidad de Sevilla, Segunda Ed. 1984, Sevilla, p. 191; COLLINS, R. Merida and Toledo: 550-585. *In*: JAMES, E. (Ed.). **Visigothic Spain**: new approaches. Clarendon Press, 1980, Oxford, p. 216 y s.; GOUBERT, P. **Byzance avant l'Islam, Tome Second**: Byzance et l'Occident sous les successeurs de Justinien, II: **Rome, Byzance et Carthage**. A. et J. Picard, 1965, Paris, p. 130; FONTAINE, J. **Isidoro de Sevilla. Génesis y...**, *op. cit.* p. 76 y ss.; RUCQUOI, A. *Op. cit.* p. 39; ORLANDIS, J. **Historia Social...**, *op. cit.* p. 148.

[37] *V.* GARCÍA MORENO, L. *Op. cit.* p. 124 y ss.; COLLINS, R. **La España Visigoda...**, *op. cit.* p. 55.

[38] Del testimonio de San Gregorio Magno se desprende que eran muchos los hispanorromanos que viajaban por el Mediterráneo, de modo que los pocos casos que conocemos con identificación clara, con toda seguridad son representativos de un movimiento más amplio. SANCTI GREGORII PAPAE *Dialogorum Libri*, III, 31: "*Sicut multorum qui ab Hispaniarum partibus veniunt relatione cognovimus, super Hermenegildus rex, Leuvigildi regis Wisigothorum filius, ab arriana herese ad catholicam fidem, viro reverentissimo Leandro hispalitano episcopo, dudum mihi in amicitiis familiariter iuncto, praedicante, conversus est*" (MPL, t. LXXVII, col. 289). Texto en castellano en: DOMÍNGUEZ DEL VAL, U. *Op. cit.* p. 434. v. tb. PAULO DIACONO. **Vita Sancti Gregorii Magni**, 8 (MPL, t. LXXV, col. 45).

[39] *V.* SAN ISIDORO. **De Viris...**, *op. cit.* XL, 53 (MPL, t. LXXXIII, col. 1102; Florez, p. 443.

[40] *V.* GOUBERT, P. *Byzance avant l'Islam. Op. cit.* p. 148 y ss.

[41] Al menos es lo que sugiere un pasaje de SAN ISIDORO, **De Vir. Ill**. XXXIX, 52 (MPL, t. LXXXIII, col. 1102; Florez, p. 443. v. HEV1, p. 451. Según HILLGARTH, J. **Historiography...**, *op. cit.* p. 270, n. 34, San Leandro podía leer el griego; LACARRA, J. M. **La península...**, *op. cit.* p. 242, por su parte, sostiene que no hay indicios que permitan afirmar tal cosa. Más adelante volveremos sobre el tema del conocimiento del griego entre el clero peninsular.

es difícil imaginarse al joven San Isidoro, a poco de recibir a su hermano tras el largo viaje, interrogándolo acerca de lo que a la sazón ocurría en Oriente.

Ya sea por vía escrita u oral, por intermedio de su hermano o de otros viajeros de la época, entonces, el santo hispalense podía estar relativamente bien informado de los hechos que conmovían al mediterráneo oriental, integrando en su *Crónica* tales noticias.

El año 619, en la catedral de la ciudad, se celebró el segundo Concilio de Sevilla, convocado por San Isidoro para tratar problemas relativos a competencias de límites entre diócesis, disciplina eclesiástica y asuntos de índole dogmática. Para nosotros el concilio en cuestión reviste importancia porque en su canon XII se comenta el caso de un obispo sirio, hereje, citado a comparecer ante los obispos, donde se le convenció de abjurar de la herejía y aceptar el Credo Niceno[42]. No está muy claro el motivo del viaje del mentado obispo[43], pero sí lo está el hecho de que – aun tratándose de una noticia bastante excepcional – podemos suponer que el caso del obispo sirio puede ser ilustrativo respecto, primero, del contacto más o menos fluido con Oriente y, segundo, de la posible existencia en Sevilla misma, de una colonia de orientales lo suficientemente numerosa, argumenta J. Fontaine, como para atraer a un prelado de rango episcopal[44].

5   LA CONEXIÓN AFRICANA Y EL CASO DE MÉRIDA

Es muy posible que el obispo sirio, aquel del Segundo Concilio de Sevilla cuyo caso recién comentamos, haya llegado hasta la Península Ibérica después de hacer una escala en Cartago, como era lo usual en la época[45]. En efecto, una vía importante a considerar, en el momento de ponderar las relaciones entre el occidente hispanogodo y el oriente grecobizantino, es la de las relaciones con el mundo norteafricano. Sea por las guerras bizantino-vándalas, por la inestabilidad provocada por las tribus beréberes, el comercio o por las persecuciones religiosas, lo cierto es que Cartago fue un centro receptor y difusor de influencias, desde el Mediterráneo oriental y hacia el occidental, un verdadero puente entre uno y otro mundo.

---

[42] "*...ingressus est ad nos quidam ex haeresi acephalorum, natione Syrus, (ut asserit ipse) epicopos...*" MANSI, J. **Sacrorum Conciliorum Nova et Amplissima Collectio**. Florencia, 1768, v. X, col. 651. Tb. FLOREZ. *Op. cit.* t. IX, p. 292. Para una traducción al castellano de la parte más relevante del canon XII, FONTAINE, J. **Isidoro de Sevilla. Génesis y...**, *op. cit.* p. 96. Otras referencias en: KING, P. D. *Op. cit.* p. 222; FONTAINE, J. **Isidoro de Sevilla frente a...**, *op. cit.* p. 34 y ss.; VALLEJO, M. **Bizancio y la España...**, *op. cit.* p. 450; FONTAINE, J. **Isidore de Seville et la culture classique dans l'Espagne Wisigothique**. Ét. Augustiniennes, 1959, Paris, v. II, p. 848.
[43] ¿Predicar su herejía en la Bética? Véase la bibliografía citada en la nota precedente.
[44] FONTAINE, J. **Isidoro de Sevilla. Génesis y...**, *op. cit.* p. 96
[45] *V.* FONTAINE, J. **Isidore de Seville et la culture...**, *op. cit.* p. 846 y ss.; ORLANDIS, J. *Historia Social... Op. cit.* p. 145.

Contemporáneamente con la vida de San Isidoro de Sevilla, la Hispania meridional fue un mundo abierto al Mediterráneo, situación que no variará sustancialmente sino hasta la invasión islámica y la caída de Cartago en sus manos en el año 698[46].

La inestabilidad provocada en el norte de África por las guerras de sucesión de los vándalos, primero, y por las guerras bizantino-vándalas después, así como también por la incapacidad del Imperio para consolidar la paz en la región, explican el movimiento migratorio hacia Hispania en la época que nos ocupa.

Hacia el año 570, huyendo de la "violencia de los bárbaros" – esto es, la insurrección de tribus moras –, el monje africano Donato se embarcó hacia Hispania, instalándose en el levante ibérico, donde fundó el monasterio servitano[47]. Según el relato de Ildefonso de Toledo, Donato iba acompañado de setenta monjes y llevaba, además, una gran cantidad de manuscritos; es decir, se trató de una verdadera traslación de su monasterio[48]. Como se deduce a partir de la precisión que hace Ildefonso de Toledo acerca de los manuscritos, no se trata sólo de un movimiento demográfico, sino que involucra intercambios culturales. Probablemente el abad Nunctus[49], que arribó a Mérida en época del rey Leovigildo, también procedente de África, haya abandonado su tierra natal por los mismos motivos que Donato[50].

---

[46] FONTAINE, J. **Fins...**, *op. cit.* p. 165, n. 33; LACARRA, J. M. **La península...**, *op. cit.* p. 239; ORLANDIS, J. **Historia Social...**, *Op. cit.* p. 146.

[47] DÍAZ Y DÍAZ, M. La cultura en la España visigótica del siglo VII. *In*: **SSS**, v. V, 1958, t. II, p. 814; FONTAINE, J. **Fins...**, *op. cit.* p. 165; FONTAINE, J. **Conversion...**, *op. cit.* p. 96; HEV, p. 444; LACARRA, J. M. **La península...**, *op. cit.* p. 239; LACARRA, J. M. **Panorama...**, *op. cit.* p. 334; THOMPSON, E. A. *Op. cit.* p. 36; VALLEJO, M. **La rivalidad...**, *op. cit.* p. 112; FONTAINE, J. **Isidoro de Sevilla. Génesis...**, *op. cit.* p. 58; VALLEJO, M. **Bizancio y la España...**, *op. cit.* p. 458; ORLANDIS, J. **Historia Social y...**, *op. cit.* p. 50; FONTAINE, J. **Isidore de Seville et la culture...**, *op. cit.* p. 855 y s.

[48] SANCTI ILDEFONSI TOLETANI EP. **Liber de Viris Illustribus**, IV (MPL, t. XCVI, col. 200; Florez, p. 456 y s.): "*Donatus et professione, et opere monachus... Hic violentias barbarorum gentem imminere conspiciens... ferme cum septuaginta monachis coposisque librorum codicibus navali vehiculo in Hispaniam commeavit*". Agrega Ildefonso que Donato construyó un monasterio y lo dotó de una regla, quizá la de San Agustín, como se pretendió siglos más tarde. v. MARÍN, J. Notas preliminares para una relectura de la Regula Agustini. *In*: **Intus Legere**, n. 2, 1999, Universidad Adolfo Ibáñez, p. 33.

[49] HEV1, p. 444; LACARRA, J. M. **La península...**, *op. cit.* p. 239; LACARRA, J. M. **Panorama...**, *op. cit.* p. 334; THOMPSON, E. A. *Op. cit.* p. 36 y 99; ORLANDIS, J. **Historia Social y...**, *op. cit.* p. 49; FONTAINE, J, **Isidore de Seville et la culture...**, *Op. cit.* p. 856; VALLEJO, M. **Bizancio y la España...**, *op. cit.* p. 458.

[50] Acerca de Nunctus v. *Vitas S. Patrum Emeritensium* (= VSPE), III, 2, 3-6 (**The Vitas Sanctorum Patrum Emeritensium**. Text and Translation, with an Introduction and Commentary by J. N. Garvin, The Catholic University of America Press, 1946, Washington D. C. p. 156; MPL, t. LXXX, col. 126; Ed. Florez, p. 343): "*...temporibus Leuvigildi Visegothorum regis ab Africanis regionibus in provinciam Lusitaniae Nunctus nomine advenisse abbatem...*" Agradezco al Prof. Diego Melo la gentileza de haberme enviado, desde España, una copia de la ya clásica edición de J. Garvin.

Los dos casos mencionados son ejemplo de un movimiento que, con toda seguridad, debió ser bastante más amplio[51]. *Nihil novum sub sole*: hacía mucho tiempo ya que existían fluidas relaciones entre la Península Ibérica y África y, a través de ésta, como decíamos, con el oriente del Mediterráneo. No deja de ser interesante subrayar que el objetivo de los monjes haya sido el reino visigodo y no la *Spania* bizantina, lo que podría explicarse por la persecución religiosa desatada en la época de Justiniano a causa de los "Tres capítulos" – que llevó al exilio a muchos religiosos que, entre otros lugares, habrían buscado refugio en Hispania[52] –.

* * *

Otra razón que explica que tales inmigrantes hayan preferido el suelo peninsular como una nueva patria, es la existencia de comunidades de extranjeros – griegos y sirios entre ellos – en las sociedades urbanas del sur y el levante ibéricos[53]. Ciudades como Santarem, Mérida, Sevilla o Córdoba, a través de grandes y frecuentadas vías fluviales, u otros centros urbanos costeros, como Málaga o Cartagena, recibían permanentemente influencias desde el Mediterráneo tardoantiguo, las que podían irradiar luego al resto de la Península.

El caso de Mérida, como se desprende de las *Vitas Sanctum Patrum Emeritensium*, es emblemático al respecto, ya que mantuvo un activo intercambio con el oriente del Mediterráneo, tanto en el ámbito comercial como en el cultural. Las *Vidas de los Santos Padres de Mérida*, redactadas hacia el 630 pero que recogen acontecimientos de los años 560 a 600 aproximadamente, nos informan que la llegada de comerciantes bizantinos – *negotiatores graecos*[54] – no era rara[55]. Los comerciantes llegaban a la ciudad

---

[51] FONTAINE, J. **Conversion...**, *op. cit.* p. 94-96; FONTAINE, J. **Fins...**, *op. cit.* p. 165; LACARRA, J. M. **La península...**, *op. cit.* p. 240.

[52] Emblemático es el caso de Víctor Tunonense, SAN ISIDORO, **De Vir. Ill.** XXXVIII (MPL, t. LXXXIII, col. 1.101; Florez, p. 442). v. tb. VALLEJO, M. **La rivalidad...**, *op. cit.* p. 113.

[53] V. DE VALDEAVELLANO, L. G. *Op. cit.* p. 213 y ss.; DÍAZ Y DÍAZ, M. *Op. cit.* p. 841; HEV1, p. 171, 444; LACARRA, J. M. **Panorama...**, *op. cit.* p. 334 y s.; LEWIS, A. "Mediterranean maritime commerce: A. D. 300-1100 Shipping and Trade", en: SSS, v. XXV, 1978, t. II, p. 488; MUSSET, L. *Op. cit.* p. 214; PIRENNE, H. **Mahoma y Carlomagno**. Tradução de E. Benítez, Alianza, Tercera ed. 1981 (1957), Madrid, p. 67 y ss.; SAYAS ABENGOCHEA-GARCÍA MORENO. *Op. cit.* p. 338 y s.; THOMPSON, E. A. *Op. cit.* p. 35 y ss.

[54] VSPE, IV, III, 2 (Garvin, p. 168; MPL, t. LXXX, col. 131; Florez, p. 345).

[55] RETAMERO, F. As coins go home: towns, merchants, bishops and kings in visigothic hispania. *In*: AA.Vv. **The Visigoths. From the migration period to the Seventh century, an Etnographic perspective**. The Boydell Press, 1999, St. Marino, p. 271; HOPPE, J. M. La sculpture visigothique et le monde byzantin. *In*: BADENAS, P. y EGEA, J. (Eds.). **Oriente y Occidente en la Edad Media. Influjos bizantinos en la cultura occidental**. Universidad del País Vasco, 1993, Vitoria, p. 204; DE VALDAVELLANO, L. *Op. cit.* p. 216 y s.;

remontando el río Guadiana, y aunque no está claro qué productos compraban y vendían[56], la seda tiene que haber figurado entre ellos. Las *Vidas* nos informan que Mássona (571-606), obispo de Mérida, al ir a celebrar la misa de Pascua, se hacía acompañar de numerosos niños ataviados – como el obispo – con túnicas de seda[57], y esta finísima tela, en aquel tiempo, no podía provenir sino de Bizancio[58]. Podemos suponer igualmente que, entre los diversos productos, destinados o no al comercio pero sí al intercambio, se contaban también manuscritos[59]; la circulación de las obras fue notable en el siglo VII, y normalmente los viajeros cargaban copias que, más tarde, los *scriptoria* difundían por toda la península[60].

Además, las *Vidas* nos informan acerca de Paulo (c.530 – c.560), *natione graecus*, de profesión médico y que arribó a Mérida desde el oriente[61], llegando a ser obispo de la ciudad, cátedra en la que fue sucedido por su sobrino Fidel (c.560 – c.571). Éste, según se cuenta, llegó hasta la ciudad en compañía de comerciantes griegos, quienes hicieron la visita acostumbrada al obispo, y entonces Paulo, después de interrogarlo acerca de su origen y parentela, pudo reconocer en el joven a su sobrino[62].

Los casos citados más arriba (Nunctus y Donato, Paulo y Fidel, los comerciantes griegos), nos hablan de numerosos contactos con oriente a través de viajeros que, remontando los ríos llegaban hasta Mérida, siguiendo el curso del Guadiana, a Córdoba y Sevilla por el Guadalquivir, o a Zaragoza

---

WOOD, I. Social Relations in the Visigothic Kingdom from the fifth to the Seventh Century: the example of Merida. *In*: AA.Vv. **The Visigoths...**, *op. cit.*, p. 197; SCHLUNK, H. *Op. cit.* p. 191; COLLINS, R. **Merida...**, *op. cit.* p. 202.

[56] *Ibid.*, p. 203 y s. ¿Mármol, seda, artesanías, a cambio de plata y cereales?

[57] VSPE, V, III, 12 (Garvin, p. 196; MPL, t. LXXX, col. 140; Florez, p. 360): "*...ut in diem sacratissimum paschae quum ad ecclesiam procederet, plurimi pueri clamides olosericas induentes coram eo, quasi coram rege incederent...*". Acerca de la riqueza de la iglesia emeritense, se puede consultar GARCÍA IGLESIAS, L. Las posesiones de la Iglesia Emeritense en época visigoda. *In*: **Anejos de Gerión**, II, 1989, U. Complutense de Madrid, p. 391-401.

[58] LACARRA, J. M. **Panorama...**, *op. cit.* p. 339; COLLINS, R. **Merida...**, *op. cit.* p. 197 y s; SCHLUNK, H. *Op. cit.* p. 191; ORLANDIS, J. **Historia Social...**, *op. cit.* p. 150; LAIOU, A. Exchange and Trade, Seventh-Twelfth Centuries. *In*: **The Economic History of Byzantium. From the Seventh to the Fifteenth Century**. Dumbarton Oaks Studies, 39, 2002, Washington D.C. v. 2, p. 702 y s.

[59] FONTAINE, J. **Conversión...**, *op. cit.* p. 96.

[60] RUCQUOI, A. *Op. cit.* p. 52.

[61] VSPE, IV, 1, 1-2 (Garvin, p. 160; MPL, t. LXXX, col. 128; Florez, p. 345): "*Referunt multi sanctum virum nomine Paulum natione graecum arte medicum de Orientis partibus in Emeretensem urbem advenisse*".

[62] VSPE, IV, III (Garvin, p. 168-170; MPL, t. LXXX, col. 131; Florez, p. 348). Acerca de estos dos obispos, en general v. HEV, p. 445; LACARRA, J. M. **Panorama...**, *op. cit.* p. 338; ORLANDIS, J. **Historia Social...**, *op. cit.* p. 51 y 149; RETAMERO, F. *Op. cit.* p. 271; WOOD, I. *Op. cit.* p. 194 y ss; SCHLUNK, H.. *Op. cit.* p. 191; COLLINS, R. **Merida...**, *op. cit.* p. 202; RUCQUOI, A. *Op. cit.*, p. 39; FONTAINE, J. **Isidore de Seville et la culture...**, *op. cit.* p. 846 y s.

por el Ebro[63]. Ello demuestra que las vías comerciales eran también vías de difusión cultural[64]. Las relaciones intelectuales del Reino Visigodo con el África y el oriente bizantinos explican no sólo el auge cultural del reino a fines del siglo VI y comienzos del VII, sino también prerrenacimientos literarios en la periferia del Reino de Toledo. Cada navegante, además, podía constituirse en una rica fuente de información acerca de la situación política y económica del Mediterráneo oriental.

Es preciso recordar que la noticia de la caída de Cartago y la derrota de los vándalos por los bizantinos, se conoció en el reino Visigodo gracias a un navegante africano, cuyo navío abandonó el puerto el día mismo de la ocupación[65]. No se trata de un hecho aislado, pues ya Hidacio (c.395-c.470) en el siglo anterior registró que en Hispania, en 456, se supo de la derrota del pueblo de los lazos en manos del emperador Marciano (450-457), gracias a unas naves procedentes de oriente y que habían llegado a Sevilla[66]. La excepcionalidad de estos casos radica en que nos quedó un testimonio escrito, pero deben haber sido muchas las informaciones que se transmitían por vía oral, por lo que un hispanogodo bien conectado podía estar al tanto de lo que contemporáneamente acontecía en el Mediterráneo.

Ahora bien, los testimonios relativos a Mérida son aplicables al caso de Sevilla[67], en particular, y de la Bética, en general, la que, como apunta J. Fontaine, fue desde antiguo una verdadera encrucijada de civilizaciones[68]. A pesar de la escasez de documentación, los contactos económicos y culturales de la España meridional, con seguridad, fueron tan intensos – o incluso más – en el siglo VII como en la centuria anterior[69].

En efecto, Sevilla, desde antiguo, fue una ciudad con vocación de puerto de descargue y trasvasije de mercancías, de activo intercambio, una encrucijada de culturas[70], como ya se dijo, donde en medio de la agitación comercial, se arremolinaban los curiosos ávidos de detalles y rumores acerca del vasto mundo que se abría más allá del Guadalquivir. La Sevilla de San Isidoro era una "zona fronteriza" de la cultura occidental, con todo lo que

---

[63] DE VALDEAVELLANO, L.G. *Op. cit.* p. 216; FONTAINE, J. **Conversion...**, *op. cit.* p. 107; HEV1, p. 445; DOMÍNGUEZ DEL VAL, U. Características de la Patrística Hispana en el siglo VII. *In*: **La Patrología Toledano Visigoda**. CSIC, 1970, Madrid, p. 11.
[64] *V*. VILELLA, J. Le transport maritime des voyageurs et de correspondence entre l'Espagne et l'extérieur pendant l'Antiquité Tardive. *In*: **Pact**, 27, 1990, p. 60 y s.
[65] PROCOPIO. **De bello Vandalico**, III, xxiv, 7-12 (Loeb Classical Library, with an English Transl. by H. B. Dewing, Harvard U. Press, 1961, London, p. 196 y ss.)
[66] HIDATII LEMICI. **Continuatio Chronicorum Hieronymianorum**, 177 (MGH, AA.AA. XI, **Chronica Minora saec. IV, V, VI, VII** (II), Ed. Th. Mommsen, 1894, Berlin, p. 29: "*Orientalium naves Hispalim venientes per Marciani exercitum caesos Lazas nuntiant*". Tb. HYDACE, *Chronique*, Introd. texte Critique, Trad. par A. Tranoy, Les Éd. du Cerf, Sources Chrétiennes n. 218, Paris, 1974, v. 1, p. 156 y comentario en p. 106.
[67] FONTAINE, J. **Isidore de Seville et la culture...**, *op. cit.* p. 832; WOOD, I. *Op. cit.* p. 194.
[68] FONTAINE, J. **Isidoro de Sevilla. Génesis y...**, *op. cit.* p. 23 y ss.
[69] COLLINS, R. **Merida...**, *op. cit.* p. 203.
[70] FONTAINE, J. **Isidoro de Sevilla. Génesis y...**, *op. cit.* p. 68 y ss.

implica para el fronterizo en cuanto a posibilidades de intercambio[71]. Hispania, todavía en época de San Isidoro, manifiesta su vocación norteafricana y oriental, de donde recibía su inspiración cultural[72].

6   COMENCÍOLO

La ocupación bizantina de parte del sur y este de la Península Ibérica no debió implicar una migración masiva de griegos en el suelo ibérico. En efecto, el asentamiento supuso solamente el arribo de soldados y autoridades imperiales griegas[73]. Dado el carácter de la inmigración, no hay que hacerse muchas ilusiones respecto de la influencia cultural que tal tipo de población pudo ejercer en Hispania. Con todo, no hay que despreciar el contacto permanente de la población hispanogoda con los recién llegados de Oriente; a pesar de todo, y más allá de las escaramuzas bélicas ocasionales, la provincia de Spania puede considerarse un foco de orientalización[74], aunque sus efectos directos – modestos – son difíciles de precisar. La verdad es que la influencia más profunda se explica por los intercambios que hemos detallado líneas atrás, y no por la presencia del contingente militar estacionado en España.

No obstante lo anterior, no debe dejar de mencionarse un caso singular: la presencia de Comencíolo en tierra hispana bizantina, según se desprende de una inscripción hallada en Cartagena[75]. Dejando de lado algunos problemas que plantea a los especialistas este vestigio arqueológico[76], lo concreto es que en ella se conmemora la restauración de los muros de Cartagena, capital de la Spania

---

[71] FONTAINE, J. **Isidore de Seville et la culture...**, *op. cit.* p. 832.

[72] ORLANDIS, J. **Historia Social y...**, *op. cit.* p. 147.

[73] VALLEJO, M. **Bizancio y la España...**, *op. cit.* p. 450; LACARRA, J. M. **Panorama...**, *op. cit.* p. 335; HOPPE, J. M. *Op. cit.* p. 203; SCHLUNK, H. *Op. cit.* p. 190; ORLANDIS, J. **Historia social y...**, p. 147.

[74] KING, P. D. *Op. cit.* p. 223.

[75] "...*Comencíolo, el patricio, ordenó hacer estas obras,/ Enviado por Mauricio Augusto contra los enemigos bárbaros, /Generalísimo en jefe de Hispania, grande por su valor. / (...) / Año VIII del Augusto, indicción VIII*". El texto se puede consultar *in*: HÜBNER, E. **Inscriptiones Hispaniae Christianae**. George Olms verlag, 1975, New York, p. 57, n. 176; VIVES, J. **Inscripciones cristianas de la España Romana y Visigoda**. CSIC, 1969, Barcelona, p. 126, n. 362. Tb. *In*: PREGO DE LIS, A. La inscripción de *Comitiolus* del Museo Municipal de Arqueología de Cartagena. *In*: **Actas de la V Reunió de arqueología cristiana hispánica (Cartagena, 1998)**. Barcelona, 2000, p. 383 y s.; VALLEJO, M. Comentiolus, magister militum Spaniae missus a Mauricio Augusto contra hostes barbaros. The Byzantine Perspective of the Visigothic Conversion to Catholicism. *In*: **Romanobarbarica**, 14, Herder, 1996-1997, Roma, p. 292, n. 6; VALLEJO, M. **Bizancio y la España...**, *op. cit.* p. 234, con traducción al castellano; así también *in*: **Textos y documentos de Historia Antigua, Media y Moderna hasta el siglo XVII**, selección de L. GARCÍA MORENO *et alt.* v. XI de la *Historia de España* de Tuñón de Lara, Labor, 1984, Barcelona, p. 179 y s. Una fotografía de la pieza epigráfica en FONTAINE, J. **Isidoro de Sevilla. Génesis y...**, *op. cit.* p. 394, Fig. 35, con traducción al castellano en p. 382 y s.

[76] Según J. VIVES. *Op. cit.* p. 126, tal vez no se trate del original, dadas las correcciones que se advierten en la piedra. A. PREGO DE LIS. *Op. cit.* p. 383 y ss. señala que en el siglo XVIII la inscripción fue recincelada, alterando el original.

bizantina, labor encomendada por Comencíolo, gobernador de la provincia y, tal como se lee en la inscripción, enviado en 589 por el emperador Mauricio[77]. Es probable que la restauración de los muros haya estado en relación con un recrudecimiento de las hostilidades entre visigodos y bizantinos en época de Recaredo[78], cuestión a la que aludiría San Isidoro cuando se refiere a la "insolencia romana" a la que tuvo que hacer frente el rey[79].

Ahora bien, precisamente a un funcionario bizantino de alto rango, llamado Comentiolo, aluden en varias ocasiones Teofilacto Simocatta[80] y Teophanes[81], al que encontramos combatiendo en nombre del Imperio o actuando como embajador, tanto en la región danubiana y los Balcanes como en Persia[82]. Por otra parte, está documentada la existencia de un "Gloriosus Comitiolus"[83], a quien hace referencia el Papa San Gregorio Magno, a propósito de la deposición y exilio de los obispos Genaro y Esteban, tras un juicio considerado injusto y arbitrario, promovido por el tal Comitiolus[84]. Tales acciones habría que entenderlas, tal como la restauración del muro, pero ahora en el plano religioso, como una ofensiva bizantina en suelo peninsular[85]. Ya P. Goubert había planteado, hace más de medio siglo, el problema de la identidad de estos personajes, dejando abierta la cuestión[86]; no obstante, hay buenas razones para creer que el Comentiolo de las fuentes bizantinas, el Comenciolo de la inscripción de Cartagena, y el Comitiolus de la correspondencia de San Gregorio, son la misma persona[87].

---

[77] V. BRÉHIER, L. **El Mundo Bizantino. Vida y Muerte de Bizancio**. Tradução de J. Almoina, UTEHA, 1956, México, p. 37 y n. 193; HEV1, p. 97; LACARRA, J. M. **La península...**, *op. cit.* p. 237; LACARRA, J. M. **Panorama...**, *op. cit.* p. 341; MALLEROS, F. *op. cit.* p. 114; SAYAS ABENGOCHEA-GARCÍA MORENO. *Op. cit.* p. 327; THOMPSON, E. A. *Op. cit.* p. 379; GOUBERT, P. **Byzance avant l'Islam**. Tome Second: Byzance et l'Occident sous les successeurs de Justinien, I: **Byzance et les Francs**. Ed. A. et J. Picard, 1955, Paris, p. 13.

[78] V. VALLEJO, M. **Comentiolus...**, *op. cit.* p. 291; VILELLA, J. **Gregorio Magno...**, *op. cit.* p. 183; VALLEJO, M. **La rivalidad...**, *op. cit.* p. 108 y s.; GARCÍA MORENO, L. *op. cit.* p. 140.

[79] ISIDORO, **Hist. Goth**, 54 (MPL, t. LXXXIII, col. 1072; Mommsen, p. 290; Rodríguez Alonso, p. 264).

[80] SYMM. I, 4, 7; I, 5; I, 6, 1-3; I, 7, 3-6; I, 8, 11; II, 10, 8 etc. Hemos utilizado la siguiente edición: The History of Theophylact Simocatta, an English transl. with introduction and notes by Michael and Mary Whitby, At The Clarendon Press, 1997 (1986), Oxford.

[81] THEOPHANES. Chron. A. M. 6076, 6092, 6093 (**The Chronicle of Theophanes Confessor. Byzantine and Near Eastern History A.D. 284-813**, Transl. with an Introduction and Comm. By Cyril Mango and Roger Scott, At the Clarendon Press, 1944, Oxford, p. 376, 4403, 408). v. tb. GOUBERT, P. **Byzance avant l'Islam**. Tome Premier: **Byzance et l'Orient sous les successeurs de Justinien. L'Empereur Maurice**. Ed. A. et J. Picard, 1951, Paris, p. 116 y s.

[82] V. KHAZDAN, A. (Ed.). **The Oxford Dictionary of Byzantium**. Oxford U. Press, 1991. Oxford, v. II, p. 1.138 y s.

[83] GREG. **Epist** XIII, 47, 7 (MGH, **Epist**. II, Hartmann, 1890, Berlin, p. 411; MPL, t. LXXVII, col. 1295).

[84] VILELLA, J. **Gregorio Magno...**, *op. cit.* p. 181 y ss.

[85] *Ibid.*, p. 184.

[86] GOUBERT, P. **Byzance et l'Espagne...**, *op. cit.* p. 64 y s.

[87] V. VALLEJO, M. **Commentiolus...**, *op. cit.* p. 291 y s. n. 5; ORLANDIS, J. **Gregorio Magno...**, p. 342 y s.

De Comencíolo sabemos que en época del emperador Mauricio hizo una brillante carrera militar, alcanzando el rango de *magister militum* (tal como se lee en la inscripción)[88], gracias a sus victorias en los Balcanes. Según se desprende del testimonio de los historiadores bizantinos, era un hombre cercano al emperador[89], tanto como para permanecer a su lado durante los turbulentos acontecimientos que llevaron a su deposición en manos de Focas (602-610), en el año 602[90]. Inmediatamente después de la rebelión Comencíolo fue ejecutado, al igual que el depuesto emperador[91].

Ahora bien, tal como recalcan los citados M. Vallejo, J. Orlandis y J. Vilella, gran parte de su carrera Comencíolo la hizo antes de 589 (fecha de la inscripción de Cartagena), y entre ese año y el 600, cuando le encontramos en Bizancio nuevamente, no se sabe de ninguna actividad suya en oriente. Teniendo en cuenta los datos cronológicos, este Comenciolo es el mismo Comitiolus de San Gregorio, quien gobernó Spania aproximadamente entre 589 y 600, y la diferencia de nombre se debería sólo a un error de transcripción[92].

Así, pues, y confiando en el análisis precedente, contamos – aparte de los viajeros ocasionales – con un caso de excepcional valor para nuestro objetivo: un protagonista de las guerras contra los ávaro-eslavos en los Balcanes permaneció cerca de una década en la Península Ibérica, pudiendo proporcionar noticias fidedignas y de primera mano acerca de lo que ocurría entonces en aquellas regiones. Son de distinta índole, pues, las pistas que nos permiten asegurar que en Hispania se podía estar bastante bien informado de lo que sucedía en el Imperio Bizantino, y esa corriente de noticias – de la cual se benefició San Isidoro de Sevilla al redactar su *Chronica* –, antes y después de Comencíolo – recordemos que la influencia bizantina se reaviva en tiempos de Sisebuto –, debió ser ininterrumpida, circulando por doquier de boca en boca.

7 NOTAS ACERCA DE LA ACTITUD DE LA HISTORIOGRAFÍA VISIGODA FRENTE A BIZANCIO[93]

Como ya hemos apuntado más arriba, la postura de la población hispanogoda frente al imperio bizantino fue ambigua: si, por una parte, no se

---

[88] SYMM, **Hist.** I, 7, 4 y I, 8, 11, entre otros pasajes (Whitby, p. 29-31); THEOPH. **Chron.** A. M. 6079 (Mango, p. 376).
[89] SYMM. **Hist.** I, 4,7 (Whitby, p. 25)
[90] THEOPH. **Chron.** A. M. 6092 y 6093 (Ed. Mango, p. 403-408).
[91] *V.* tb. VILELLA, J. **Gregorio Magno y...**, *op. cit.* p. 343.
[92] *V.* ORLANDIS, J. **Gregorio Magno y...**, *op. cit.* p. 343.
[93] Para elaborar las reflexiones de este apartado, además de las fuentes ya citadas, nos hemos servido de: CAMPOS, J. **Juan de Biclaro, obispo de Gerona. Su vida y su obra,** CSIC, 1960, Madrid, p. 55; RODRÍGUEZ ALONSO. C. **"Introducción"** a Las Historias de los Godos... *Op. cit.* p. 14 y ss.; FONTAINE, J. **Isidoro de Sevilla frente a...**, *op. cit., passim*; HEV1, *passim*; VALLEJO, M. **Bizancio y la España...** *Op. cit.* p. 476 y ss.; VALLEJO, M. **Commentiolus...**, *op. cit., passim*; FONTAINE, J. **Isidoro de Sevilla. Génesis y...**, *op. cit.* passim; GARCÍA ALVAREZ, F. "Tiempo, religión y política en el "Chronicon" de Ioannis Biclarensis. *In*: **España Medieval.** Publ. De la U. Complutense de Madrid, 1997, p. 9 y ss.

pudo evitar el influjo bizantino, y el gran poder de seducción de su cultura, por otro lado se les consideraba invasores indeseables que debían ser expulsados del territorio peninsular. La historiografía del período, ciertamente, da cuenta de la misma actitud.

Sus dos representantes más conspicuos son los ya citados Juan de Biclara e Isidoro de Sevilla. En ambos se puede descubrir una alta consideración hacia el Imperio, como que permanentemente refieren hechos del oriente bizantino. La doble cronología de Juan de Biclara – años del emperador, años del rey visigodo – así como el permanente interés del santo hispalense por los sucesos orientales, nos hablan de una concepción histórica, geográfica y cultural, que considera dos grandes polos en torno a los cuales se desenvuelve la historia: el Imperio Romano y el Reino Visigodo de Toledo – que, como ya hemos visto con insistencia, sigue el modelo del primero –.

Se podría decir que mientras el Biclarense es más "imperialista", san Isidoro es más "nacionalista" – o goticista, si se prefiere –; mientras el primero – sobre todo en los primeros años de su *Crónica* – exalta al Imperio, el segundo hace lo propio con la unificación peninsular en manos de los godos. En ambos autores, en todo caso, se percibe una retórica que tiende a centrarse en el reino godo e ir dejando de lado, poco a poco y en la medida que discurre el relato, al Imperio. El "modelo bipolar" se debilita en la medida que se avanza cronológicamente en el relato, en la misma medida que el Reino Visigodo se fue fortaleciendo desde la segunda mitad del siglo VI. Se puede apreciar, pues, cómo se forja una ideología ligada al proceso de "imperialización" de la monarquía toledana, y que impregna a la historiografía del momento.

Juan de Biclara no manifiesta en momento alguno un sentimiento negativo frente al Imperio. No obstante, se puede descubrir una velada crítica en el plano religioso cuando, al referirse al III Concilio de Toledo (589) y a la conversión de Recaredo, no sólo compara al rey con Constantino el Grande (305-337), sino que, aun más, dice que éste fue superado por aquél, puesto que el rey godo fue capaz de extirpar de raíz la herejía. Es, pues, en el occidente latino donde se pudo restaurar la ortodoxia de Nicea, y no en el oriente griego, cuna de la herejía.

En el caso de San Isidoro de Sevilla, su postura antibizantina parece ser bastante más clara y explícita, seguramente marcada por su experiencia personal. Oriunda de Cartagena, su familia tuvo que emigrar a la Bética, exilio que parece explicarse por el desembarco de las tropas imperiales en 552 ó 554, y el convulsionado ambiente que culminó con la ocupación de la ciudad.

Si Isidoro en sus obras históricas alaba a los primeros emperadores, no oculta su crítica hacia los que, temporalmente, le son más cercanos. Tales reparos dicen relación, por un lado, con los problemas religiosos y, por el otro, con el rechazo a la ocupación bizantina del sur peninsular. Es sintomático de su actitud que el Hispalense a veces no menciona directamente a los "romanos" (o bizantinos), sino que se refiere a ellos como "milites" ("soldados", resaltando el carácter militar de una ocupación que considera ilegítima). La alabanza a Hispania que abre la *Historia de los Godos* expresa claramente – y casi ideológicamente – la adhesión de San Isidoro a la unificación peninsular llevada a cabo por los godos, en oposición al Imperio.

Para el Hispalense la romanidad – particularmente latina – se ha refugiado en España, y por ello llega a referirse al *imperium* de los godos, en un claro desafío a Constantinopla. La oposición a Constantinopla queda reflejada en lo que podríamos llamar la respuesta isidoriana a Comencíolo: a los "enemigos bárbaros" de la inscripción de Cartagena, que responde a la visión bizantina del mundo – los godos pueden ser ya católicos, pero no dejan de ser bárbaros – se contrapone la acusación de "insolencia romana" de San Isidoro, que no hace sino resumir la actitud visigoda hacia el expansionismo bizantino.

Como ya adelantábamos, en su obra histórica San Isidoro parece complacerse en el relato de los reveses del Imperio, frente a la consolidación de la monarquía goda y, para ello, debía estar, claramente, bien informado de los avatares que afectaban entonces a Bizancio.

8   RECAPITULACIÓN EN TORNO AL *CHRONICON* DE SAN ISIDORO

Del análisis precedente podemos concluir que durante la segunda mitad del siglo VI y comienzos del VII, hay evidencias seguras de que a la Península Ibérica llegaban, junto a las mercancías, libros y noticias procedentes del oriente del Mediterráneo, y que circulaban por todo el reino. La animadversión hacia Bizancio, considerada una potencia invasora, se resuelve sobre todo a nivel político e ideológico; no obstante, en el ámbito cultural e intelectual, el influjo de oriente fue bastante poderoso. Una expresión clara – quizá la más evidente – del problema, es el hecho de que los mismos reyes, desde Leovigildo hasta Suintila, que combatieron denodadamente a los bizantinos, hasta expulsarlos del territorio peninsular, fueron los que llevaron adelante el proceso de "imperialización" de la Monarquía siguiendo, precisamente, el único modelo viable y visible en el Mediterráneo: Bizancio.

Por otro lado, hemos visto también que muchos viajeros iban y venían, hacia y desde Oriente; entre ellos, recordemos, se contaba el propio hermano de San Isidoro, San Leandro. Entre África y el sur peninsular existió un activo intercambio, y en los puertos de Mérida o Sevilla, circulaban de boca en boca las noticias procedentes de diversos rincones del Mediterráneo. Conspicuos personajes – monjes unos, futuros obispos los otros – llegaban a Hispania, muchas veces cargados de libros que enriquecían las bibliotecas hispánicas. Todo ello, además de la presencia permanente de tropas imperiales, la vida fronteriza siempre rica en intercambios de diversa índole y, caso notable, la presencia de funcionarios bizantinos que estaban muy al tanto de lo que en oriente acontecía, más aún si consideramos a Comencíolo, quien se había desempeñado como comandante en el frente oriental. Más tarde, hacia 615, sería Cesáreo el contacto en Spania, con quien se establecieron relaciones diplomáticas.

Son, en definitiva, muchas las vías a través de las cuales San Isidoro de Sevilla pudo estar bien informado de la situación de los Balcanes, como para incluir una noticia a todas luces confiable respecto de las invasiones eslavas en aquella región, en su *Chronica Universal*.

* * *

Nos queda, todavía, una cuestión por resolver: ¿conocía San Isidoro la lengua griega como para interactuar efectivamente con los viajeros procedentes de oriente o como para eventualmente leer a cronistas bizantinos?

Aunque es raro, podemos encontrarnos con estudiosos que suponen que, entre los siglos VI y VII, en el reino Visigodo se contaba con un buen conocimiento de la lengua griega. Normalmente es bibliografía ya antigua. Así, P. Aguado Bleye afirma que el clero hispano, en general, conocía el griego[94], lo que también sostiene C. Dubler al afirmar que los textos griegos podían ser correctamente interpretados[95]. Mencionemos, por último, la *Historia de España* de R. Menéndez Pidal, donde se afirma que no sólo había buenos helenistas en la España Visigoda, sino que también se estudiaba el griego en las escuelas de Sevilla[96].

Sin embargo, es difícil, aparte de algunas excepciones como en todo, pensar en un desarrollo de las letras griegas en la España Visigoda[97]. A juzgar por las lecturas de San Isidoro, como también por sus comentarios etimológicos, todo parece indicar que si acaso conocía la lengua griega, dicho conocimiento debe haber sido bastante vago y superficial[98]. De hecho, si conocía obras griegas, normalmente era a través de traducciones latinas, como en el caso de las obras de San Juan Crisóstomo[99]. Según J. Fontaine, dada la presencia de comerciantes y prelados de origen oriental que había en la Bética, si San Isidoro lo hubiera querido, podría haber encontrado ocasión de aprender el griego; si no lo hizo, fue simplemente

---

[94] AGUADO BLEYE, P. *Op. cit.* p. 376.
[95] DUBLER, C. *Op. cit.* p. 291 y ss.
[96] HEV1, p. 451; Tb. TOVAR. *Op. cit.* p. 71.
[97] *V.* COURCELLE, P. **Les Lettres Grecques en Ocident. De Macrobe a Cassiodore.** E. de Boccard Éd. 1948, Paris, p. 390.
[98] *V.* FONTAINE, J. **Isidore de Seville et la culture...**, *op. cit.* p. 849 y ss.; BLANCO FREJEIRO, A. *Op. cit.* p. 193; DIAZ Y DIAZ, M.. *Op. cit.* p. 841 y s.; HILLGARTH, J. N. **Historiography...**, *op. cit.* p. 310, n. 202; DOMINGUEZ DEL VAL, U. *Op. cit.* p. 18. Cf. BADENAS, P. Andanzas y peripecias del griego en el medievo occidental. *In*: **Byzantion Nea Hellás**, 22, 2003, p. 90.
[99] ISIDORO, **De Vir. Ill.** XIX (MPL, t. LXXXIII, col. 1093; Ed. Florez, p. 434). LACARRA, J. M. **La península Ibérica...**, *op. cit.*, p. 242; FONTAINE. J. **Isidore de Seville et la culture...**, *op. cit.*, p. 849.

porque no quiso[100], lo que se explica por su antibizantinismo, ya sea por su experiencia personal o por sus convicciones teológicas[101].

Ahora bien, debemos reconocer que en un primer momento nos pareció que dicha constatación atentaba directamente contra la idea que nos llevó a todo el análisis precedente, esto es, que San Isidoro recoge en el *Chronicon* información fidedigna acerca de la invasión eslava en los Balcanes. Si él no sabía griego, si era incapaz de leer a los historiadores bizantinos contemporáneos, ¿cómo pudo, entonces, enterarse de aquello? La verdad es que no parece necesario, finalmente, que el Hispalense fuera versado en lengua griega.

En efecto, un examen atento de las circunstancias de la época nos lleva a constatar que, todavía en la segunda mitad del siglo VI y comienzos del VII, Bizancio era un mundo en gran medida bilingüe. Como señalara H. Schlunk, "*las tropas bizantinas no sólo hablaban griego, sino que gran parte de ellas hablaba latín*"[102]. De hecho, la inscripción de Comencíolo está, justamente en dicha lengua. Por otro lado, por una necesidad propia de su oficio, era normal que los comerciantes sirios o griegos que arribaban a los puertos peninsulares, pudieran expresarse en una u otra lengua.

Por cierto, es necesario precisar que no es posible determinar claramente qué fuentes usa San Isidoro en la última parte de su *Chronicon*, aun si tomamos en cuenta la opinión de J. Martín, para quien San Isidoro se apoyó en una crónica italiana hoy perdida y desconocida para nosotros, y que aparte de los asuntos italianos habría registrado información del oriente, lo que habría permitido a San Isidoro continuar, completar y actualizar las palabras de Juan de Biclara[103]. Por otra parte, el Hispalense ocupa la palabra *sclavi* y no *sclaveni*, lo que puede llevar a concluir, como hace F. Curta en un notable análisis de los textos de la época, que la fuente de información – oral o escrita – es constantinopolitana[104].

---

[100] *Ibid.*, p. 850.
[101] *Ibid.*, p. 850 y ss.
[102] SCHLUNK, H. *Op. cit.* p. 190. Tb. LACARRA, J. M. **Panorama...**, *op. cit.* p. 335.
[103] *V.* MARTÍN, J. *Op. cit.* p. 32*-35*. Tb. MARTÍN, J. La transmisión del saber durante la Edad Media y la labor filológica. *In*: **Cuadernos del Marqués de San Adrián**, n. 1, 2001 <http://www.uned.es/ca-tudela/revista/n001/art_2.htm>: "*Isidoro fue un gran compilador, pero no un espíritu original, por lo que tanto en su Crónica como en su **Historia de los Godos**, son muy pocas las noticias que le debemos a él y que no han sido tomadas de otros autores. Para los últimos años abarcados por su **Crónica**, entre 590 y 615/6 y luego 626, Isidoro ha debido de servirse de una crónica italiana hoy perdida, además de incluir noticias redactadas por él mismo. En fin, durante la revisión de su Crónica entre el 625 y el 626, Isidoro no añade nuevas fuentes, sino que se limita a añadir más noticias de las mismas fuentes de las que ya se había servido en el a. 615/6, según el procedimiento general en la Antigüedad de alargar los textos con ocasión de su revisión, nunca de abreviarlos*".
[104] CURTA, F. **The Making of the Slavs. History and Archéology of the Lower Danube Region, c. 500-700 A.D.** Cambridge U. Press, 2001, Cambridge, p. 55, n. 2; tb. CURTA, F. Female dress and "Slavic" Bow Fibulae in Greece. *In*: **Hesperia**, n. 74, 2005, p. 118;

No cabe duda, entonces, de que San Isidoro no sólo pudo recibir noticias ciertas de lo que sucedía en los Balcanes a comienzos del siglo VII, sino también de que éstas la pudo recibir en su propia lengua, para verter luego esa información en el *Chronicon*. Creemos que, al decir "los eslavos quitaron Grecia a los romanos", San Isidoro recoge literalmente a una información transmitida oralmente y que en sus términos es coincidente con la información que, paralelamente, consignan los historiadores bizantinos contemporáneos.

9 REFERENCIAS

AGUADO BLEYE, P. **Manual de Historia de España**, v. 1: **Prehistoria. Edades Antigua y Media**. Espasa-Calpe S.A. Séptima ed. refundida, 1954 (1914), Madrid, p. 318.

BADENAS, P. Andanzas y peripecias del griego en el medievo occidental. *In*: **Byzantion Nea Hellás**, 22, 2003, p. 90.

BADENAS, P. Informe sobre los estudios bizantinos en España. *In*: **La filologia medievale e Umanistica Graeca e Latina nel secolo XX**. Roma, 1993, v. II, p. 753-768.

BLANCO FREJEIRO, A. **Historia de Sevilla. La ciudad antigua (de la prehistoria a los visigodos)**, Universidad de Sevilla, Segunda Ed. 1984, Sevilla, p. 191.

BRÉHIER, L. **El Mundo Bizantino. Vida y Muerte de Bizancio**. Tradução de J. Almoina, UTEHA, 1956, México, p. 37 y n. 193.

CAMPOS, J. **Juan de Biclaro, obispo de Gerona. Su vida y su obra**, CSIC, 1960, Madrid, p. 55.

COLLINS, R. **La España Visigoda (409-711)**. Tradução de M. García, Ed. Crítica, 2005 (2004), Barcelona, p. 49.

COURCELLE, P. **Les Lettres Grecques en Ocident. De Macrobe a Cassiodore**. E. de Boccard Éd. 1948, Paris, p. 390.

CURTA, F. Barbarians in Dark-Age Greece: Slavs or Avars? *In*: **Civitas Divino-Humana. In honorem annorum LX Georgii Bakalov**. Edited by Tsvetelin Stepanov and Veselina Vachkova, Centar za izsledvaniia na balgarite Tangra TanNakRa IK, 2004, Sofia, 520.

_____. Female dress and "Slavic" Bow Fibulae in Greece. *In*: **Hesperia**, n. 74, 2005, p. 118.

_____. **The Making of the Slavs. History and Archéology of the Lower Danube Region, c. 500-700 A.D.** Cambridge U. Press, 2001, Cambridge, p. 55, n. 2.

DE VALDEAVELLANO, L. G. La moneda y la economía de cambio en la península ibérica desde el siglo VI hasta mediados del siglo XI. *In*: **SSS**, v. VIII, p. 216.

DOMÍNGUEZ DEL VAL, U. Características de la Patrística Hispana en el siglo VII. *In*: **La Patrología Toledano Visigoda**. CSIC, 1970, Madrid, p. 11.

_____. **Leandro de Sevilla y su lucha contra el arrianismo**. Nacional, 1981, Madrid, p. 416.

DUBLER, C. Sobre la Crónica arábigo-bizantina del 741 y la influencia bizantina en la península Ibérica. *In*: **Al-Andalus**, v. 11, n. 2, 1946, p. 291.

FONTAINE, J. Fins et moyens de l'enseignement ecclésiastique dans l'Espagne wisigothique. *In*: **SSS**, v. XIX, t. I, p. 158.

_____. Isidoro de Sevilla frente a la Hispania Bizantina. *In*: **Actas de la V Reunió de Arqueología Cristiana Hispánica (Cartagena, 1998)**, Barcelona, 2000, p. 34.

CURTA, F. Barbarians in Dark-Age Greece: Slavs or Avars?. *In*: **Civitas Divino-Humana. In honorem annorum LX Georgii Bakalov**. Edited by Tsvetelin Stepanov and Veselina Vachkova, Centar za izsledvaniia na balgarite Tangra TanNakRa IK, 2004, Sofia, 520.

_____. **Isidoro de Sevilla. Génesis y originalidad de la cultura hispánica en tiempos de los visigodos**. Tradução de M. Montes. Encuentro, 2002 (Brepols, 2000), Madrid, p. 282 y ss.

FREIXAS, A. España en los historiadores bizantinos. *In*: **Cuadernos de Historia de España**, n. XI-XII, 1949, Buenos Aires, p. 5-24.

GARCÍA ALVAREZ, F. "Tiempo, religión y política en el "Chronicon" de Ioannis Biclarensis. *In*: **España Medieval**. Publ. De la U. Complutense de Madrid, 1997, p. 9 y ss.

GARCÍA IGLESIAS, L. Las posesiones de la Iglesia Emeritense en época visigoda. *In*: **Anejos de Gerión**, II, 1989, U. Complutense de Madrid, p. 391-401.

GARCÍA MORENO, L. **Historia de España Visigoda**. Cátedra, Segunda Edición, 1998, Madrid, p. 120.

GOUBERT, P. **Byzance avant l'Islam, Tome Second**: Byzance et l'Occident sous les successeurs de Justinien, II: **Rome, Byzance et Carthage**. A. et J. Picard, 1965, Paris, p. 130.

_____. Byzance et l'Espagne wisigothique (554-711). *In*: **Etudes Byzantines**, II, 1944, Bucarest, 1945, p. 5-78.

GREG. Epist XIII, 47, 7 (MGH, **Epist**. II, Hartmann, 1890, Berlin, p. 411; MPL, t. LXXVII, col. 1295).

HIDATII LEMICI. **Continuatio Chronicorum Hieronymianorum**, 177 (MGH, AA.AA. XI, **Chronica Minora saec. IV, V, VI, VII** (II), Ed. Th. Mommsen, 1894, Berlin, p. 29: "*Orientalium naves Hispalim venientes per Marciani exercitum caesos Lazas nuntiant*".

HOPPE, J. M. La sculpture visigothique et le monde byzantin. *In*: BADENAS, P. y EGEA, J. (Eds.). **Oriente y Occidente en la Edad Media. Influjos bizantinos en la cultura occidental**. Universidad del País Vasco, 1993, Vitoria, p. 204.

HÜBNER, E. **Inscriptiones Hispaniae Christianae**. George Olms verlag, 1975, New York, p. 57, n. 176.

HYDACE, *Chronique*, Introd. texte Critique, Trad. par A. Tranoy, Les Éd. du Cerf, Sources Chrétiennes n. 218, Paris, 1974, v. 1, p. 156 y comentario en p. 106.

ISIDORO, **Hist. Goth**, 54 (MPL, t. LXXXIII, col. 1072; Mommsen, p. 290; Rodríguez Alonso, p. 264).

J. HILLGARTH, en su artículo ya citado, frente a tan divididas opiniones, señala que el Biclarense habría estado, al menos, nueve años en Constantinopla, entre 568 y 577.

JAMES, E. (Ed.). **Visigothic Spain**: new approaches. Clarendon Press, 1980, Oxford, p. 216 y s.

JUAN DE BICLARA. **Chron**. a. 570, 571, 572 (Cardelle, CCSL, 2001, Brepols, p. 62 y s.; MPL, t. LXXII, col. 864.

KHAZDAN, A. (Ed.). **The Oxford Dictionary of Byzantium**. Oxford U. Press, 1991. Oxford, v. II, p. 1.138 y s.

KING, P. D. *Derecho y Sociedad en el reino visigodo*, versión española de M. Rodríguez Alonso, Alianza, 1981 (1972), Madrid, p. 31.

LACARRA, J. M. La península Ibérica del siglo VII al X: centros y vías de irradiación de la civilización. *In*: **Settimane di Studi Sull'Alto Medioevo**. Centro Italiano di Studi sull' Alto Medioevo (=SSS), Spoleto, 1964, v. XI, p. 237.

_____. Panorama de la historia urbana en la península Ibérica desde el siglo V al X. *In*: SSS, 1959, v. VI, p. 319-357.

LAIOU, A. Exchange and Trade, Seventh-Twelfth Centuries. *In*: **The Economic History of Byzantium. From the Seventh to the Fifteenth Century**. Dumbarton Oaks Studies, 39, 2002, Washington D.C. v. 2, p. 702 y s.

LOT, F. **El fin del Mundo Antiguo y los comienzos de la Edad Media**. Tradução de J. Amoros, UTEHA, 1956, México D.F. p. 249.

LOUNGHIS, T. C. **Les ambassades byzantines en Occident dépuis la fondation des états barbares jusq'au Croisades (407-1096)**.

MALLEROS, F. **El Imperio Bizantino 395-1204**. Ediciones del Centro de Estudios Bizantinos de la Universidad de Chile, Segunda Ed. revisada, aumentada y actualizada, 1987 (1951), Santiago de Chile, p. 114-116.

MANSI, J. **Sacrorum Conciliorum Nova et Amplissima Collectio**. Florencia, 1763, v. IX, col. 1000.

MANSI, J. **Sacrorum Conciliorum Nova et Amplissima Collectio**. Florencia, 1768, v. X, col. 651.

MARTÍN, J. *Op. cit.* p. 32*-35*. Tb. MARTÍN, J. La transmisión del saber durante la Edad Media y la labor filológica. *In*: **Cuadernos del Marqués de San Adrián**, n. 1, 2001 <http://www.uned.es/ca-tudela/revista/n001/art_2.htm>.

MOMMSEN, MGH, AA.AA. XI. **Chronica Minora (saec. IV, V, VI, VII)** (II), 1894, p. 288; C. Rodríguez. Archivo Histórico Diocesano de León, 1975, León, p. 258.

MUSSET, L. **Las invasiones. Las oleadas germánicas**. Tradução de O. Durán, Labor, Primera reimpresión, 1982 (1965), Barcelona, p. 214.

ORLANDIS, J. Gregorio Magno y la España visigodo-bizantina. *In*: **Estudios en homenaje a don Claudio Sánchez-Albornoz en sus noventa años**. Instituto de Historia de España, 1983, Buenos Aires, v. I, p. 331.

_____. **Historia social y económica de la España Visigoda**. Publicaciones del Fondo para la Investigación Económica y Social de la Confederación Española de Cajas de Ahorro, 1975, Madrid, p. 147.

PIRENNE, H. **Mahoma y Carlomagno**. Tradução de E. Benítez, Alianza, Tercera ed. 1981 (1957), Madrid, p. 67 y ss.

PREGO DE LIS, A. La inscripción de *Comitiolus* del Museo Municipal de Arqueología de Cartagena. *In*: **Actas de la V Reunió de arqueología cristiana hispánica (Cartagena, 1998)**. Barcelona, 2000, p. 383 y s.

PROCOPIO. **De bello Vandalico**, III, xxiv, 7-12 (Loeb Classical Library, with an English Transl. by H.B. Dewing, Harvard U. Press, 1961, London, p. 196 y ss.)

RETAMERO, F. As coins go home: towns, merchants, bishops and kings in visigothic hispania. *In*: AA.Vv. **The Visigoths. From the migration period to the Seventh century, an Etnographic perspective**. The Boydell Press, 1999, St. Marino, p. 271.

RUCQUOI, A. **Histoire Médiévale de la Péninsule Ibérique**. Du Seuil, 1993, Paris, p. 37.

SAN ISIDORO, Chron. A. M. 5.813 (MPL, t. LXXXIII, col. 1056; Ed. Mommsen, p. 480; la Ed. de Martín no incluye el pasaje 416a.

SAN ISIDORO, **Etim**. VIII, V (PL, t. LXXXII; L. Cortés y Góngora, BAC, 1951, Madrid, p. 192 y ss.

SAN ISIDORO. **Hist. Goth**. 51 (MPL, t. LXXIII, col. 1071.

SANCTI GREGORII MAGNI PONT **Moralium libri, Exp. In Librum b. Job**, I, 1 (MPL, t. LXXV, col. 510 y s.

SANCTI ILDEFONSI TOLETANI EP. **Liber de Viris Illustribus**, IV (MPL, t. XCVI, col. 200; Florez, p. 456 y s.

SANCTI ISIDORI HISP. EPISC. **Historia de Regibus Gothorum, Wandalorum et Suevorum**, 51 (MPL, t. LXXXIII, col. 1071.

SANCTI ISIDORI Hispalensis Episcopi **De Viris Illustribus**, XLIV, 62, en: MPL, t. LXXXIII, col. 1105. Tb. la ed. de FLOREZ, H. **España sagrada**. Imprenta de José Rodríguez, 1859, Madrid, v. 5, Apéndice V, p. 446.

SAYAS ABENGOCHEA-GARCÍA MORENO. **Romanismo y Germanismo. El despertar de los pueblos hispánicos (siglos IV-IX)**. v. II de la *Historia de España* de Tuñón de Lara, Labor, Primera reimpresión de la primera edición, 1982 (1981), Barcelona, p. 330 y ss.

SCHLUNK, H. Relaciones entre la península Ibérica y Bizancio durante la época visigoda. *In*: **Archivo Español de Arqueología**. CSIC, t. XVIII, 1945, Madrid, p. 191.

SYMM, **Hist**. I, 7, 4 y I, 8, 11, entre otros pasajes (Whitby, p. 29-31); THEOPH. **Chron**. A. M. 6079 (Mango, p. 376).

THEOPHANES. **Chron**. A. M. 6076, 6092, 6093 (**The Chronicle of Theophanes Confessor. Byzantine and Near Eastern History A.D. 284-813**, Transl. with an Introduction and Comm. By Cyril Mango and Roger Scott, At the Clarendon Press, 1944, Oxford, p. 376, 4403, 408).

THOMPSON, E. A. **Los godos en España**. Tradução de J. Faci, Alianza ed. Segunda edición, 1979 (Oxford, 1969), Madrid, p. 365 y ss.

TOVAR, S. **Biografía de la lengua griega**. Ediciones del Centro de Estudios Bizantinos y Neohelénicos de la U. de Chile, 1990, Santiago de Chile, p. 71.

VALLEJO, M. Bizancio y la España Tardoantigua (ss. V-VIII): un capítulo de historia mediterránea. Universidad de Alcalá de Henares, 1993, Alcalá, p. 475 y ss.

_____. Comentiolus, magister militum Spaniae missus a Mauricio Augusto contra hostes barbaros. The Byzantine Perspective of the Visigothic Conversion to Catholicism. *In*: **Romanobarbarica**, 14, Herder, 1996-1997, Roma, p. 292, n. 6.

_____. La rivalidad visigodo-bizantina en el Levante español. *In*: Bádenas-Egea (comp.). **Oriente y Occidente en la Edad Media. Influjos bizantinos en la cultura occidental**. U. del País Vasco, 1993, Bilbao, p. 113.

VASILIEV, A. **History of the Byzantine Empire 323-1453**. The University of Wisconsin Press, Second english ed. 1964 (1928), Madison and Milwaukee, p. 137 y s.

VILELLA, J. Gregorio Magno e Hispania. *In*: **Studia Ephemeridis Augustinianum**, n. 33, 1991, p. 174.

_____. Le transport maritime des voyageurs et de correspondence entre l'Espagne et l'extérieur pendant l'Antiquité Tardive. *In*: **Pact**, 27, 1990, p. 60 y s.

VIVES, J. **Inscripciones cristianas de la España Romana y Visigoda**. CSIC, 1969, Barcelona, p. 126, n. 362.

WOLFRAM, H. **Histoire des Goths**. Tradução de F. Straschitz et J. Mély, Albin Michel, 1990 (Munich, 1979), Paris, p. 260.

TIRANOS Y TIRANIA EN LA CASTILLA MEDIEVAL (SIGLOS VIII-XII)

Ariel Guiance[1]

En los últimos años, mucho se ha discutido acerca del alcance que pudieron haber tenido determinadas nociones de ideología política en las sociedades del pasado. Esa discusión, sin dudas, responde a nuestros propios interrogantes contemporáneos acerca de qué debe entenderse por política y qué papel cumple la misma en la vida del hombre en sociedad. De tal manera, han florecido los trabajos en torno a la tipología del poder, la relación entre política y moral, la evolución de la política como fin y como medio o la política como marco de acuerdo amigo-enemigo – por no citar más que algunas variables[2] –. Análogamente, desde el punto de vista histórico, se han analizado temas tales como la idea de Estado en el pasado, el paradigma de ciudadanía vigente en otros tiempos, la naturaleza de la monarquía o los atributos que asignaron a la realeza distintos grupos humanos de diferentes épocas. Precisamente, en esta oportunidad quisiera detenerme en uno de los aspectos vinculados al ejercicio mismo del mando. En especial, me gustaría enfocar la manera en que se consideró el tema de la legitimidad e ilegitimidad de dicho ejercicio, encarándolo en función del problema de la tiranía. Cuestión debatida desde la Antigüedad clásica, la noción de tiranía conoció una evolución particular a lo largo de la Edad Media (como así también de otros momentos históricos). Por cierto, dada la amplitud y riqueza del asunto propuesto – y lo limitado de esta exposición – me centraré exclusivamente en el análisis de esa evolución en un marco preciso: la Castilla de los siglos VIII a XII. Las razones de esta delimitación responden a dos motivos principales: en primer lugar, al hecho de que el tema de la tiranía ha sido objeto de múltiples estudios respecto del pasado visigodo pero, por el contrario, no concitó tal atención en lo que atañe a la Alta Edad Media local (y no por falta de fuentes, precisamente). Junto a ello, se debe contar el hecho de que nos estamos refiriendo a una zona con una profunda influencia del pensamiento clásico (influencia que la invasión musulmana no alteró) y, a la vez, una región a la que llegaron, a lo largo de los siglos, distintas tradiciones políticas ultrapirenaicas (de la misma manera que

---

[1] Doctor en Historia Medieval por la Universidad de Buenos Aires; Profesor de la Universidad Nacional de Cordoba/Argentina; colaborador permanente del Nucleo de Estudos Mediterranicos de la UFPR; CONICET/Argentina.

[2] Para una caracterización sintética sobre las distintas acepciones del término "política" en el pensamiento actual, véase el artículo de BOBBIO, Norberto. Política. *In*: *Idem*, MATTEUCCI, Nicola; PASQUINO, Gianfranco (dirs.). **Diccionario de política**. México-Madrid: Siglo XXI, 1998. p. 1.215-1.225.

muchas nociones hispanas se propagaron por el resto de Europa). Por ende, tenemos un interesante campo de análisis en el que confluyen tradición y originalidad y en el que se perciben sutiles transformaciones de diversos conceptos de ideología política medieval – entre ellos, el de tiranía –.

Como acabamos de señalar, el problema de la tiranía fue largamente debatido respecto del pensamiento político visigodo[3]. Dicho pensamiento respondió mayormente a las directrices señaladas por san Isidoro de Sevilla – heredero, a su vez, de la mencionada tradición clásica –. Al hablar de la tiranía, éste indicaba que, en griego, tiranía es

> *lo mismo que "rey" en latín, ya que, para los antiguos, no existía diferencia alguna entre "rey" y "tirano". [...] Y es que los reyes poderosos eran llamados "tiranos", de **tiro**, que significa "poderoso". [...] Más tarde, comenzó la costumbre de denominar "tiranos" a los reyes perversos e improbos que ejercían sobre el pueblo un ansia desmedida de dominación y una autoridad sumamente cruel*[4].

Con estas palabras, Isidoro adopta una posición particular en el célebre debate antiguo acerca del doble sentido que podía tener la noción de tiranía. En efecto, Aristóteles ya había distinguido entre monarquías tiránicas (*"respecto del modo en el que el poder es ejercido"*) y tiranías verdaderas (*"que es la forma de gobierno en la que aquél que detenta el poder lo ejerce no sólo despóticamente sino también sin tener el derecho para ello"*[5]). Frente a esa caracterización bipartita – y tal como subrayara Orlandis – Isidoro *"parece soslayar de algún modo el concreto problema institucional de la legitimidad de origen del poder para polarizar su atención en el de la legitimidad de ejercicio"*[6]. Ahora bien, según indicara en otra oportunidad, esta tendencia del

---

[3] Cf. entre otros, los trabajos de ORLANDIS, José. En torno a la noción visigoda de tiranía. **Anuario de historia de derecho español**, XXIX (1959), 5-43; FRIGHETTO, Renan. Os usurpadores, "maus" soberanos e o conceito de *tyrannia* nas fontes hispano-visigodas do século VII: o exemplo de Chindasvinto. **Anais da XIX reunião da Sociedade Brasileira de Pesquisa Histórica**. Curitiba, 1999. p. 135-140; REYDELLET, Marc. **La royauté dans la littérature latine de Sidoine Apollinaire à Saint Isidore de Seville**. Roma: Ecole française de Rome, 1981. p. 581 y ss. y TEILLET, Susanne. **Des goths à la nation gothique. Les origines de l'idée de nation en Occident du Ve au VIIe siècle**. París: Les Belles Lettres, 1984. p. 591 y ss.

[4] SAN ISIDORO. **Etimologías**, IX, 3, 19-20 (Ed. de José Oroz Reta y Manuel-A. Marcos Casquero), Madrid, Biblioteca de Autores Cristianos, 1993. t. I, p. 768: *"Tyranni Graece dicuntur. Idem Latine et reges. Nam apud veteres inter regem et tyrannum nulla discretio erat [...]. Fortes enim reges tyranni vocabantur. Nam tiro fortis. [...] Iam postea in usum accidit tyrannos vocari pessimos atque improbos reges, luxuriosae dominationis cupiditatem et crudelissimam dominationem in populis exercentes"*.

[5] BOBBIO, Norberto. Despotismo. In: *Idem*, MATTEUCCI y PASQUINO (Dirs.). *Op. cit.* p. 484. El pasaje de Aristóteles puede verse en su *Política*, 1879 y ss. Cfr. NEMO, Philippe. **Histoire des idées politiques dans l'Antiquité et au Moyen Age**. París: Presses Universitaires de France, 1998. p. 159-60.

[6] ORLANDIS. *Op. cit.* p. 7.

Hispalense a considerar la tiranía como un abuso de poder, no se condice con su presentación de los tiranos históricos. De hecho, éstos son definidos como tales por la forma ilegítima en que accedieron al mando y no por el ejercicio abusivo que pudieron haber hecho del mismo[7]. En efecto, sus tiranos son el godo Hermenegildo – levantado en armas contra su padre[8] –, Atanagildo y Witerico. Con ello, se advierte una cierta ambigüedad entre el Isidoro tratadista (más proclive a una idea de tiranía *"funcional"*) y el Isidoro cronista (sujeto a la noción de tiranía de origen). Dicha ambigüedad quizás responda al hecho de que el citado autor respeta escrupulosamente sus fuentes, que también presentan a esos personajes como tiranos, dada la manera en que llegaron o intentaron llegar al gobierno. Como sea, esta caracterización isidoriana acerca de la tiranía sería luego convenientemente continuada por pensadores tales como los obispos toledanos Eugenio y Julián (este último, en especial, en su conocida *Historia Wambae regis*, una feroz crítica a un intento de rebelión contra el poder real ocurrido a fines del siglo VII). No vamos a entrar aquí en un análisis pormenorizado de estos últimos autores – tarea ya efectuada por otros especialistas[9] – sino que prefiero adentrarme – como ya anticipé- en el mucho menos conocido patrón ideológico de la Hispania inmediatamente posterior a la conquista musulmana. De esta manera, intentaremos ver – según anticipamos- cuánto sobrevivió de ese legado godo en torno a la noción de tiranía y qué modificaciones se introdujeron al mismo. Para ello, apelaré en primer lugar a las crónicas del período. Se trata de textos que, en muchos casos, se presentaban explícitamente como continuaciones de las grandes crónicas visigodas (y en los que, por lo mismo, se pueden apreciar las constantes y rupturas de determinadas claves ideológicas).

Si aceptamos la tipología actualmente propuesta, el primer corpus documental a considerar es el que corresponde a la cronística mozárabe, integrada, entre otros, por tres textos bien conocidos: la llamada *Crónica bizantina-arábiga*, la *Crónica mozárabe de 754* y la denominada *Crónica Pseudo-Isidoriana*. Redactada en zona andaluza o emeritense – si aceptamos la opinión de Manuel Díaz y Díaz-, poco después de 741 (según el mismo especialista)[10], la *Crónica bizantina-arábiga* es una clara exposición de

---

[7] Me permito remitir a mi artículo *Rex perditionis*. La caracterización de la tiranía en la España visigoda. **Cuadernos de historia de España**, LXXVII (2001-2002), 29-39 – en especial, p. 29-33.

[8] Un análisis de la manera en que fue considerado este levantamiento por parte de las fuentes visigodas puede verse en MARCOTEGUI BARBER, Beatriz. El tratamiento historiográfico de san Hermenegildo. **Anuario de historia de la Iglesia**, 12 (2003), 289-302.

[9] FRIGHETTO, Véase Renan. Usurpação, tyrannia e dominação na *Hispania* visigoda de finais do século VII: o caso do reinado de Wamba (672-680). **Estudos Ibero-Americanos**, v. XXVIII, n. 1 (2002), 7-19; TEILLET. *Op. cit.* p. 591 y ss. y COLLINS, Roger. Julian of Toledo and the education of Kings. *In*: P. H. SAWYER y WOODS, I. N. **Early Medieval Kingship**. Leeds: University of Leeds, 1977. p. 1-22 (en especial, p. 13 y ss.).

[10] Véase Manuel DIAZ y DIAZ. La historiografía hispana desde la invasión árabe hasta el año 1000. *In*: A.A.V.v. **La storiografia altomedievale. XVII Settimane di studio del Centro italiano di studi sull'Alto Medioevo (Spoleto, 10-16 aprile 1969)**. Spoleto: Centro italiano

asuntos de la historia de esas dos civilizaciones, con algún detalle en el turbulento período que siguió a la invasión musulmana de Hispania[11]. Por cierto, este texto emplea pocas veces la noción de tiranía, en todos los casos aludiendo a personajes que usurparon el poder. Así, el vocablo no sólo señala esa forma de acceder al gobierno – el caso de Viterico, quien había despojado "tiránicamente" del mando a Liuva o los emperadores bizantinos Focas y Leoncio, que asumieron el trono de idéntica manera[12] – sino que también aparece como epíteto de ciertos detentadores del trono *"Philippicus tyrannus"*[13], por ejemplo –. Análogamente, aquéllos que se rebelan contra el mando legítimo son calificados de *"tyrannizantes"*[14]. Por el contrario, la palabra en cuestión no es empleada en el segundo sentido clásico anticipado, esto es, como sinónimo de poder legítimo pero ejercido despóticamente. Con ello, ya se advierte una tendencia presente en el pensamiento político de la Antigüedad tardía, que equipara al tirano con el *usurpator* (lo que, de forma casi necesaria, refuerza la legitimidad del gobernante que debe soportar esa afrenta a su autoridad)[15].

Ese mismo carácter unívoco se repite en el segundo texto mencionado – este sí, de indudable procedencia ibérica –, la *Crónica mozárabe de 754*. Probablemente redactada en el sur hispano (quizás en un lugar próximo al reino de Murcia[16]), la misma no emplea el sustantivo "tirano" para designar a ningún personaje del texto. Por el contrario, sí apela a diversas variaciones del vocablo para indicar – como en el caso anterior – la llegada fraudulenta al poder de algunos de ellos. De tal manera, señala que Sisenando ocupó el trono durante cinco años, puesto al que llegó *"per tirannidem"*[17]. Idéntica

---

di studi sull'Alto Medioevo, 1970. I, p. 313-343 -reeditado en la obra del mismo autor **De Isidoro al siglo XI. Ocho estudios sobre la vida literaria peninsular**. Barcelona: El Albir, 1976, p. 203-234 (edición que utilizo). Las referencias a la crónica que nos ocupa en p. 206-207. La opinión de Díaz y Díaz se opone a la idea de Claudio Sánchez-Albornoz, quien la supone compuesta en Siria entre 724 y 741–véase, de este último autor, **En torno a los orígenes del feudalismo**. Buenos Aires: Eudeba, 1974. t. II, p. 12-13.

[11] Ed. de GIL, Juan. **Corpus scriptorum muzarabicorum**. Madrid: Consejo Superior de Investigaciones Científicas, 1973. t. I, p. 7-14.

[12] *Ibidem*, & 3, p. 7 – *"Uuittericus regnum, quod a Liuuane tyrannice inuaserat"*; & 4, p. 7 – *"Foca Romanorum LVI in regno tyrannico more praeficitur"* y & 32, p. 12 – *"Leo deiecto Iustiniano per tyrannidem coronatur in regnum"*.

[13] *Ibidem*, & 31, p. 13.

[14] *Ibidem*, & 35, p. 13: *"Iustinianus... redit proprio regno residens, sibi dudum tyrannizantes exuperatos"*.

[15] Cf. FRIGHETTO. **Os usurpadores...**, p. 136; v. NERI. L'usurpatore come tirano nel lessico politico della tarda Antichità. *In*: PASCHOUD, F.; SZIDAT, J. (Eds.). **Usurpationem in der Spätantike. Akten des Kolloquiums "Staatsssreich und Staatlichkeit"**. Stuttgart, 1997. p. 71-86 y ESCRIBANO, María Victoria. Constantino y la *rescissio actorum* del tirano-usurpador. **Gerión**, 16 (1998), 307-338 – quien considera que fue Constantino el primero en aproximar ambas nociones.

[16] Según la opinión de LOPEZ PEREIRA, José Eduardo (Ed.). **Crónica mozárabe de 754**. Zaragoza, 1980 (Textos medievales, 58), p. 17.

[17] *Ibidem*, & 17, p. 34: *"...Sisenandus... per tyrannidem regno Gothorum inuaso"*.

caracterización le corresponde a Kindasvinto, al ya citado emperador bizantino Leoncio y al musulmán Marwan II, sublevado en Damasco[18]. Una vez más, la tiranía es símbolo de una rebelión (generalmente, violenta) que acaba con el poder instituido. Ese matiz es más explícito cuando el cronista se refiere a la sublevación de Munnuza contra el emir 'Abd al-Rahmán, aliándose el primero con los francos a fin de *"preparar la tiranía"*[19]. Otro tanto ocurre cuando se describe el levantamiento de los árabes contra los bizantinos en tiempos de Heraclio. En este caso, el vocablo adquiere un sentido más explícito de rebelión, al punto de transformarse en verbo que implica esa acción – circunstancia que subraya una clara evolución lexical también originada en los siglos finales de la Antigüedad –. Así, los "árabes tiranizan" contra los romanos de Oriente[20] y algunos musulmanes conspiran contra el gobernador Abulcatar, utilizando a un tal Ismael *"para que, sublevándose **(tirannizantem)** contra él, lo haga salir de Córdoba"* – ciudad en la que se hallaba el funcionario[21].

Esa acepción de tiranía como sinónimo de sublevación, (que modifica parcialmente el sentido político propio del vocablo, no sólo se aprecia en esa particular connotación verbal del término sino en variantes del mismo que implican ideas afines. Así, reiterando una forma ya presente en la *Crónica bizantino-arábiga*, se alude a los rebeldes como *"tiranizantes"*. La salvedad estaría dada en que los *"tiranizantes"*) de dicha crónica parecen ser auténticos usurpadores del mando, en tanto la *Mozárabe* usa el mismo vocablo como apelativo de sublevados en general. Estos aparecen en medio de una batalla, cuando *"se bate en retirada la formación de los **tiranizantes***" dirigidos por Yazíd[22]. Otro tanto puede leerse del ejército que se levanta contra Híxam, integrado por *"gran número de **tiranizantes**"*[23]. De tal manera, parecería estar abandonándose un esquema vigente en el discurso romano tardío, que no sólo reconoce al tirano como un gobernante ilegítimo sino que entiende que tal ilegitimidad *"consiste en hacerse con el poder en vida y en concurrencia con el príncipe reinante, no sólo en pretenderlo"*[24]. Por el

---

[18] *Ibidem*, & 22, p. 38 – "*Chindasuintus per tirannidem regnum Gothorum inuasum...*"; & 42, p. 62 – "*...per thirannidem Leo imperio coronatur...*" –; & 90, p. 120 – "*Maroan... per tirannidem ferociter appetens bellum*".

[19] *Ibidem*, & 79, p. 96: "*...agens cum Francos tirannidem ilico preparat aduersos Spanie Saracenos*".

[20] *Ibidem*, & 11, p. 30: "*Arabas tirannizant...*".

[21] *Ibidem*, & 88, p. 116: "*ei tirannizantem euadere a cuitate Cordoba*". Coincido con el editor en que el verbo debía ser *euadere* y no *suadere* (por lo demás, sin sentido), que explica el razonamiento. Cfr. *ibidem*, nota 61 de p. 117.

[22] *Ibidem*, & 68, p. 82: "*statim accies tirannizantium mira dilabitur fuga...*". Mantengo la traducción de López Pereira con la salvedad de que él anota, precisamente, "*sublevados*" – en tanto yo prefiero aplear al neologismo por razones expositivas –. Sobre la confusión del cronista en torno a las figuras de Yazíd y Yazíd II, véase SÁNCHEZ-ALBORNOZ. **En torno a los orígenes...**, t. II, p. 15.

[23] *Ibidem*, & 84, p. 106: "*Sed uni ad Iscam auditum peruenit tirannizantium multitudo...*".

[24] ESCRIBANO. *Op. cit.*, p. 314.

contrario, en nuestro ejemplo, la sola pretensión sería suficiente para lograr tal denominación.

El tercer texto de este conjunto corresponde, como señalamos antes, a la llamada *Crónica Pseudo-Isidoriana*, un relato también compuesto en la península ibérica, que comprende desde la sucesión de Noé hasta la entrada de los musulmanes en la misma. Redactada, al parecer, en base a un amplio repertorio de textos previos, esta compilación data de fines del siglo XI o primera mitad del siglo XII[25]. Como sea, en lo que atañe a nuestro tema – y a diferencia de las crónicas anteriores –, resulta curioso comprobar que la *Pseudo-Isidoriana* no hace alusión alguna a la idea de tiranía. De hecho, casos calificados como tales en las posibles fuentes del relato (como la obra de Isidoro de Sevilla), no son identificados de la misma manera por el autor mozárabe. Paradigmática es, en este sentido, la figura de Hermenegildo – a quien Isidoro sí le atribuyera el epíteto de tirano y que nuestro anónimo cronista presenta como un rebelde contra su padre (*"patrem insurgens"*) –. Por el contrario, la *Pseudo-Isidoriana* lleva a cabo una diferenciación entre buenos y malos gobernantes, apelando para ello a una serie de atributos muy significativos. Entre los segundos se cuenta, por ejemplo, el ya mencionado Viterico (un tirano, según la *Mozárabe de 754*), quien *"reinó en Toledo contra la voluntad de todos los hispanos y era audaz, malévolo, supersticioso, valeroso y esforzado en el combate, malvado y perverso contra su propio pueblo"*[26]. Muy por el contrario, su antecesor, Liuva, era *"hermoso, limpio de corazón, tranquilo, paciente, cortés, católico..."*[27]. Tenemos aquí un interesante repertorio de atributos positivos y negativos de gobierno, aspecto sobre el que luego volveremos.

En suma, tenemos hasta aquí un primer corpus documental que parece inclinarse a una concepción de la tiranía como forma ilegítima de acceso al poder, sugiriendo implícitamente que los gobiernos resultantes de esos accesos son nefastos. Por el contrario, nunca un mal gobernante es calificado de tirano, lo que también supone cierto carácter inviolable del mismo poder. En uno u otro caso, nos mantenemos dentro de las líneas directrices desarrolladas en la Antigüedad tardía, tanto en lo que atañe a la idea del tirano como usurpador como en lo que se refiere a la intangibilidad del mando. En este último sentido, por cierto, no debemos olvidar el aporte que supuso el pensamiento cristiano a la condena al

---

[25] Del siglo XI la supone DIAZ y DIAZ. *Op. cit.* p. 212. Idéntica datación sostiene SÁNCHEZ-ALBORNOZ en su trabajo La crónica del moro Rasis y la Continuatio Hispana. **Anales de la Universidad de Madrid**, III (1934), 229-265. Por el contrario, de la siguiente centuria la cree Fernando GONZÁLEZ MUÑOZ, que la hace proceder de Cataluña o Aragón (véase la ed. de este último. **La Chronica Gothorum Pesudo-Isidoriana (ms. Paris BN 6113)**. La Coruña: Toxosoutos, 2000).

[26] GONZÁLEZ MUÑOZ. *Op. cit.* XV, p. 168: *"Viutericus vero regnauit Toleto contra uoluntatem omnium ispanorum, eratque audax, maliuolus, supersticiosus, virtuosus et in bello strenuus, prauus et peruersus contra populum suum"*.

[27] *Ibidem*: *"Liuba iuvenis erat pulcher, mundus, mansuetus, patiens, curialis, catholicus..."*.

tiranicidio, posición ya sustentada por san Agustín y que retomaría, entre otros, el propio san Isidoro[28].

Dicha intangibilidad del poder terrenal también se aprecia en otros autores mozárabes, ajenos al espíritu cronístico que venimos analizando. Es el caso del célebre Eulogio de Córdoba – panegirista de la oleada martirial que sacudió esa ciudad a mediados del siglo IX –. En el pensamiento de este hagiógrafo, el tirano es, en casi todos los casos, el musulmán opresor. Así, por ejemplo, *"un cruel castigo del tirano había desposeído de su alto cargo"* a un hermano del propio Eulogio[29], los mártires cristianos obtienen su recompensa *"del tirano"*, la *"crueldad del tirano"* fue la que encerró a Eulogio en la cárcel, los cristianos de Oriente se enteraron de *"que la Iglesia de Dios era azotada [en España] muy duramente por el ataque de unos tiranos..."* y *"el furor del tirano [había privado] a la Iglesia [local] de su sagrado ministerio"*[30]. No hay, como podemos ver, consideración alguna respecto del alcance ideológico-político de la noción de tiranía sino simplemente una acepción de la misma como imagen de un poder maligno y contrario a la cristiandad. Por cierto, hay que tener cuidado en no generalizar en este sentido ya que Eulogio también apela (si bien en contadas ocasiones) a usos ya conocidos de la voz "tirano". En efecto, en alguna oportunidad, ese vocablo aparece como sinónimo de *"sublevación"* (a la manera de las crónicas previas). Así, una epístola del mismo autor señala que *"Guillermo ejercía tiranía (tyrannidem agens) contra Carlos, rey de los francos"*[31]. Análogamente – como bien anota Herrera Roldán –, el hagiógrafo mozárabe utiliza el plural de "tirano" para aludir a los gobernantes, al decir que "puesto que habían entrado en su templo para evangelizar [se refiere a los mártires Rogelio y Servideo], decidieron los tiranos y los ministros que les amputaran, en primer lugar, las manos y los

---

[28] Un resumen del pensamiento agustiniano en torno al poder puede verse en NEMO, Philippe. **Histoire des idées politiques dans l'Antiquité et au Moyen Age**. París: Presses Universitaires de France, 1998. p. 529 y ss.

[29] EULOGIO de CÓRDOBA, **Epístula** III, 10. ed. de Juan Gil cit. en nota 10, t. II, p. 501 –: *"aduersus Dei ecclesiam furor tyrannicus omnia subuertit"*. Las citas siguientes de este autor corresponden a la misma edición de sus obras.

[30] Idem, *Apologético*, 6, p. 479 – *"palmam de tyranno obtinuit"* –; *Documentum martyriale*, "*Epistula ad Albaro*", p. 459 – "crudelitas nos tyranni carceralibus mancipauit aerumnis"–; *Memoriale sanctorum*, II, 10, 23, p. 425 – *"Sed cum ibidem uapulare, asperius Dei ecclesiam incursatione tyrannorum repperisset"* –; **Epístula** III, 10, p. 501 –*"aduersus Dei ecclesiam furor tyrannicus omnia subuertit"* – respectivamente. Otros ejemplos en **Memoriale sanctorum**, 13, 2, p. 433: *"Ibi etiam adhuc [Rogelio y Servideo] praedicant, prophetizant, instare mortem tyranno annuntiant"*; II, 15, 3, p. 435: *"commentaremur quod ipsius [Eulogio] tyranni ac populorum serperet aures"* y III, 7, 1, p. 444: *"sub huius tyranni priuilegio"* – siempre aludiendo al gobernante musulmán –. Cfr. HERRERA ROLDÁN, Pedro. **Léxico de la obra de san Eulogio**. Córdoba: Universidad de Córdoba, 1997, p. 329 (voces "tyrannicus", "tyrannis" y "tyrannus").

[31] Idem, **Epistula**, III, 1, p. 497: *"Wilhelmi tota Gotia perturbata erat incursu, qui aduersum Carolum regem Francorum [...] tyrannidem agens..."*.

pies para degollarlos finalmente"[32]. Por el contrario, el singular se reserva, según vimos, para caracterizar al musulmán como prototipo. En este último caso, Eulogio mantiene una visión del tirano como "perseguidor" de los cristianos, imagen que algunos especialistas remontan a Cipriano de Cartago y que fuera ampliamente desarrollada, entre otros, por Lactancio[33].

Ahora bien, esa tiranía – interpretada, según dijimos, como poder contrario a Dios – no merece más resistencia que el enfrentamiento personal que culmina con la muerte. En otras palabras, nuestro autor desestima todo tipo de consideración política de la noción de tiranía (terrena y dominada por los enemigos del Señor), reduciéndola a una imagen contrapuesta al reino divino, perfecto y pleno de recompensas – una idea que nuestro autor tomó del citado Cipriano[34]. Por idéntica razón frente a ella no caben levantamientos (justos o injustos) sino la muerte voluntaria de aquél que no está dispuesto a aceptarla. De tal manera, Eulogio introduce el que – según ha sido indicado varias veces – constituye el argumento clave de su exposición: la justificación del martirio voluntario y la negativa a acatar el poder musulmán. Así lo expresa, en el *Memoriale Sanctorum*, al decir que los seguidores de su pensamiento "*algún día recibirán su fin a través de los suplicios de los tiranos, a quienes se les ha concedido matar el cuerpo*"[35]. Con ello, Eulogio "*maneja la contraposición agustiniana, adaptándola a la circunstancia polémica de la Córdoba del 800. La Babilonia pecadora se adscribe al tirano Abderramán II [...]; la Jerusalén feliz se sitúa en el más allá que al mártir aguarda*"[36]. Lejos estamos, pues, de las acepciones clásicas de la tiranía y también de las disgresiones visigodas al respecto. Todo parece haberse resumido a un paradigma donde "*tiranía*" es un modelo caracterizador de la vida terrena, que puede y debe superarse.

Como podemos ver hasta ahora, la noción de tiranía tiene su propio derrotero dentro del pensamiento castellano altomedieval. Tal circuito, obviamente, encuentra otro punto destacado en la utilización de dicho concepto por parte de la ideología política cristiana del norte de la península. Me refiero, claro está, al empleo y transformación del vocablo en cuestión en

---

[32] *Idem*, **Memoriale sanctorum**, II, 13, 2, p. 433: "*At uero pro eo quod templum suum euangelizando intrassent, decernunt eos tyranni et consules prius manibus pedibusque abscissis decollari postremo*".

[33] Cf. ESCRIBANO. *Op. cit.* p. 327 y 334, quien retoma las ideas sustentadas por T. BARNES en su trabajo Oppressor, persecutor, usurper: the meaning of "*tyrannus*" in the fourth century. *In*: G. BONAMENTE y M. MEYER (Eds.). **Historiae Augustae Colloquium Barcinonense**. Bari, 1996. p. 55-65.

[34] Cf. WOLF, Kenneth Baxter. **Christian martyrs in Muslim Spain**. Cambridge: Cambridge University Press, 1988. p. 67 – sobre Cipriano- y 103 – sobre la imagen de la cristiandad bajo el dominio "tiránico" de su tiempo.

[35] *Ibidem*, I, 26, p. 389: "*aut per suplicia tyrannorum quibus datum est corpus occidere, quandoque finem accipere*".

[36] Francisco Elías de TEJADA y SPÍNOLA. **Historia de la literatura política en las Españas**. Madrid: Real Academia de Ciencias Morales y Políticas, 1991. t. I, p. 168.

los primeros textos asturleoneses. Por cierto, cabe recordar en este sentido que dichos textos (en particular, las llamadas crónicas del ciclo de Alfonso III) buscaron intencionalmente enlazar la historia del incipiente reino cristiano con la tradición visigoda – el conocido "*neogoticismo*" ideológico que han analizado distintos autores[37] –. Por consiguiente no es extraño que tales obras retomen modelos godos a la hora de aludir a la tiranía. Así, la *Crónica Albeldense* (redactada en el marco de la corte de Oviedo, probablemente hacia 880-890) presenta como tiranos a todos aquellos usurpadores del trono o personajes que se sublevaron a la autoridad legítima. Tiranos son, pues, quienes se rebelaron contra Ramiro I – en particular, el traidor Aldroito, a quien el rey mandara cegar[38] –. Igual calificativo le corresponde al conde Fruela, sublevado contra Alfonso III – al que la crónica llama "*tirano e infausto monarca*" – y al rey Mauregato[39]. Tiránica es, también, la sublevación que depone a Alfonso el Casto y lo obliga a refugiarse en un monasterio, como el alzamiento de Atanagildo contra Agila[40]. Estamos, por tanto, dentro de la más fiel tradición visigoda (en particular, la de san Julián), considerando la tiranía como la usurpación del poder (y no tanto el ejercicio abusivo del mismo), sin entrar "*en discriminaciones acerca de las raíces de tal orden, sobre sus cimientos católicos o paganos, ni sobre la justicia o injusticia de la bandera de la rebeldía*"[41]. No obstante ello, en un par de ocasiones se deslizan mínimos comentarios acerca de la conveniencia de derribar un gobierno indigno. Esa posibilidad, por cierto, sólo es señalada respecto de soberanos antiguos y nunca se la emplea para ejemplos locales o más modernos. De hecho, apenas aparece en los casos del rey romano Tarquino el Soberbio (quien fuera "*expulsado merecidamente del trono*") y Heliogábalo – que la crónica llama Aurelio Antonio –, que "*fue muerto merecidamente en una rebelión mili-*

---

[37] Desde el ya clásico trabajo de SÁNCHEZ-ALBORNOZ, Claudio. La sucesión al trono en los reinos de León y Castilla. **Estudios sobre las instituciones medievales españolas.** México, Universidad Autónoma de México, 1965, p. 639-689, pasando por el artículo de BONNAZ, Yves. Divers aspects de la continuité wisigothique dans la monarchie asturienne. **Mélanges de la Casa de Velázquez**, 12 (1976), 81-99 – hasta llegar al más reciente análisis de Thomas DESWARTE – *De la destruction à la restauration. L'idéologie du royaume d'Oviedo-León (VIIIe-XIe siècles)*. Turnhout, Brepols, s.d. especialmente p. 111-157 – mucho se ha discutido acerca de esta voluntad explícita de la naciente realeza goda por entroncar con el pasado visigodo. Remito a la bibliografía citada por la última de las obras señaladas para una consideración más detallada sobre el tema.

[38] Sigo la ed. de Juan GIL FERNANDEZ, José MORALEJO y Juan I. RUIZ de la PEÑA, **Crónicas asturianas**. Oviedo, Universidad de Oviedo, 1985, XV, 20, p. 175: "*Ranemirus... tyrannos mira celeritate subuertit atque exterminauit*"; "*Aldroitto tiranno occulos [...] eiecit*".

[39] *Ibidem*, XV, 12, p. 176: "*Froilane Gallicie comite per tirannidem regno pruibatur*"; "*Froilane tirano et infausto rege*"; XV, 7, p. 174: "*Maurecatus tiranne accepto regno*", respectivamente.

[40] *Ibidem*, XV, 9, p. 174: "*Adefonsus... per tirannidem regno expulsus...*"; XIV, 16, p. 168: "*tiranni Attanagildi regimini Spali se dederunt*"; XIII, 59, p. 164: "*Attanagildus Agilani tirannizat*".

[41] TEJADA y SPÍNOLA. *Op. cit.* p. 189.

tar"[42]. En ambas ocasiones, el *"merecidamente"* da cuenta de la justicia del derrocamiento aunque no se aclara si dicha justicia es resultado de una decisión divina (que emplea al sublevado como instrumento de su accionar) o meramente humana. Distinta es la situación de Aureliano, quien – según la *Albedense*- fue objeto de esa voluntad del Señor ya que, tras haber perseguido a los cristianos, fue *"muerto por un rayo divino"*[43].

Idénticos principios rigen las dos versiones de la *Crónica de Alfonso III* (las llamadas *Rotense* y *Ad Sebastianum*), que actualmente se suponen refundidas en la primera mitad del siglo X a partir de un texto base desaparecido. En ellas, tiranos son los reyes visigodos Ervigio, el célebre duque Paulo que se levantara contra Wamba, el conde Nepociano – que intenta hacerse con el trono a la muerte de Alfonso II – y el conde Piniolo – que se rebelara contra Ramiro I[44] –. Asimismo, se mantiene la anterior idea general de tiranía como rebelión, adjudicándose la acción a sublevaciones que, por cierto, no buscaron hacerse con el poder real. Es el caso del alzamiento de los siervos en tiempos de Aurelio, presentado como *"tiránico"* por ambas versiones de la crónica citada[45]. La utilización del término, a decir verdad, no es del todo desacertada ya que el autor supone que, también en este caso, hay un alzamiento contra un orden legítimo y, por consiguiente, corresponde aplicar la categoría de *"tiránico"*.

Frente a esos tiranos, el buen monarca reúne una serie de atributos que lo oponen dialécticamente a aquéllos y, por lo mismo, justifican su carácter de tal. Nos encontramos, pues, en la línea de virtudes y defectos que señalamos respecto de la *Crónica Pseudo-Isidoriana*, línea que se nutre, entre otras cosas, de la ideología política romana de tiempos del imperio[46]. Si tomamos en conjunto las tres crónicas citadas (la *Albendense* y las dos versiones de *Alfonso III*), veremos que el elenco de esos calificativos se repite sin mayores cambios. Un soberano digno es *"piadoso y modesto"*, *"sabio y paciente"*, que perdona a quienes se rebelan contra él, *"hombre guerrero"*, de *"grandes virtudes"*, *"vir magnus"*, *"hombre dotado de gracia, valor y autoridad"*, el que lleva *"sobria,*

---

[42] **Crónica Albeldense**, XIII, 7, p. 159 – *"Tarquinius Superbus [...]. Iste expulsus regno ob meritum fuit"*; XIII, 28, p. 161 – *"Aurelius Antonius reg. an. IIII. Iste ob meritum tumultu militari peremptus est"*.

[43] *Ibidem*, XIII, 37, p. 162: *"Aurelianus rg. an. v. Iste Xpianos persequituur et fulmine diuino ociditur"*.

[44] **Crónica de Alfonso III** – Ed. de GIL FERNÁNDEZ, MORALEJO y RUIZ de la PEÑA cit en nota 37-. Se indica entre paréntesis la versión a la cual pertenecen cada una de las citas: R (Rotense) y AS (Ad Sebastianum): *"Eruigius regnum obtinuit que tirannide sumsit"* (AS, 3, p. 118); *"Paulus... contra patriam agens tyrannorum scelestium factus est princeps"* (AS, 1, p. 117); *"de Pauli tyrannide"* (*ibidem*); *"Nepotianus palati comes regnum tirannide est adeptus"* (R, 23, p. 142); *"Nepotianus palatii comes regnum sibi tyrannice usurpasset"* (AS, 23, p. 143); *"Piniolus... patula tyrannide aduersus regem surrexit"* (AS, 24, p. 145).

[45] *"...seruilis orico contra proprios dominos tirranide surrexerunt"* (R, 17, p. 136); *"...libertini contra proprios dominos arma sumentes tyrannice surrexerunt"* (AS, 17, p. 137).

[46] GAUDEMET, Véase Jean. Le régime impérial romain. **Recueils de la Société Jean Bodin**, XX (1970), 429-480 (en especial, p. 445 y ss.).

inmaculada, piadosa y gloriosamente el gobierno del reino", "*beligerante*", "*grande en la victoria y en la prudencia*", "*digno de ser llamado padre de los pobres*", "*amado por Dios y por los hombres*"[47] y la lista podría extenderse. Un caso extremo es el de Ordoño I, según la *Albendense*, quien "*tuvo tal benevolencia de ánimo y capacidad de misericordia y tanta piedad tuvo con todos, que fue digno de que se le llamara 'padre del pueblo'*"[48]. Otro tanto se señala de Alfonso III, quien "*sobresale ilustre por su saber, por su expresión y además y porte lleno de placidez*"[49].

Ese mismo catálogo de virtudes también sirve – por contraposición – para definir a los malos gobernantes. Así, un monarca nefasto es "*codicioso, cruel y de lujuria desaforada*", "*libidinoso*", "*pernicioso para los suyos*", "*blando para todo*"[50]. Paradigmáticos son, este sentido, Vitiza – a quien se califica de "hombre deshonesto y de escandalosas costumbres"[51] – y Fruela I – que, a pesar de ser presentado como personaje "*de ánimo muy recio*", también es caracterizado como "*de conducta brutal*"[52], situación que justifica su posterior regicidio –. Por cierto, más allá de eso, ninguno de estos soberanos es señalado explícitamente como "*tirano*". La conducta de Fruela sólo está indicada para explicar el asesinato que llevara a cabo de su propio hermano y el posterior deceso del monarca ("*pagándole Dios con la misma suerte*" que aquél[53]). Es más, esa situación hasta llega a contradecir un cúmulo de virtudes que, según la crónica, tenía el mismo rey. Distinto es el caso de Vitiza, en quien sí se concentra un repertorio de iniquidades. Sin embargo, ese carácter nefasto tampoco es presentado como tiranía. De hecho, cuando el autor de la *Crónica de Alfonso III* señala que Vitiza "*disolvió los concilios, selló los cánones, tomó numerosas esposas y concubinas y, para que no se hicieran concilios contra él, ordenó que los obispos, presbíteros y diáconos tuvieran esposas... [De tal manera], puesto que reyes y sacerdotes pecaron contra el Señor, así perecieron todos los ejércitos de España*"[54] no hace más que replantear la correspondencia entre gobernantes y gobernados, clásica en el pensamiento político medieval. Así lo había explicitado, entre otros, el citado Isidoro al señalar que,

---

[47] Cf. **Crónica de Alfonso III** (R), 3 y 4, p. 118; 6, p. 120; 14, p. 132; **Crónica de Alfonso III** (AS), 3 y 4, p. 119; 13, p. 131; 13, p. 133; 22, p. 141 y **Crónica albeldense**, XIV, 5, p. 167; XIV, 25, p. 170; XV, 3, p. 173; entre otros.

[48] *Crónica albeldense*, XV, 11, p. 176: "*Cui principi tanta fuit animi benignitatis et misericordie utilitas et tantum omnibus extitit pius, ut pater gentium uocari sit dignus*". Para la idea romana del emperador como *pater*, véase GAUDEMET. *Op. cit.*, p. 447-48.

[49] *Ibidem*, XV, 12, p. 178: "*Extatque scientia clarus, uultu et abitu staturaque placidus*".

[50] *Ibidem*, XIII, 12, p. 160 – "*auarus, crudelis et luxuria seuus*"; 26, p. 161; XIV, 19, p. 169; 28, p. 170;

[51] **Crónica de Alfonso III** (R), 5, p. 118 – "*probosus et moribus flagitiosus*".

[52] *Ibidem*, 16, p. 134 – "*Hic uir mente acerrimus fuit... Hic uir asper moribus fuit*".

[53] *Ibidem*: "*uicem fraterna ei Dominus reddens*".

[54] **Crónica de Alfonso III** (R), 5, p. 120: "*Concilia dissoluit, canones siggillauit, huxores et concubinas plurimas accepit et, de aduersus eum concilium fieret, episcopis, presbiteris seu diaconibus huxores abere precepit. [...] quia reges et sacerdotes Domino derelinquerunt, ita cuncta agmina Spanie perierunt*".

> cuando los reyes son buenos, ello se debe al favor de Dios; pero, cuando son malos, al crimen del pueblo. Como atestigua Job, la vida de los dirigentes responde a los merecimientos de la plebe: **El hizo que reinase un hipócrita a causa de los pecados del pueblo** *(34, 30)*. *Porque, al enojarse Dios, los pueblos reciben el rector que merecen por sus pecados. A veces hasta los reyes mudan de conducta a causa de las maldades del pueblo, y los que antes parecían buenos, al subir al trono, se hacen inicuos*[55].

Por cierto, en el caso particular de nuestra crónica, junto con el marcado sesgo antivitiziano de la misma, resulta destacable que el autor presente *"a los reyes, no a los obispos"* como controladores *"de la moral de los eclesiásticos"*[56]. Así, se salva la responsabilidad de los últimos y se une la figura de Witiza al único obispo cuyo nombre registra la crónica: el traidor Oppas, aliado de los musulmanes.

En síntesis, los textos del norte peninsular, posteriores a la invasión musulmana, parecen mostrar un progresivo decantamiento hacia la idea de tiranía como atentado contra el poder (o más genéricamente, como toda sublevación contra un orden establecido). Por el contrario, esos mismos textos suelen dejar de lado la asimilación entre tirano y déspota, ignorando tal calificativo para quien abusa del mando. Una razón probable de esa elección radica, como es fácil de advertir, en la confusión interpretativa que se podría plantear en caso de presentar a un gobernante arbitrario (aunque legítimo) como tirano. Con ello, un monarca despótico (un tirano de ejercicio) podría ser visto como un rey ilegítimo (un tirano verdadero en la clasificación aristotélica), por más que su ascenso al poder haya sido jurídicamente valedero. En última instancia, todo esto abre la puerta para cuestionar la legalidad de un soberano nefasto – circunstancia que los autores de nuestros textos intentaron evitar por todos los medios –. Ahora bien, lo anterior no debe hacernos suponer que el pensamiento castellano de la época había olvidado las dos acepciones clásicas del vocablo. Tales acepciones se registran, en cambio, en documentos que no tienen voluntad política alguna sino que se ofrecen como catálogos de la cultura de la época. Así, por ejemplo, en el que se ha dado en llamar el "primer diccionario enciclopédico de la Península Ibérica", terminado de redactar en 964, se anota que *"tirannus rex regionis siue malus rex, qui sine lege*

---

[55] SAN ISIDORO. **Sentencias**, lib. III, cap. 48, t. II, p. 495-96 de la ed. de Julio Campos e Ismael Roca, SAN LEANDRO, SAN FRUCTUOSO, SAN ISIDORO. **Santos Padres españoles**. Madrid, Biblioteca de Autores Cristianos, 1971: *"Reges quando boni sunt, muneris est Dei, quando vero mali, sceleris est populi. Secundum enim meritum plebium disponitur vita rectorum, testante Iob: **Qui regnare facit hypocritam propter peccata populi**. Irascente enim Deo, talem rectorem populi suscipiunt, qualem pro peccato merentur. Nonnunquam pro malitia plebium etiam reges mutantur, et qui ante videbantur esse boni, accepto regno fiunt iniqui"*.

[56] LINEHAN, Peter. **History and the Historians of Medieval Spain**. Oxford: Clarendon Press, 1993. p. 106.

uitit" y, a la vez, que es "*indeuitum usurpans Imperium*"[57]. Como vemos, el texto registra perfectamente las dos posibilidades discursivas del término, a las que se añade que tiranicidio es "*occisio tiranni*". Por cierto, este tipo de fuentes nos obliga a matizar opiniones clásicas acerca del tema – como la sostenida por Maravall –, en el sentido de que "*hay que esperar a fines del XI para observar que, con las influencias francesas y eclesiásticas, penetra también la noción de tirano por mal ejercicio del poder*"[58] – situación que el fragmento indicado contradice–. No obstante ello, estas particularidades eruditas no encontraron su eco en la literatura real posterior, que mantuvo la posición establecida por los cronistas del ciclo de Alfonso III. Así, los textos castellano-leoneses sólo nos ofrecen tiranos en su carácter de usurpadores. Es el caso de la crónica elaborada por Sampiro (notario real de Bermudo II y obispo de Astorga), redactada hacia el año 1000[59]. En ella, tiranos son el hermano ciego de Alfonso III, Bermudo (quien "*durante siete años actuó de tirano, teniendo a los árabes consigo*"[60]), su consuegro Muño y los nobles Diego Munio y Fernán González – estos últimos, levantados contra Ramiro II[61] –. Más allá de esta parquedad, resulta curiosa en esta crónica la manera en que es presentado Fruela Jemúndez, sublevado contra Alfonso III al inicio de su reinado. Según el cronista, se trata de un "*hijo de la perdición*" (*filius perditionis*), reapareciendo con ello un epíteto que, en el siglo VII, Julián de Toledo adjudicara al traidor duque Paulo – calificado, igualmente, como "*rex perditionis*"[62] –.

Ahora bien, esa relativa monotonía conceptual se quiebra imprevistamente en la última de las crónicas que analizaremos. Ésta, por cierto, trasciende el marco de la literatura monárquica oficial para adentrarse más bien en el ámbito de la cronística eclesiástica. En efecto, ése es el carácter que tiene la *Historia Compostelana*, una obra redactada a iniciativa de Diego Gelmírez, arzobispo de Compostela entre 1107 y 1140 – quien, entre otras cosas, intentaba por medio de ella justificar las pretensiones de su sede al rango de metropolitana –. Como bien ha señalado de Tejada y

---

[57] GARCÍA TURZA, Claudio; GARCÍA TURZA, Javier (eds.). **Fuentes españolas altomedievales. El códice emilianense 46 de la Real Academia de la Historia, primer diccionario enciclopédico de la Península Ibérica**. Madrid: Real Academia de la Historia-Fundación Caja Rioja, 1997, p. 547.

[58] MARAVALL, José Antonio. El pensamiento político en la Alta Edad Media. *In*: **Estudios de historia del pensamiento español**. Madrid: Cultura hispánica, 1983, v. I, p. 59.

[59] La *Crónica de Sampiro* se ha conservado refundida en tres crónicas posteriores: la *Historia Silense* – de principios del siglo XII-, el *Liber Chronicorum* de Pelayo de Oviedo y la *Crónica Najerense* – de fines del siglo XII –. Sigo la edición de la *Historia Silense* de Justo Pérez de Urbel y Atilano González Ruíz Zorrila, Madrid, CSIC, 1959, p. 159-173.

[60] *Ibidem*, p. 160: "*per septem annos tiranidem gessit arabes secum habens*".

[61] *Ibidem*, p. 162 ("*Nunio tirannidem gessit*") y 167 ("*Fredenandus Gundissalui et Didacus Munionis contra regem dominum Ramirum tirannidem gesserunt*"), respectivamente.

[62] Recordemos que, en el Nuevo Testamento, perdición es un vocablo aplicado "*para designar el destino de los condenados a la destrucción en el juicio*". W. F. R. BROWNING. **Diccionario de la Biblia**. Barcelona: Paidós, 1998. p. 357.

Spínola, "*el tema político y doctrinal de la Historia Compostelana lo constituye la idea de tirano*"[63]. De hecho, la crónica abunda en referencias a situaciones tiránicas, tiranos opresores, abusos tiránicos, furores del mismo tipo y alusiones similares. En ella figuran, en primer lugar, nuestras tradicionales categorías de tiranos. Así, tiranos son los musulmanes (a la manera en que los presentaba Eulogio): según el cronista, cuando fue "*conculcada la dignidad del nombre cristiano por la orgullosa tiranía de los paganos, casi todo el culto de la religión cristiana despareció por largo tiempo*"[64]. Análogamente, tirano es todo aquél que ejerce abusivamente de su poder (esto es, un tirano de ejercicio). Ejemplo de ello son los muchos nobles gallegos – dominados luego por el arzobispo Gelmírez –, entre los que se cuentan Fernando Yáñez (quien, "*incitado por los estímulos de la avaricia y la tiránica ferocidad*", tomó prisioneros a varios habitantes de Compostela[65]) y los "*tiranos rebeldes*" que azotaron Galicia en aquellos tiempos[66]. En tercer término, también figuran casos de tiranos de origen, rebeldes a la autoridad constituida: el conde Munio Peláez – cuyo levantamiento es calificado explícitamente de "tiránico"[67] – o el obispo Sisnando (que ocupó la sede compostelana con "*tiránico poder*", desalojando de ella a san Rosendo)[68]. De igual tenor es la declaración que formula el texto en el sentido de que Gelmírez "*no ocupó [su señorío] tiránica sino canónicamente*" y con la aprobación real[69].

Pero más allá de todo eso (que no se aparta demasiado de nuestras líneas habituales en torno a la noción de tiranía), la novedad que introduce la *Compostelana* es presentar como tirano a todo aquél que atenta contra la Iglesia. Por lo mismo, los dos grandes ejemplos en este sentido son el rey de

---

[63] TEJADA y SPINOLA. *Op. cit.* p. 205.
[64] Emma FALQUE REY (Ed.). **Historia Compostellana**. Turnout, Brepols, 1988 (Corpus Christianorum, Continuatio Mediaevalis, LXX), lib. I, cap. 1, p. 8: "*tempore persecutionis ingruente et superba paganorum tirannide Christiani nominis dignitatem conculcante, totus fere Christiane religionis cultus longo tempore inde euanuerat*". Referencias del mismo tenor en lib. II, cap. 16, p. 254 (privilegio del papa Calixto II a la ciudad de Mérida); lib. I, cap. 39, p. 78 (carta de Pascual II de 1109) y lib. II, cap. 63, p. 349 (declaración de la sede compostelana como Metropolitana, dada por Calixto II en 1124, en la que se menciona la "*impia Sarracenorum tyrannide*").
[65] *Ibidem*, lib. II, cap. 80, p. 382: "*F. Iohannides sancti Pelagii de Luto dominus tirannica feritateet auaritie stimulis incitatus Compostellanae ciuitatis Burgenses nefanda proditione capitoni mancipauit...*". Cfr. p. 383 – aludiendo al mismo personaje como "*supradictus tirannus*" –.
[66] *Ibidem*, lib. II, cap. 30, p. 275: "*quod Galletie regnum a rebellium tirannorum rabie archiepiscopus eripuit*". Cfr. lib. III, cap. 17, p. 445 – Gelmírez advirtió que "*omnes Galletie terras crudeli tirannide oppressas*" –.
[67] *Ibidem*, lib. II, cap. 36, p. 282: "*comes Munio... que tiranica eiusdem comitis uel aliorum tenebat rebellio...*".
[68] *Ibidem*, lib. I, cap. 2, p. 13: "*Sisnando denique in pontificali cathedra tyrannidis postestate... peruenit*".
[69] *Ibidem*, lib. II, cap. 91, p 411: "*regibus consentientibus et uolentibus non tirannice tamen, sed canonice tenuit et rexit*".

Aragón Alfonso el Batallador y el emperador germánico Enrique V. El primero es presentado como tirano en, al menos, treinta y cuatro oportunidades – contra nueve del segundo-. Alfonso es el "*sanguinario y cruel tirano aragonés*", quien "*con tiránica violencia*" expulsa a los obispos castellanos de sus sedes y que con "indecible tiranía" (*nefanda tyrannis*) arrebata los bienes eclesiásticos[70]. Enrique, por su parte, es el "*tirano teutónico*", que actúa con "*tiranía e impía hostilidad*"[71]. No sólo ellos son tiranos sino que esa categoría también alcanza a sus seguidores – así, Gelmírez debe atravesar, en determinado momento, territorio aragonés, plagado de "plazas fuertes de tiranos"[72] –. Contra ellos deberá actuar la Iglesia, comenzando por el propio arzobispo. Es más, al iniciarse la *Compostelana*, se señala cuánto "*cuánto trabajó [Diego Gelmírez] por la exaltación, utilidad y honor de su iglesia y cuántas persecuciones y peligros soportó de parte de las tiránicas potestades por defenderla*"[73]. En suma, "*opónese allí lo canónico a lo tiránico en el gobierno de la Iglesia, con un sentido más hondo que la mera antítesis de lo legal y lo violento*"[74]. De tal manera, el texto sigue la línea contemporánea – fijada al norte de los Pirineos por personajes tales como Jean de Salisbury- que entiende que tirano "*no es solamente el 'mal rey', el soberano que se torna ilegítimo por sus abusos*" sino todo aquél que ejerce autoridad contradiciendo la ley divina[75]. En el caso particular de la *Historia* Compostelana, la tiranía implica

> *violación de la libertad, bien entendido que libertad es aquí [...] no un orden de acción sin trabas del individuo sino el mantenimiento de una escala jurídico-político en la que la Iglesia puede moverse libremente*

---

[70] Cf. *ibidem*, lib. I, cap. 63, p. 101; cap. 64, p. 102 – "*cruento pialtico Aragonensi tyranno*"; "*uiolentia tyrannidis*" –; cap. 67, p. 107; cap. 69, p. 109 (dos referencias); cap. 74, p. 115 (dos referencias); cap. 79, p. 121-25 (cinco referencias); cap. 80, p. 126 (dos referencias); cap. 82, p. 129; cap. 83, p. 131, 132 – "*nefanda tyrannis*" –, 134 (tres referencias); cap. 84, p. 136; cap. 85, p. 138; cap. 88, p. 143; lib. II, cap. 8, p. 234; cap. 10, p. 239; cap. 12, p. 242 y 244; cap. 13, p. 246; cap. 15, p. 249; cap. 16, p. 251 (dos referencias); cap. 20, p. 260 y cap. 53, p. 321.
[71] *Ibidem*, lib. 2, cap. 5, p. 229 (cuatro referencias); cap. 6, p. 230; cap. 9, p. 235 y cap. 14, p. 247 (dos referencias).
[72] *Ibidem*, lib. II, cap. 12, p. 242: "*per municipia tirannorum, per Aragonensis regis*".
[73] *Ibidem*, lib. I, prólogo, p. 5: "*quantum ipse pro utilitate et honore atque exaltatione sue ecclesie laborauerit et quantas persecutiones atque pericula a tyrannicis potestatibus pro eius defensione pertulerit*". Cfr. prólogo, p. 3.
[74] de TEJADA y SPINOLA. *Op. cit.*, p. 206.
[75] Alain BOUREAU, "Tyran", en Claude GAUVARD, Alain de LIBERA y Michel ZINK (dirs.). **Dictionnaireedu Moyen Age**. París, Presses Universitaires de France, 2004, p. 1413. La frase de Boureau señala que "*le tyran n'est pas seulement le 'mauvais roi' [...] mais tout **détenteur** d'autorité quand il contrevient à la lois divine*" (el subrayado es mío). Dado el alcance que tiene la voz *detentador* en español (el que retiene la posesión de lo que no es suyo, sin título ni buena fe que pueda cohonestarlo), he optado por modificar la traducción del párrafo. Para las ideas de Jean de Salisbury acerca del tema, véase BURNS. *Op. cit.* p. 310-311.

dentro de una república y aun [utilizar] el mecanismo institucional seglar, a su servicio. [...] El esquema viene a ser; es tirano quien ataca los derechos, jurídicamente condensados en privilegios, del clero...[76].

Restaría por ver, para finalizar, el por qué de esta súbita quiebra de la tradición ideológica local respecto de la idea de tirano. En este sentido, habría que plantearse, en primer término, si se trató de una evolución conceptual propia o bien fue una importación de ideas foráneas. La primera posibilidad implicaría, entre otras cosas, una transformación radical de la ideología política hispana, cambio que no cuenta con precedentes (al menos, desde el punto de vista cronístico). La segunda, en cambio, resulta mucho más factible si consideramos que, de los cuatro autores identificados que intervinieron en la redacción de la *Historia Compostelana*, dos son franceses (Hugo, luego obispo de Oporto y Gerardo de Beauvais)[77]. Por su parte, los otros dos redactores (Nuño o Munio Alfonso y Pedro) también parecen haber participado del ambiente profrancés (en particular, cluniacense) estimulado por el arzobispo Gelmírez. Cabe consignar, en este sentido, que la mayor parte de las alusiones a la tiranía como ataque a la Iglesia se encuentra en los capítulos compuestos por Gerardo de Beauvais, con lo cual se refuerza esa idea de transferencia de una acepción ultrapirenaica del concepto[78]. Como sea *"cuando Nuño habla de la 'libertas' en sazón de privilegio, Pedro coloca la libertad de los ciudadanos de Compostela en la sujeción del obispo o Gerardo contrapone la justicia administrada por Gelmírez a los desafueros tiránicos de la nobleza levantisca"*, todos ellos entienden la tiranía – según antes señalamos – como un ataque a los derechos eclesiásticos, *"por más que [esa concepción] aflore inconscientemente y sin rigor técnico alguno"*[79].

En suma, la idea de tiranía conoció, en la Edad Media castellana – y europea, en general –, una evolución conceptual precisa. La misma se desplegó desde las primeras acepciones del término (herederas, sin dudas, de la tradición política clásica) hasta una noción que supuso el ataque al cuerpo de la Iglesia – contando, como etapas intermedias, una acepción que la transformaba en sinónimo de sublevación al orden constituido (no necesariamente político) y otra que la equiparaba al dominio musulmán –. Ello demuestra, una vez más, la necesidad de identificar de manera precisa qué se esconde detrás de cada vocablo en cada momento histórico, en qué contexto fue utilizado el mismo y cuáles fueron los objetivos de su inclusión

---

[76] *Ibidem*, p. 206.
[77] REILLY, Véase Bernard. The *Historia Compostelana*: the Genesis and Composition of a Twelfht-Century Spanish Gesta. **Speculum**, v. 44, n. 1 (1969), 78-85. Cf. La introducción de Emma Falque Rey a la ed. de la *Compostelana* citada en nota.
[78] Gerardo habría compuesto, con seguridad, la parte introductoria de la crónica, los caps. 15 y 27 del libro I, prácticamente todo el libro II y gran parte del III. Cfr. FALQUE REY. *Op. cit.*, p. XXIII-XXI.
[79] TEJADA y SPÍNOLA. *Op. cit.*, p. 206-207.

en un relato. En otras palabras, se trata de asignar a los términos históricos su propia individualidad, evitando extrapolaciones o generalizaciones y devolviendo a la Edad Media su léxico original.

REFERENCIAS

BONAMENTE, G.; M. MEYER (Eds.). **Historiae Augustae Colloquium Barcinonense**. Bari, 1996. p. 55-65.

BONNAZ, Yves. Divers aspects de la continuité wisigothique dans la monarchie asturienne. **Mélanges de la Casa de Velázquez**, 12 (1976), 81-99.

BOUREAU, Alain. "Tyran", en Claude GAUVARD, Alain de LIBERA y Michel ZINK (dirs.). **Dictionnairedu Moyen Age**. París, Presses Universitaires de France, 2004, p. 1413.

BROWNING, W. F. R.. **Diccionario de la Biblia**. Barcelona: Paidós, 1998. p. 357.

COLLINS, Roger. Julian of Toledo and the education of Kings. *In*: SAWYER, P. H.; WOODS, I. N. **Early Medieval Kingship**. Leeds: University of Leeds, 1977. p. 1-22 (en especial, p. 13 y ss.

ESCRIBANO, María Victoria. Constantino y la *rescissio actorum* del tirano-usurpador. **Gerión**, 16 (1998), 307-338.

EULOGIO de CÓRDOBA, **Epístula III**, 10. ed. de Juan Gil cit. en nota 10, t. II, p. 501.

FALQUE REY, Emma (Ed.). **Historia Compostellana**. Turnout, Brepols, 1988 (Corpus Christianorum, Continuatio Mediaevalis, LXX), lib. I, cap. 1, p. 8.

FRIGHETTO, Renan. Os usurpadores, "maus" soberanos e o conceito de *tyrannia* nas fontes hispano-visigodas do século VII: o exemplo de Chindasvinto. **Anais da XIX reunião da Sociedade Brasileira de Pesquisa Histórica**. Curitiba, 1999. p. 135-140.

FRIGHETTO, Renan. Usurpação, tyrannia e dominação na *Hispania* visigoda de finais do século VII: o caso do reinado de Wamba (672-680). **Estudos Ibero-Americanos**, v. XXVIII, n. 1 (2002), 7-19.

GARCÍA TURZA, Claudio; GARCÍA TURZA, Javier (eds.). **Fuentes españolas altomedievales. El códice emilianense 46 de la Real Academia de la Historia, primer diccionario enciclopédico de la Península Ibérica**. Madrid: Real Academia de la Historia-Fundación Caja Rioja, 1997, p. 547.

GAUDEMET, Jean. Le régime impérial romain. **Recueils de la Société Jean Bodin**, XX (1970), 429-480 (en especial, p. 445 y ss.).

GIL FERNANDEZ, Juan; MORALEJO, José; PEÑA, Juan I. RUIZ de la. **Crónicas asturianas**. Oviedo, Universidad de Oviedo, 1985, XV, 20, p. 175.

GIL, Juan. **Corpus scriptorum muzarabicorum**. Madrid: Consejo Superior de Investigaciones Científicas, 1973. t. I, p. 7-14.

GONZÁLEZ MUÑOZ, Fernando. **La Chronica Gothorum Pesudo-Isidoriana (ms. Paris BN 6113)**. La Coruña: Toxosoutos, 2000).

HERRERA ROLDÁN, Pedro. **Léxico de la obra de san Eulogio**. Córdoba: Universidad de Córdoba, 1997, p. 329 (voces "tyrannicus", "tyrannis" y "tyrannus").

LINEHAN, Peter. **History and the Historians of Medieval Spain**. Oxford: Clarendon Press, 1993. p. 106.

LOPEZ PEREIRA, José Eduardo (Ed.). **Crónica mozárabe de 754**. Zaragoza, 1980 (Textos medievales, 58), p. 17.

MARAVALL, José Antonio. El pensamiento político en la Alta Edad Media. *In*: **Estudios de historia del pensamiento español**. Madrid: Cultura hispánica, 1983, v. I, p. 59.

MARCOTEGUI BARBER, Beatriz. El tratamiento historiográfico de san Hermenegildo. **Anuario de historia de la Iglesia**, 12 (2003), 289-302.

MATTEUCCI, Nicola; PASQUINO, Gianfranco (dirs.). **Diccionario de política**. México-Madrid: Siglo XXI, 1998. p. 1.215-1.225.

NEMO, Philippe. **Histoire des idées politiques dans l'Antiquité et au Moyen Age**. París: Presses Universitaires de France, 1998. p. 159-60.

NERI. L'usurpatore come tirano nel lessico politico della tarda Antichità. *In*: PASCHOUD, F.; SZIDAT, J. (Eds.). **Usurpationem in der Spätantike. Akten des Kolloquiums "Staatssreich und Staatlichkeit"**. Stuttgart, 1997. p. 71-86.

ORLANDIS, José. En torno a la noción visigoda de tiranía. **Anuario de historia de derecho español**, XXIX (1959), 5-43.

REILLY, Véase Bernard. The Historia Compostelana: the Genesis and Composition of a Twelfht-Century Spanish Gesta. **Speculum**, v. 44, n. 1 (1969), 78-85.

REYDELLET, Marc. **La royauté dans la littérature latine de Sidoine Apollinaire à Saint Isidore de Seville**. Roma: Ecole française de Rome, 1981. p. 581 y ss.

SAN ISIDORO. **Etimologías**, IX, 3, 19-20 (Ed. de José Oroz Reta y Manuel-A. Marcos Casquero), Madrid, Biblioteca de Autores Cristianos, 1993. t. I, p. 768.

SAN ISIDORO. **Sentencias**, lib. III, cap. 48, t. II, p. 495-96 de la ed. de Julio Campos e Ismael Roca, SAN LEANDRO, SAN FRUCTUOSO, SAN ISIDORO. **Santos Padres españoles**. Madrid, Biblioteca de Autores Cristianos, 1971.

SÁNCHEZ-ALBORNOZ, Claudio. La crónica del moro Rasis y la Continuatio Hispana. **Anales de la Universidad de Madrid**, III (1934), 229-265.

SÁNCHEZ-ALBORNOZ, Claudio. La sucesión al trono en los reinos de León y Castilla. **Estudios sobre las instituciones medievales españolas**. México, Universidad Autónoma de México, 1965, p. 639-689.

TEILLET, Susanne. **Des goths à la nation gothique. Les origines de l'idée de nation en Occident du Ve au VIIe siècle**. París: Les Belles Lettres, 1984. p. 591 y ss.

TEJADA y SPÍNOLA, Francisco Elías de. **Historia de la literatura política en las Españas**. Madrid: Real Academia de Ciencias Morales y Políticas, 1991. t. I, p. 168.

WOLF, Kenneth Baxter. **Christian martyrs in Muslim Spain**. Cambridge: Cambridge University Press, 1988. p. 67.

ALGUNAS APROXIMACIONES EN RELACIÓN CON EL ESPACIO FRONTERIZO ENTRE CASTILLA Y GRANADA (S. XIII-XV): ESPACIO, INSTITUCIONES, GUERRA Y TREGUA

Diego Melo Carrasco[1]

Sumario: *1. La Frontera en la historiografía reciente. 2. La Frontera: Generalidades. 3. La Frontera: Espacio y características. 4. La Vida en la frontera: Entre la Paz y los conflictos. 5. La Frontera: cautivos, rastreros y redentores. 6. Referencias.*

1 LA FRONTERA EN LA HISTORIOGRAFÍA RECIENTE

No es misterio que los estudios referentes a la vida fronteriza entre el reino de Castilla y la Taifa granadina se han dinamizado a partir de la segunda mitad del siglo XX. Debemos ese impulso a los señeros trabajos llevados a cabo por Juan de Mata Carriazo, quien, con empeño infatigable, entrego una serie de aportaciones novedosas realizadas a partir del descubrimiento y ediciones críticas de documentación de archivo que había quedado en el olvido. Sus entregas fueron de gran valía para comprender los fenómenos que afectaban a la cotidianeidad de la vida en la frontera, ayudando a desterrar la idea de una lucha antagónica irreconciliable. Así fuentes como la Crónica del Halconero, o la Refundición de la misma; el Tumbo de los Reyes Católicos o la Crónica de Juan II, abrieron un nuevo horizonte en el desarrollo de la historiográfica de la frontera[2].

Estos aportes se vieron acrecentados por el continuador de la obra del profesor Carriazo, Juan Torres Fontes, quien profundizó en el problema de las instituciones fronterizas, centrándose en la frontera Murciano-Granadina[3]. Sus investigaciones ayudaron a comprender formaciones cuyo desarrollo y

---

[1] Estudios Doctorales en Historia Medieval, Universidad de Salamanca, España; Magíster en Historia, Pontificia Universidad Católica de Valparaíso, Chile; Licenciado en Historia, Universidad Católica de Valparaíso, Chile. Profesor del departamento de historia, Facultad del Humanidades, Universidad Adolfo Ibañez, Chile. Miembro de la Sociedad Chilena de estudios Medievales, del Nucleo de Estudos Mediterranicos de la UFPR y Socio de la Abrem. Universidad Adolfo Ibañez, Chile.

[2] Gran parte de sus estudios han sido recopilados, posteriormente, en: Carriazo y Arroquia, J. **En la frontera de Granada.** Estudio preliminar por Manuel González Jiménez, Universidad de Granada, 2002 (1971), Granada, España.

[3] Gran parte de sus estudios han sido recopilados. *In*: TORRES FONTES, J. **Instituciones y Sociedad en la Frontera Murciano-Granadina.** Real Academia Alfonso X El Sabio, 2004, Murcia, España.

funcionamiento sólo se explican por la naturaleza del espacio histórico donde se desarrollan.

En los años recientes, el interés por estos temas se ha reactivado a partir de la historia comparada. Las concepciones de guerra a ambos lados de la frontera y la resultante esclavitud y cautividad de la misma, han sido problemas latamente analizados por la serie de congresos llevados a cabo en la ciudad de Alcalá la Real, y que desde 1997 se realizan cada dos años. "*Los Estudios de Frontera*"[4], se han transformado en un amplio caudal de información, los cuales se han completado con la serie "Abadía", en donde se han trabajado temas relacionados con la religiosidad de la frontera. Así entonces, en la actualidad los estudios fronterizos han adquirido una nueva dimensión, además de la labor constante de los arabistas que se han encargado de traducir nuevas fuentes. En este sentido habría que reconocer los aportes de Luis Seco de Lucena, Jacinto Bosch y, más recientemente, Felipe Maíllo entre otros.

2   LA FRONTERA: GENERALIDADES

La frontera se manifiesta siempre en relación causa-efecto con situaciones de diferenciación, de separación entre grupos humanos; es una barrera a veces física, administrativa, jurisdiccional, lingüística o comercial con una permeabilidad diferente en cada uno de esos aspectos según los lugares y la época, y sobre la cual repercuten de manera inevitable, aunque matizada por una larga serie de circunstancias, el conjunto de las relaciones entre dos sociedades vecinas.[5] La frontera también nos remite a la delimitación de espacios geográficos, dentro de los cuales habitan personas bajo leyes y poderes diversos y opuestos; esta oposición hace que primero se de una interrelación de ataque y defensa. Por lo tanto, la primera connotación de la frontera es de carácter militar[6]. Ahora sabemos que en esta "guerra fronteriza" tanto musulmanes como cristianos hicieron uso y abuso de los

---

[4] TORO CEBALLOS, F.; RODRÍGUEZ MOLINA, J. (Coords.). **Estudios de Frontera (1º. 1995. Alcalá la Real) Alcalá la Real y el Arcipreste de Hita**. Diputación de Jaén, 1997, JAÉN; TORO CEBALLOS, F.; RODRÍGUEZ MOLINA, J. (Coords.), **Estudios de Frontera (2º, 1997. Alcalá la Real) Actividad y vida en la frontera**. Diputación de Jaén, 1998, JAÉN; TORO CEBALLOS, F.; RODRÍGUEZ MOLINA, J. (Coords.). **Estudios de Frontera, (3º, 1999. Alcalá la Real) Convivencia, defensa y comunicación en la frontera**. Diputación de Jaén, 2000, JAÉN; TORO CEBALLOS, F.; RODRÍGUEZ MOLINA, J. (Coords.). **Estudios de Frontera (4º, 2001. Alcalá la Real) Historia, tradiciones y leyendas en la frontera**. Diputación de Jaén, 2002, Jaén.

[5] MARTÍN MARTÍN, J. La frontera hispano-portuguesa en la guerra, en la paz y en el comercio. *In*: CARABIAS TORRES, A. **Las relaciones entre Portugal y Castilla en la época de los descubrimientos y la expansión colonial**. Ediciones Universidad de Salamanca, Estudios Históricos y Geográficos, 92, Salamanca, España, p. 29.

[6] VÉASE SÓTO RABANOS, J. La Frontera. connotaciones jurídicos-canónicas (Siglos XII-XV). *In*: Segura Artero, P. (Ed.). **Actas del Congreso**: La frontera Oriental Nazarí como sujeto histórico (s. XIII-XV). Instituto de Estudios Almerienses, Almería, 1997, p. 213.

mecanismos que le facilitaba tanto la *yihad* como la Cruzada y que en ocasiones esta sirvió para apaciguar las fricciones internas[7].

En el caso de la frontera en al –Andalus, esta reviste además de ser un espacio de fricción, también lo es de profundos encuentros e intercambios[8]. Estos se manifiestan, desde temprano, otorgándole un acervo histórico distinto al resto de los territorios. Juan de Mata Carriazo dirá, con mucho acierto, que las relaciones no fueron casi nunca ni de guerra abierta y declarada, ni de paz entera y verdadera[9], más bien serán relaciones que combinarán ambos elementos generándose intercambios pacíficos y estados de tregua, pero – a la vez – inseguridad por la inseguridad de las algaras, cautiverios y botín. En suma, la frontera se manifestará como un *locus* inseguro y permeable; un espacio de transculturación, diálogo de culturas y también de sordos. Lo anterior, tendrá características especiales que facilitarán el surgimiento de una serie de instituciones particulares y sin parangón en la historia de la península ibérica.

3 LA FRONTERA: ESPACIO Y CARACTERÍSTICAS

La de Granada corresponde a la tercera y última de las grandes fronteras de al-andalus, luego de las del Duero y la del Guadiana. Sin embargo, la frontera granadina será, desde su nacimiento, más permeable a los contactos y conflictos con los cristianos quienes conforme va pasando el tiempo, acentúan su poder bélico en desmedro de una Granada que cada vez se ve más aprisionada, y solamente aliviada por el apoyo y respiro que de vez en cuando le otorgan los Meriníes de Fez, quienes también actuarán, privilegiando sus propios intereses debido a sus conflictos internos[10]. No obstante, esto no será mella para que los cristianos reivindiquen su derecho

---

[7] GONZALEZ JIMÉNEZ, M. Relación General. La frontera Oriental Nazarí. *In*: SEGURA ARTERO, P. (Ed.). *Op. cit.*, p. 675.

[8] En general, para el tema de la frontera en España, una excelente síntesis interpretativa es la que presenta: BAZZANA, A.; GUICHARD, P.; SENAC, P. La Frontière dans l'Espagne Médiévale. *In*: POISSON, J-M. **Castrum 4, Frontière et Peuplemnet dans le monde méditerranéen au Moyen Âge**. École Française de Rome, Casa de Velázquez, Rome-Madrid, 1992. p. 35-59.

[9] CARRIAZO Y ARROQUIA, J. La vida en la Frontera de Granada. *In*: AA.VV. **Andalucía Medieval**. t. II. Actas del I Congreso de Historia de Andalucía, Diciembre de 1976. Publicaciones del Monte de Piedad y Caja de Ahorro de Córdoba, 1978, España, p. 283.

[10] Esto es lo que sucede con el caso de la aplicación del Yihad en estos territorios. Al respecto Mohammed Razouk nos comenta: "*[...] las fuentes meriníes ponen su intervención en –al-Andalus en el marco de la guerra santa "Yihad". [...] Estas fuentes no dejaron de pormenorizar u precisar en lo que atañe al yihad o guerra santa en al-Andalus [...] La cuestión del Yihad era imperiosa para acallar la voz de la oposición es decir que el estado necesitaba continuamente el dinero para llevar a cabo el yihad además de otro punto esencial también y que consiste en ocupar la opinión pública marroquí de aquel entonces con los sucesos del yihad en al-Andalus y por consiguiente dejar de pensar en hacer cualquier actividad hostil porque los actos de hostilidad e consideran como una traición en el período de guerra santa*". *In*: RAZOUK, M. Observaciones acerca de la contribución Meriní para la conservación de las fronteras en el Reino de Granada. *In*: SEGURA ARTERO, P. *Op. cit.*, p. 173.

de vasallaje que fue instituido en el nacimiento del reino luego del pacto firmado entre Fernando III y Muhammad ibn Nasr en 1246, donde se fijaba la condición de éste como vasallo del rey castellano y estipulaba una tregua de veinte años: ambos aspectos, vasallaje y tregua, en palabras de Ladero Quesada, *"indican la provisionalidad con la que del lado castellano, se consideraba la situación del nuevo poder nazarí"*[11].

Antes de proseguir, habría que preguntarse: ¿Es la frontera un espacio delimitado por una leve línea? ¿O es más bien un territorio amplio que supone corredores y bandas de extensión variable?. Si seguimos los planteamientos de José Rodríguez Molina, este sería un espacio amplio compuesto por una "banda" territorial que se extendía entre Lorca y Tarifa, la cual, según lo atestiguan los documentos, sería una especie de tierra de nadie, o mejor dicho, tierras de pasto común, tanto para los ganados musulmanes como para los ganados cristianos[12]. Sin embargo, esto no significa que existiese un abandono del territorio; todo lo contrario, ya a mediados del siglo XIV, este espacio comenzó a ser cubierto por una compleja red de fortalezas y castillos, de torres almenaras y atalayas, dispersas a lo largo de la frontera[13]. Este será el signo de la denominada "frontera viva" entre cristianos y musulmanes. Una línea geográfica imprecisa pero advertida y diferenciada en niveles locales, pues cada pueblo, cada castillo, torre y fortaleza, conocía perfectamente donde terminaba su propia jurisdicción y donde comenzaba la del vecino fronterizo más próximo[14].

En el lado castellano existía una división de la frontera en zonas cuyos responsables actuaban con cierta autonomía: Jeréz y obispado de Cádiz, Sevilla, Córdoba, Jaén, Úbeda y Baeza, encomiendas de las Órdenes militares de Calatrava y de Santiago, adelantamiento de Cazorla, frontera de

---

[11] LADERO QUESADA, M. **¡Vencidos! Las Guerras de Granada**. Barcelona, España: Ariel, 2002. p. 11.

[12] RODRÍGUEZ MOLINA, J. Relaciones pacíficas en la frontera con el Reino de Granada. *In*: SEGURA ARTERO, P. *Op. cit.*, p. 259. Cf. La opinión de Francisco Vidal, quien establece que pare esta época: *"la ancha franja fronteriza que existía se ha adelgazado hasta casi convertirse, sobre todo en el lado nazarí, en una estrecha línea que se extiende desde las tierras almerienses hasta las gaditanas, mientras que en lado castellano, además de presentar esa línea de fortalezas propias, también posee una estructura más compleja y desarrollada institucionalmente"*. *In*: VIDAL CASTRO, F. Frontera, Genealogía y Religión en la gestación y nacimiento de la frontera en Granada. En torno a Ibn al-Ahmar. *In*: TORO CEBALLOS, F.; RODRÍGUEZ MOLINA, J. **Estudios de Frontera, (3º. 1999. Alcalá la Real) Convivencia, defensa y comunicación en la frontera…**, *op. cit.*, p. 797.

[13] Todo lo cual es observable en los vestigios toponímicos que encontramos en la zona fronteriza, que ha sido estudiado por CASTRO, Francisco Vidal. *In*: VIDAL CASTRO, F. Terminología castral árabe de época Nazarí en la frontera de Jaén y Granada. **ESTUDIOS DE FRONTERA (2º, 1997. Alcalá la Real) Actividad y vida en la frontera**. *Op. cit.*, *passim*.

[14] GARCÍA FERNÁNDEZ, M. En la frontera de Granada. La Paz y la Guerra en la Campiña Sevillana (Siglos XIII – XV). *In*: GARCÍA FERNÁNDEZ, M. **La Campiña Sevillana y la Frontera de Granada (Siglos XII-XV). Estudios sobre poblaciones de la Banda Morisca**. España: Universidad de Sevilla – Fundación Contsa, Sevilla, 2005. p. 70.

Murcia-Lorca. Del lado granadino también existía la organización zonal, ya que los documentos del siglo XV mencionan, además de la autonomía militar de Ronda y su serranía, de Málaga y de Almería, a las tropas de la casa de Granada y a los cabeceras de Guadix y Baza al frente de sus respectivas huestes[15]. Lo anterior, se complementaba con un eficiente y organizado sistema de vigilancia que estaba integrado por un intricado complejo que se iniciaba con la existencia de ciudades – base; varias villas con castillo o ciudadela, de segunda línea, torres y atalayas cuya misión era mantener la vigilancia mediante las correspondientes velas, escuchas e guardas, y dar aviso mediante ahumadas, almenaras y atajadores, ofrecer la primera resistencia en caso de ataque. En el caso de Granada, vemos una organización similar que incluía torres de almenara o atalayas y torres de alquería (*buruy*), y castillo (*husun*), hasta un centro urbano (*madina*), que articulaban la defensa del territorio cercano al exterior y por lo tanto más expuesto, y procuraban impedir que se adentraran las incursiones.

En los siglos anteriores al-Andalus tenía unas zonas (las marcas, al *tugur*) dotadas de estructuras geográfico-administrativas, políticas y militares específicas, incluso con peculiaridades fiscales y culturales propias, mientras que en el lado cristiano no parecía existir una organización tan desarrollada y compleja. Para este momento, como hemos indicado, solo se establecerá una línea de fortaleza que tendrá como finalidad alertar al ejército y poner en funcionamiento un mecanismo de respuesta[16].

4   LA VIDA EN LA FRONTERA: ENTRE LA PAZ Y LOS CONFLICTOS

En una serie de estudios de José Rodríguez Molina[17], se postula que lo que prevalece en la vida de frontera – entre los siglos XIII al XV – es la paz. De hecho, llegará a mencionar que a partir del *"Pacto de Jaén, firmado por el sultán de Granada y el rey Castellano en 1246, se abre una larga etapa con dos tiempos que marcan el ritmo de la vida. El de la guerra, relativamente corto, con un 15%, y el propiciado por las paces y treguas, con un 85% del total"*[18].

---

[15] LADERO QUESADA, M. *Op. cit.*, p. 59.
[16] VIDAL CASTRO, F. **Frontera, genealogía y religión…**, *op. cit.*, p. 796.
[17] Una excelente síntesis es la que presenta *in*: RODRÍGUEZ MOLINA, J. Relaciones pacíficas en la frontera de Granada con los Reinos de Córdoba y Jaén. *In*: **Revista del Centro de Estudios Históricos de Granada y su Reino**, n. 6, segunda época, Granada, 1992, España, p. 81-128. En éste trabajo, el profesor Rodríguez indaga en las complejas, profundas y cotidianas relaciones que se desarrollan en el espacio de frontera. Con esto se comprueba que la frontera no es un espacio estático, sino que más bien dinámico, tal como lo atestiguan la gran cantidad de testimonios citados.
[18] *"A pesar de que la guerra será el **modus vivendi** habitual de las gentes que poblaban la frontera, también existieron grandes perídos de treguas y paces"*. *In*: PORRAS ARBOLEDA, P. El derecho de frontera durante la baja Edad Media. La regulación de las relaciones fronterizas en tiempos de tregua y de guerra. *In*: AYERDE IRIBAR, M. (Coord.). **Estudios de dedicados a la memoria del Profesor L. M. Díez de Salazar Fernández**. v. 1, Bilbao, 1992, España, p. 263.

Importante mención tiene una institución que se hará presente durante gran parte de este período: *Las Treguas*. Estas no simbolizaban una paz permanente, sino más bien un período acotado que podía extenderse entre los dos a los diez años, siendo renovables, pero prevaleciendo, casi siempre, aquellas de corto plazo. Las disposiciones que se establecían eran variadas y podían ir desde el aumento o modificación del monto de las parias, hasta tratativas relacionadas con el intercambio de cautivos y esclavos[19]. Generalmente, incorporaban cláusulas y disposiciones referentes a respetar la libertad y la integridad de los súbditos de uno y otro lado, así como el intercambio de prisioneros, reglamentación de la actividad comercial, normativa de los puertos secos, impuestos como el *Magran* granadino y el diezmo y medio de lo morisco castellano, las facilidades de paso para los *almayales* – quien trasportaba las mercancías –; el aprovechamiento de las tierras fronterizas, la modalidad de uso de los pastos etc.[20]. Muchas veces estas se realizaban por medio de delegados enviados por los monarcas de ambos reinos que confirmaban y reestablecían treguas anteriores, fijando las condiciones de las mismas[21].

La documentación de estas se hace más numerosas a partir del siglo XIV y, sobre todo, durante el siglo XV[22]. No obstante, todas siguen un patrón común en donde se estipulan una prohibición de todo tipo de acción bélica durante el tiempo de duración de las mismas. Cualquiera algara o incursión, podía poner en riesgo esta "frágil" estabilidad. Este tipo de advertencia las encontramos constantemente en el Tumbo de los Reyes Católicos, donde se

---

[19] En general, en estas *"aparecen como una constante las disposiciones referentes al compromiso de respetar la libertad y la integridad de los súbditos de uno y otro estado, así como el trato que había de dar a los fugitivos"*, también es muy común encontrar disposiciones referidas a las actividades económicas, aprovechamientos pecuarios en tierras fronterizas, entre otros. En especial véase: Argente del Castillo Ocaña, C., "Las relaciones de convivencia a través de los tratados de paz". In: TORO CEBALLOS, F.; RODRÍGUEZ MOLINA, J. **Estudios de Frontera, (3°. 1999. Alcalá la Real) Convivencia, defensa y comunicación en la frontera...**, *Op. cit.*, p. 81-101.

[20] ARGENTE DEL CASTILLO OCAÑA, C. Los cautivos en la frontera entre Jaén y Granada. In: SEGURA GRAIÑO, C. (Ed.). **Relaciones Exteriores del Reino de Granada. IV Coloquio de historia medieval andaluza**. Instituto de Estudios Almerienses, Almería, 1988, *passim*. Información más detallada al respecto la encontramos. In: PORRAS ARBOLEDA, P. El derecho de frontera durante la baja Edad Media. La regulación de las relaciones fronterizas en tiempos de tregua y de guerra. In: AYERDE IRIBAR, M. (Coord.). *Op. cit.*, p. 274-275.

[21] Véase al respecto: SÁNCHEZ SAUS, R. Aristocracia y Frontera en la Andalucía Medieval. In: **Estudios de Historia y Arqueología Medievales**, XI. Universidad de Cádiz, 1996. p. 191-215.

[22] Incluso podemos encontrar algunas de estas transcritas como por ejemplo: GARCÍA LUJAN, J. **Treguas, Guerras y capitulaciones de Granada (1457-1491). Documentos del Archivo del los Duques de Frias**. Diputación de Granada, 1998, Granada. Tb. AMADOR DE LOS RIOS, J. **Las Treguas celebradas en 1439 entre los reyes de Castilla y Granada**. Academia de la Historia, 1879, Madrid; y, finalmente. ARRIBAS PALAU, M. **Las treguas. entre Castilla y Granada firmadas por Fernando I de Aragón**. Edit. Marroquí, 1956, Marruecos.

manifiesta en repetidas ocasiones, el pregón de las mismas, para así evitar cualquier enfrentamiento[23].

No obstante, si hacemos la cuenta y el resumen, vemos que la documentación disponible nos pone en contacto con una frontera que aparece como un todo en el que confluyen una nutrida red de caminos, ciudades, puertos, mercados, fortalezas. Mercaderes y vendedores de todas clases dan la impresión de una zona de intercambios fructíferos y de convergencia de dos civilizaciones. Es zona de actividades económicas contrapuestas: pastores musulmanes y cristianos apacientan en ella sus ganados[24], en tanto que almogávares encuentran un espacio privilegiado para sus correrías, asaltos, pillajes, robos y capturas. Los tratados de paz, de otro lado, abren puertos terrestres y marítimos, dan seguridad a los caminos y fomentan el intercambio de productos y personas[25].

Sin embargo, y pese a lo anterior, no se podía evitar las incursiones o las cabalgadas nocturnas de musulmanes granadinos, quienes al amparo de la oscuridad de la noche, se introducen en territorio cristiano para robar al amanecer ganado y hacer cautivos y regresar rápidamente a sus lugares con el preciado botín capturado. Como hemos indicado anteriormente, este tipo de acción – que como luego veremos – será de las más comunes en toda la frontera, y pondrá en jaque la frágil estabilidad generada por la tregua. Sin ir más lejos, las represalias no se hacían esperar, tal y como lo estableciera Enrique III quien en carta al alcaide de Quesada en el año 1395 le indica:

> *Otrosi, a lo que me envístase decier en como ese lugar es muy cercano de la tierra de los moros, por lo qual cada día recreçen muchas prendase tomas de la tierra de los moros, e como quier que los dichos moros licuan algund christiano a su tierra e lo matan, que los cristianos querellosos no puden aver sobre ello cumplimiento de Derecho. E que me pediades por merced que me pluguiese de vos mandar a dar mi carta de mandamiento e liçencia para que quando acaeciere que los dichos moros leuasen algund christiano, o lo tomasen, que sea de ese dicho lugar o termino, o lo mataran o prendieren, o fiçieren otras prendas o tomas algunas, que vos pudiésedes facer a ellos otro tanto e semejante, sin mandamiento de ningund jues que poder tenga de mi para ello. A esto vos respondo que si*

---

[23] CARANDE, R.; CARRIAZO Y ARROQUIA, J. **El Tumbo de los Reyes Católicos del Concejo de Sevilla**. t. I, Sevilla, 1929-1968, España, I, 63, p. 122.

[24] Esta es una de las actividades más comunes que se realizan en la frontera, constatando su existencia tanto por parte de las fuentes cristianas como también de las musulmanas. Sobre este último punto María Jesús Viguera nos indica que en una colección importantísima de cartas de Ahmad al-Balawi (Sevilla, 575/ 1179-80 a 657/1260)[…] manifiesta cómo llegaban a juntarse los cristianos y los musulmanes, y los ganados de los primeros con los de los segundos: *y todos en estos lugares están juntos, pastoreando en los mismos pastos*. In: VIGUERA MOLINS, M. Guerra y Paz en la Frontera Nazarí desde las fuentes árabes. SEGURA ARTERO, P. *Op. cit.*, p. 84.

[25] RODRÍGUEZ MOLINA, J. Relaciones Pacíficas en la Frontera con el Reino de Granada. In: SEGURA ARTERO, P. *Op. cit., passim.*

> os dichos moros mataren o prendieran, o ficieren prendas algunas en ese dicho lugar o su termino, que vos requirades luego a los alcaldes de aquellos lugares onde fueren los malfechores que feçieron o feçiesen las tales prendas, que vos cumplan de Derecho e vos buelvan lo vuestro. E si los dichos alcaldes lo no quisiesen facer, por esta mi carta vos mando e do liçencia que les podades facer prendas por las cosas que fueren leuadas de ese dicho lugar o de su termino, e otrosi que podades matar vn moro porcada christiano que vos matasen[26].

Lo anterior preludia lo que será una de las actividades ilícitas más comunes de la frontera, aquella que más quebraderos de cabeza dio a las autoridades de ambos lados: la cautividad[27].

5 LA FRONTERA: CAUTIVOS, RASTREROS Y REDENTORES

Uno de los azotes más crueles que soportaba la población de los distintos sectores fronterizos, era el cautiverio[28], fenómeno que se hacía presente tanto en los momentos de guerra abierta como en las etapas de tregua.

La mayor parte de las acciones de armas tenían como principal objetivo la consecución del botín y, entre los diferentes bienes que podían ser objeto del pillaje, se hallaban las personas, las cuales pasaban desde ese momento a la categoría de cautivos[29].

El balance de los combates llevaba a tierras nazaríes a varios cautivos cristianos procedentes de incursiones por tierra o por mar o traídos del campo de batalla. *"En el curso de sus incursiones fronterizas, los granadinos capturaban a humildes pastores y cazadores, jardineros muleteros, labradores*

---

[26] CARRIAZO Y ARROQUIA, J. **La Vida en la…**, *op. cit.*, p. 288.

[27] En el caso cristiano, Alfonso X nos ilustra muy bien acerca del carácter del cautivo: *"mas cautivos son llamados, por derecho, aquellos que caen en prisión de omes de otras creencias. Ca estos matan después que los tienen presos, por desprecio que non han la su ley, o los tormentan de crueles penas, o se sirven dellos como de siervos, metiéndolos a tales servicios que querrían ante la muerte que la vida"*. En el caso musulmán. *"El cautivo cristiano es un resultado del yihad, que tiene su origen en el principio del universalimo del Islam"*. Al respecto véase: GAZULLA, F. La redención de cautivos entre musulmanes. *In*: **Boletín de la Academia de Buenas Letras de Barcelona**, 1928, p. 321-342. Y tb. VIDAL CASTRO, F. El cautivo en el Mundo Islámico: Visión y vivencia desde el otro lado de la frontera andalusí. *In*: TORO CEBALLOS, F. y RODRÍGUEZ MOLINA, J. (Coords.). **Estudios de Frontera (2º. 1997. Alcalá la Real) Actividad y vida en la frontera…**, *op. cit.*, p. 775.

[28] Las noticias de los cautiverios cristianos aparecen con profusión en los testamentos, en pleitos, en instrucciones reales, en concesiones de mercedes y sobre todo en actas capitulares concejiles. En el caso de los cautivos moros, las noticias son mucho más escasas, siendo más abundantes a partir del siglo XV. Al respecto véase: Argente del CASTILLO OCAÑA, C. **Los cautivos en la…**, *in*: SEGURA GRAIÑO, C. (Ed.). *Op. cit.*, p. 215-217. Tb. puede verse el acabado estudio, junto con los ejemplos que sugiere, de TORRES FONTES, J. La cautividad en la frontera granadina (1275-1285). Estampas jienenses. *In*: **Boletín de Estudios Giennenses**, a. XLII, Octubre/Diciembre 1996, n. 162, t. II, p. 895-910.

[29] ARGENTE DEL CASTILLO OCAÑA, C. *In*: SEGURA GRAIÑO, C. (Ed.). *Op. cit.*, p. 84-85.

sorprendidos en sus labores cotidianas. A veces los cautivos eran víctimas de emboscadas"[30]. Hay que acordar, que estas incursiones se enmarcan en el ámbito del Yihad permanente que se llevaba a efecto en la zona fronteriza.

En el caso de una victoria, a partir de un combate formal, se reunía el botín para proceder a su reparto. En él se incluyen tanto las cosas como las personas. Es obligación del Imán decidir la suerte de los prisioneros de acuerdo con los intereses de la comunidad y, así, puede elegir entre las siguientes opciones: condenarlos a muerte, liberarlos, exigir un rescate (en dinero o por cautivos), someterlos al impuesto de capitación (*yizya*) o reducirlos a esclavitud e incluirlos en el reparto del botín[31].

Las condiciones de vida del cautivo eran penosas, pues a la pérdida de libertad, se sumaban los duros trabajos que se veían obligados a realizar. Los cristianos prisioneros en el Reino de Granada ansiaban salir de esa condición, y podían conseguirlo mediante la apostasía, cosa que no ocurría con los musulmanes en las tierras castellanas; sin embargo, la forma más frecuente de superar esa dolorosa experiencia era mediante el rescate o la huida[32]. Se sabe que ya desde los tiempos del profeta se había practicado el cobro de rescate por los prisioneros, pues el mismo Corán intuye una referencia al rescate de prisioneros: "*Luego, devolverles la libertad, de gracia o mediante rescate, para que cese la guerra*" (47: 5-4). El problema se generaba debido a que la mayoría de los cautivos cristianos no tenían bienes para poder pagar el rescate, por lo tanto podían estar por un largo tiempo encerrados en las tristemente famosas mazmorras de la Alhambra o en el Corral de Granada[33]. La duración del cautiverio dependía del tiempo que tardase la negociación del rescate lo cual dependía de poder juntar los recursos necesarios para incurrir en él[34].

---

[30] ARIÉ, R. Sobre la vida socio-cultural en la frontera oriental nazarí: el ambiente humano y la irradiación intelectual. *In*: SEGURA ARTERO, P. *Op. cit.*, p. 507.

[31] VIDAL CASTRO, F. El cautivo en el Mundo Islámico..., *in*: TORO CEBALLOS, F. y RODRÍGUEZ MOLINA, J. **Estudios de Frontera (2º. 1997. Alcalá la Real) Actividad y vida en la frontera...**, *op. cit.*, p. 777.

[32] ARGENTE DEL CASTILLO OCAÑA, C., en: Segura Graiño, C. (Ed.). *Op. cit.*, p. 84-85. Sin prejuicio de lo anterior, los hadices del Profeta suponen que "*al cautivo debe vestírsele y recomiendan su liberación. Igualmente, por lo que respecta a la religión de los cautivos, se respeta y no se les fuerza a la conversión siempre que sean cristianos o judíos*". *In*: VIDAL CASTRO, F. El cautivo en el Mundo Islámico..., *in*: TORO CEBALLOS, F. y RODRÍGUEZ MOLINA, J. **Estudios de Frontera (2º. 1997. Alcalá la Real) Actividad y vida en la frontera...**, *Op. cit.*, p. 778.

[33] GARCÍA FERNÁNDEZ, M. *Op. cit.*, p. 72. Tb. "*De noche estaban encadenados y confinados en rincones de la casa del dueño; también se les encerraba en mazmorras situadas en castillos o bien en la parte subterránea de las torres de las murallas*". *In*: ARIÉ, R.; SEGURA ARTERO, P. *Op. cit.*, p. 507.

[34] VEAS ARTESEROS, F.; JIMÉNEZ ALCÁZAR, J. Notas sobre el rescate de cautivos en la fontera de Granada. *In*: SEGURA ARTERO, P. *Op. cit.*, p. 231. Al respecto Elum, P., nos indica que: "*Como solía suceder que ni él (cautivo) ni sus familiares tenían tal cantidad, el baile general concedía al interesado o a cualquiera de sus familiares un permiso por el que quedaban autorizados para recorrer [...] pidiendo por ellos, a manera de limosna, tal*

Los que se encargaban de hacer cautivos y robar eran los almogávares. No obstante, antes de proseguir sería importante hacer algunas precisiones al respecto: la palabra almogávar viene de *Mugawir* "el que hace una algara", "una incursión". Cuando el término penetró en castellano lo hizo, como muchos otros arabismos, con el artículo árabe incorporado, resultando la solución almogávar. Las palabras árabes de ráiz *gwr*, llevan en su núcleo semántico la idea primordial de penetración, de adentramiento. Por ello almogávar hace mención al que hace alguna algara penetrando o adentrándose en territorio enemigo[35].

La primera vez que esta palabra aparece documentada es en las Siete Partidas, indicando que: *"fazen del buen peón almocaden, e del ben almocaden, buen almogávar de cavallo, e de aquel, el buen adalid"*. También la Primera Crónica General (729b 18) nos indica que: *"almogauares a caballo et de pie"*; de lo anterior se desprende que el almogávar en Castilla era, ya desde el siglo XIII, una especie de soldado a caballo o de a pie, el cual se dedicaba a hacer algaras por tierras enemigas. Este oficio tiene por naturaleza la depredación, y al respecto las partidas establecen que *"e son tres maneras de robo. La primera es la que fazen los almogávares, e los caballeros en tiempo de guerra en las cosas de los enemigos de la fe"*, precisando seguidamente: *"Los almogávares entran, e furtan a las vegadas castillos, ovillas pero no es propiamente furto"*[36].

Estos aventureros estaban dispuestos a afrontar los riesgos, siempre que existiera una ventaja cuantiosa en dinero. Favoreció la formación de este tipo humano el que, por ejemplo, ha determinados puntos del Reino de Jaén se les concedieran los llamados privilegios de homicianos[37]. Esto facilitó la llegada de una serie de delincuentes que iban desde homicidas hasta adúlteros – únicamente quedaban excluidos de esa posibilidad de redención los delitos de traición o alevosía – que redimían sus culpas viviendo temporalmente o indefinidamente en la frontera. Obtuvieron este tipo de privilegios, Alcaudete, que fue la primera, ya que lo recibió de Alfonso XI en 1323, Quesada, Alcalá la Real, Jódar, Jimena y, posiblemente La Guardia[38].

El resultado de las incursiones eran una serie de actos de violencia realizados por los moros en tierra de cristianos, o por cristianos en tierras de

---

suma". *In*: ELUM, P. Apresamiento y venta de moros cautivos en 1441 por acaptar sin licencia. **Al-Andalus**, 34:2, 1969, p. 329.

[35] MAÍLLO SALGADO, F. Puntualizaciones acerca de la naturaleza de los Almogavares. *In*: **Cahiers de Linguitique hispanique médiévale**, n. 9, mars. 1984, p. 164.

[36] *Ibid.*, p. 165.

[37] En general, vivir en la frontera suponía un gran riesgo que no todos querían asumir. Fue por lo anterior, que los poderes públicos se empeñaran en repoblar las zonas reconquistadas para que no cayeran en manos de los enemigos, arbitrando una serie de facilidades que compensen a los pobladores que habitaran esa zona. Las medidas más generalizadas para retener a la población se centrarán en las franquicias, las pagas y lievas de pan y el derecho de asilo o priviligio de homicianos. Al respecto véase: GÁMEZ MONTALVO, M. Privilegios de Frontera: Quesada y Alcalá La Real. *In*: SEGURA ARTERO, P. *Op. cit.*, p. 156.

[38] ARGENTE DEL CASTILLO OCAÑA, C. SEGURA GRAIÑO, C. (Ed.). *Op. cit.*, p. 213.

moros, con toda una complicada secuencia de reclamaciones. Ante esto se hará necesaria la creación de una institución preocupada de dirimir los conflictos surgidos en tiempo de tregua entre ambas comunidades – Esta se conocerá con el nombre de *Alcalde entre moros y cristianos*. Su existencia documentada se establece a partir del texto de las treguas de 1310 en Murcia, siendo este el testimonio más lejano. [39] Sus funciones eran: 1 – Oír las quejas, querellas y agravios de Moros y cristianos, juzgándolas conforme a derecho; 2 – Todos los habitantes estaban obligados a acudir a sus emplazamientos y a entregarle cualquier persona que hubiese quebrantado la tregua; 3 – Tenía la facultad para conceder autorización para hacer prendas en territorio granadino como represalia; 4 – Todos los habitantes del reino estaban obligados a prestarle su ayuda y cumplir sus órdenes en el transcurso del ejercicio de sus funciones; 5 – Tenía autoridad para ordenar y hacer cuantas cosas considerara convenientes para la seguridad de la frontera. Había a lo largo de la frontera cuatro Alcaldes Mayores entre moros y cristianos; en el obispado de Cádiz, Sevilla, Córdoba-Jaén y Murcia[40].

Sabemos que esta institución se replicó al otro lado de la frontera y se le llamo Juez entre los Reyes. Luis Seco de Lucena en un artículo de 1957, nos refiere acerca de las atribuciones que tenía este juez. El nos dice que: *"tenía la competencia para fallar las querellas que los cristianos pudieran formular contra los granadinos por las infracciones cometidas por éstos a los tratados de treguas convenidos por ambas partes, durante la vigencia de los mismos"*[41]. Así entonces, se desprende que el funcionamiento de ambas instituciones era similar, cumpliendo las mismas funciones *grosso modo*[42]. Como comprobación de lo anterior, tenemos el testimonio de Ibn Marzuq, juez de frontera en la zona andalusí controlada por los Benimires (1348), quien nos comenta:

---

[39] QUESADA QUESADA, T. **La Serranía de Mágina en la Baja Edad Media (Una tierra fronteriza con el reino nazarí de Granada)**. Granada, España: Universidad de Granada, 1989. p. 181.

[40] *Ibid*, p. 182.

[41] Quien nos llamará la atención ante tan importante institución será Luis Seco de Lucena, en un ya clásico estudio. Véase, SECO DE LUCENA, L. El Juez de frontera y los fieles del rastro. **Miscelánea de Estudios Árabes y Hebraicos**. Universidad de Granada, 1957, p. 137-141. Las fuentes son muy explícitas al hablar de su accionar: *"Este día dio rasón en el cabildo de Fernando de Torres, alcalde mayor entre cristianos y moros, que'él con su escribano anduvo a faser la pesquisa sobre las dos rejas e una açada que hurtaron en Canbil e no falló quién lo furto; luego los dichos señores mandaron a Fernando Rodrigues, reçebtor de los maravedíes de las ynpusiçiones, que pague a Diego Byedma, alcalde de Huelma, çiento e cincuenta mrs. Para que los dé a los dichos moros de canbil o compre otro tanto y gelo dé"*. In: Porras, P. La frontera del Reino de Granada a través del libro de actas del Cabildo de Jaén de 1476. *In*: **Al-Qantara, Revista de Estudios árabes**. CSIC, v. XIV, Madrid, 1993, p. 154.

[42] Sobre la actuación pormenorizada del mismo véase un ejemplo, para el caso de las comarcas de Lorca y Vera. *In*: ARCAS CAMPOY, M. Cadíes y Alcaldes en la Frontera Oriental Nazarí (S. XV). *In*: **Al- Qantara, Revista de Estudios árabes**. CSIC, v. XX, Madrid, 1999, Fasc. 2, p. 487-501.

> Yo mismo estuve un año encargado de distribuir los dones y de inspeccionar estos territorios y de oír las reclamaciones de sus habitantes y de comprobar que necesitaban [...] Llegué hasta Zahara (al-sajra) y la fortaleza de Olvera y el territorio vecino, deteniéndome en la frontera entre los musulmanes y cristianos, oyendo las quejas de la gente de ambas religiones, obteniendo todos y cada uno su derecho[43].

Cuando se llevaba a cabo una algara en los límites fronterizos que llegaban a la jurisdicción de algún concejo, se ponía en marcha todo un aparataje que tenía como finalidad seguir la pista de la cosa perdida o robada, o el rastro del cautivo. Esta última misión se le encomendaba a los rastreros. Los *Fieles del Rastro* constituyeron una institución al servicio del juez de frontera, una suerte de "policía fronteriza"[44]. Les correspondía seguir las huellas del presunto delincuente, hasta encontrarlo. En general, constituyen una corporación cerrada de individuos nombrados, instruidos y juramentados, siendo ante todo un oficio concejil. Los antecedentes más remotos de este oficio de rastrería se remontan al siglo XIV y aparece por primera vez con sus funciones delimitadas en las treguas firmadas en 1331, desde entonces el oficio quedo constituido[45].

Su *modus operandis* era el siguiente: cuando se había cometido una violencia sobre una persona o cosa, por parte de las gentes del otro lado de la frontera, los propios perjudicados, por si mismos, o representados por su concejo, reclaman los servicios de estos fieles del rastro, que acuden al lugar del atropello, reconocen las huellas de los violentados y siguen su rastro, hasta llegar al limite con otro concejo. Entonces convocan a las autoridades y rastreros correspondientes, y les entregan el rastro; y los que lo reciben deben responder de la violencia, a menos que el rastro pase a otro término, cuyos vecinos y rastreros lo puedan recibir, a su vez[46]. Y así hasta llegar al lugar donde se encuentra el cautivo, la cosa robada o los ladrones; que son apremiados a devolverlos, o pagar una compensación. Establecida la responsabilidad de los presuntos delincuentes, el juez dictaba sentencia, que había de quedar ejecutada en el plazo de cincuenta días.

En algunos casos, estos rastreros tuvieron beneficios producto del trabajo que desempeñaban. Se sabe, por ejemplo, que Juan I dio carácter oficial a los fieles del rastro de la ciudad de Murcia, otorgándoles como compensación a su dedicación y oficio, una serie de beneficios económicos, como era la exención en el pago de tributos reales y concejiles, a excepción

---

[43] VIGUERA MOLINS, M. *In*: SEGURA ARTERO, P. *Op. cit.*, p. 85.
[44] TORRES FONTES, J. Notas sobre los fieles del rastro y alfaqueques murcianos. *In*: **Miscelánea de estudios Árabes y Hebraicos**. v. X, Fasc. 1, Granada, 1961, p. 89-105.
[45] TORRES FONTES, J. El alcalde entre moros y cristianos del reino de Murcia. *In*: **Hispania**, XX, 1960, p. 58. Tb. TORRES FONTES. **Instituciones y Sociedad ...**, *op. cit.*, p. 90.
[46] QUESADA QUESADA, T. *Op. cit.*, p. 181. y tb. ARGENTE DEL CASTILLO OCAÑA, C. **Los cautivos en la...**, *op. cit.*, p. 219.

de las alcabalas. De la misma forma, se estipulo cuales eran los requisitos que debía cumplir, a saber: conocer perfectamente el territorio de la jurisdicción concejala que estaban adscritos y ser prácticos en el oficio de reconocer y seguir las huellas de los delincuentes[47]. Una de las pistas más frecuentes que dejaban a su paso los malhechores granadinos y que permitía seguir su rastro era que al entrar en territorio castellano, se desherraban sus caballos, sustituyendo las herraduras de hierro por otras de esparto, que amortiguaban el ruido de sus cabalgaduras, sin embargo estas se deshacían y dejaban huellas patentes de su paso.

Además de seguir el rastro de los malhechores, los rastreros debían prevenir las entradas de almogávares. Lo anterior es manifestación del estado de constante alerta en cual vivían los concejos fronterizos. Un ejemplo de lo anterior es lo que se consigna en las Actas Capitulares de Morón de la Frontera, donde desde Junio de 1402 a diciembre de 1404 se manifiestan una serie de correrías por parte de almogávares provenientes de Ronda o de Zahara. Los hechos se refieren a la saca de ovejas, bestias asnares o vacas. Además dan testimonio de robos violentos como aquel en el cual la víctima fue un importante hombres llamado *"Diago Rodríguez Oriz, alcalde que era de Cote, e mataronle e robaronle quanto leuaua, en lo qual le robaron toda su ropa e sus armas e gallynas, que podía valer lo que le robaron veynte doblas de oro.; e siguieron este rastro omes de pie e de caballo, vezinos de Morón[...]"*[48]. Situaciones de la misma índole se repetirán en el caso de la frontera de Murcia, en donde desde 1384 encontramos documentación referida a la necesidad de poner atajadores que pudiesen seguir el rastro de los moros si entraban en el Reino de Murcia.

A veces, las represalias eran tan duras que generaban una suerte de *vendettas* por parte de los afectados. De esta forma nos encontramos con noticias como esta de 1388 en la cual se comunica que cinco compañías de almogávares habían entrado en el reino para vengar la muerte de uno de sus compañeros. Estas acciones fueron comunes a lo largo de la frontera, confirmando la inseguridad constante en la cual vivían los habitantes de este espacio.

En el caso de los cautivos, una vez encontrado el rastro, se ponía en funcionamiento una maquinaría que suponía el rescate final de los afectados. Este negocio entregará importantes dividendos a ambos lados de la frontera. Una de las formas que permitían salir de la cautividad era a través del intercambio de prisioneros, acordado por ambos monarcas, pues a veces, en los tratados de paz se incluían cláusulas que implicaban el

---

[47] TORRES FONTES, J. **Instituciones y Sociedad...**, *op. cit.*, p. 90.
[48] GONZÁLEZ JIMÉNEZ, M. y GARCÍA FERNÁNDEZ, M. **Actas capitulares de Morón de la Frontera (1402-1426)**. Sevilla, 1992. [4] Viernes veynte e nueve del mes de disiembre, anno del Señor Ihesu Christo de mill e quatroçientos dos annos.

compromiso de devolver un número más o menos importante de cautivos, a pesar de que los musulmanes solían resistirse a semejante acuerdo; también se podía acceder a la libertad canjeando un cautivo musulmán por uno cristiano o a la inversa; otra forma de liberación era la de pagar el dinero exigido por los captores, cuyo monto era reunido por los familiares apelando a distintos procedimientos.

Quienes se encargarán de llevar a cabo esta acción serán los Alfaqueques. La palabra Alfaqueque viene del árabe *al-fakkak*, que significa redentor. Por tanto, son en estricto rigor, aquellos encargados de redimir a los cautivos. Su misión primordial era, en efecto, la de servir de intermediarios entre ambas comunidades para resolver los problemas ocasionados entre los hombres de la frontera y derivados de sus relaciones de vecindad. Su función principal es el trato y el contrato que permita el rescate o canje de cautivos y conducirlos hasta lugar seguro. Otras veces su gestión no es propiamente la redención de cautivos, sino la recuperación de ganados y otras cosas robadas.

Este trabajo exigía condiciones personales especiales y exposición a riesgos constantes, que iban desde el robo y la violencia, hasta la prisión y el asesinato. A cambio de este esfuerzo, los alfaqueques tenían derecho a indemnizaciones variables, que por lo general están en razón directa con el precio del rescate[49].

Para el ejercicio del oficio de alfaqueque era necesario el conocimiento de la lengua del reino vecino. Muchas veces quienes lo ejercían eran tornadizos o trujamanes. En razón de su oficio estaban dotados de inmunidad y podían entrar y salir libremente del otro reino, pudiendo incluso entrevistarse con entera libertad con los cautivos. En cuanto su organización, las Siete Partidas (II, XXX, 1-3) establece:

> *Alfaqueque tanto quiere decir en arabigo, como omes de buena verdad, que son puestos para sacar los catiuos. E éstos, según los antiguos mostraron, deuen ayer en sí seys cosas: la vna, que sean verdaderos, onde lleuan el nome. La segunda, sin cobdicia. La tercera, que sean sabidores también del lenguaje de auqella tierra que van como el de la suya. La quarta, que no sean malquerientes. La quinta, que sean esforzados. La sexta, que ayan algo de lo suyo*[50].

No obstante, su origen lo podemos rastrear en el fuero de Teruel, otorgado en 1179, donde encontramos su primera exposición jurídica en cuanto a sus deberes y derechos.

---

[49] TORRES FONTES, J. Los alfaqueques castellanos en la frontera de Granada. *In*: **Homenaje a Don Agustín Millares Carlo**, t. II, Caja Insular de Ahorros de la Gran Canaria, 1975, 100

[50] CARRIAZO Y ARROQUIA, J. **La Vida en la...**, *op. cit.*, p. 297.

En ocasiones el oficio de alfaqueque era ejercido por personas que mantenían buenas relaciones con ambos reinos. Este era el caso de muchos judíos y también el de los comerciantes italianos que acudían a Granada[51]. En general, eran hombre prácticos para los tratos, conocedores del árabe, y de una habilidad extraordinaria para informarse de cuentas noticias podían ser de utilidad para los jefes cristianos de la frontera[52]. Esta institución la encontramos presente a uno y otro lado de la frontera pues los encontramos replicados tanto en castilla como en granada. Famosas son las relaciones y los contactos entre Martín de Lara, alfaqueque de Jaén y Hamete el Majo, por parte de Granada[53].

Para el cumplimiento de su oficio el alfaqueque porta además de una carta de seguro de la ciudad o autoridad del territorio que visita, un pendoncillo de color que indica el consejo del cual provienen, o en general de quien dependían. Sin embargo, estas cartas y señas no evitaban que los alfaqueques sufrieran el robo de sus pertenencias y la prisión[54].

De todas maneras, pese a los sufrimientos que debían padecer, el oficio era rentable, en la medida de la gran cantidad de cautivos y los rescates que por ello se pagaban. Esto, independiente de que el alfaqueque pudiese fallar en su cometido, y por lo tanto debían actuar las negociaciones entre las ciudades[55].

A cambio de su esfuerzo, que supone mucho sacrificio dada la geografía y las personas con quienes tenían que tratar, los fueros y las leyes señalaban los derechos que les correspondía y que estaba en razón directa con el precio de la cosa tratada. Pronto se generalizó en un diez por ciento, aunque se introdujeran diferencias en algún caso especial[56].

Con el tiempo esta institución se hará cada vez más rentable, debido al constante intercambio y rescate de cautivos a nivel de la frontera. Todo esto obligará a la Corona de Castilla a reglamentar la institución por medio del nombramiento y establecimiento de un Alfaqueque Mayor[57]. Este sería elegido directamente por la autoridad y sabemos controlará otros alfaqueques menores (conocemos los de Vera, Los Vélez y las Cuevas, por parte granadina; y los de Murcia, Lorca y Orihuela, por el lado cristiano) que se encontraban en los distintos sectores fronterizos. De hecho, tenemos noticias,

---

[51] ARIÉ, R. *Op. cit.*, p. 503 y tb. QUESADA QUESADA, T. *Op. cit.*, p. 177.
[52] TORRES FONTES, J. **Los alfaqueques castellanos en...**, *op. cit.*, p. 103.
[53] CARRIAZO Y ARROQUIA, J. **La Vida en la...**, *op. cit.*, p. 254.
[54] TORRES FONTES, J. **Instituciones y Sociedad...**, *op. cit.*, p. 68.
[55] CARRIAZO Y ARROQUIA, J. **La Vida en la...**, *op. cit.*, p. 255.
[56] TORRES FONTES, J. **Los alfaqueques castellanos en...**, *op. cit.*, p. 112.
[57] GARCÍA JIMÉNEZ, M. "La Alfaquequería Mayor de Castilla en Andalucía a fines del Edad Media. Los Alfaqueques Reales. *In*: **Estudios sobre Málaga y el Reino de Granada en el V Centenario de la Conquista**. Servicio de Publicaciones, Diputación de Málaga, 1987, p. 37-54.

que a partir de 1439, Juan II hizo merced de por vida del oficio de Alfaqueque Mayor a Juan de Saavedra, alcalde de Castellar de la Frontera. A partir de entonces, la Alfaquequería Mayor de Castilla, sus derechos, prerrogativas, se identificaran para siempre con los descendientes directos de tan importante noble sevillano hasta la definitiva anulación del oficio real por Felipe III a comienzos del siglo XVII[58].

6 REFERENCIAS

AMADOR DE LOS RIOS, J. **Las Treguas celebradas en 1439 entre los reyes de Castilla y Granada**. Academia de la Historia, 1879, Madrid; y, finalmente. ARRIBAS PALAU, M. **Las treguas. entre Castilla y Granada firmadas por Fernando I de Aragón**. Edit. Marroquí, 1956, Marruecos.

ARCAS CAMPOY, M. Cadíes y Alcaldes en la Frontera Oriental Nazarí (S. XV). *In*: **Al-Qantara, Revista de Estudios árabes**. CSIC, v. XX, Madrid, 1999, Fasc. 2, p. 487-501.

ARGENTE DEL CASTILLO OCAÑA, C. Los cautivos en la frontera entre Jaén y Granada. *In*: SEGURA GRAIÑO, C. (Ed.). **Relaciones Exteriores del Reino de Granada. IV Coloquio de historia medieval andaluza**. Instituto de Estudios Almerienses, Almería, 1988.

AYERDE IRIBAR, M. (Coord.). **Estudios de dedicados a la memoria del Profesor L. M. Díez de Salazar Fernández**. v. I, Bilbao, 1992, España, p. 263.

BAZZANA, A.; GUICHARD, P.; SENAC, P. La Frontière dans l'Espagne Médiévale. *In*: POISSON, J-M. **Castrum 4, Frontière et Peuplemnet dans le monde méditerranéen au Moyen Âge**. École Française de Rome, Casa de Velázquez, Rome-Madrid, 1992. p. 35-59.

CARANDE, R.; CARRIAZO Y ARROQUIA, J. **El Tumbo de los Reyes Católicos del Concejo de Sevilla**. t. I, Sevilla, 1929-1968, España, I, 63, p. 122.

CARRIAZO y ARROQUIA, J. **En la frontera de Granada**. Estudio preliminar por Manuel González Jiménez, Universidad de Granada, 2002 (1971), Granada, España.

_____. La vida en la Frontera de Granada. *In*: AA.VV. **Andalucía Medieval**. t. II. Actas del I Congreso de Historia de Andalucía, Diciembre de 1976. Publicaciones del Monte de Piedad y Caja de Ahorro de Córdoba, 1978, España, p. 283.

CASTRO, Francisco Vidal. Terminología castral árabe de época Nazarí en la frontera de Jaén y Granada. In: **ESTUDIOS DE FRONTERA (2º, 1997. Alcalá la Real) Actividad y vida en la frontera**.

ELUM, P. Apresamiento y venta de moros cautivos en 1441 por acaptar sin licencia. **Al-Andalus**, 34:2, 1969, p. 329.

GÁMEZ MONTALVO, M. Privilegios de Frontera: Quesada y Alcalá La Real. *In*: SEGURA ARTERO, P. *Op. cit.*, p. 156.

GARCÍA FERNÁNDEZ, M. En la frontera de Granada. La Paz y la Guerra en la Campiña Sevillana (Siglos XIII – XV). *In*: GARCÍA FERNÁNDEZ, M. **La Campiña Sevillana y la Frontera de Granada (Siglos XII-XV). Estudios sobre poblaciones de la Banda Morisca**. España: Universidad de Sevilla – Fundación Contsa, Sevilla, 2005. p. 70.

GARCÍA JIMÉNEZ, M. La Alfaquequería Mayor de Castilla en Andalucía a fines del Edad Media. Los Alfaqueques Reales. *In*: **Estudios sobre Málaga y el Reino de Granada en el V Centenario de la Conquista**. Servicio de Publicaciones, Diputación de Málaga, 1987, p. 37-54.

---

[58] GARCÍA FERNÁNDEZ, M. *Op. cit.*, p. 39.

GARCÍA LUJAN, J. **Treguas, Guerras y capitulaciones de Granada (1457-1491).
Documentos del Archivo del los Duques de Frias**. Diputación de Granada, 1998, Granada.

GAZULLA, F. La redención de cautivos entre musulmanes. *In*: **Boletín de la Academia de Buenas Letras de Barcelona**, 1928, p. 321-342.

GONZÁLEZ JIMÉNEZ, M. y GARCÍA FERNÁNDEZ, M. **Actas capitulares de Morón de la Frontera (1402-1426).**

JAÉN; TORO CEBALLOS, F.; RODRÍGUEZ MOLINA, J. (Coords.), **Estudios de Frontera (2º, 1997. Alcalá la Real) Actividad y vida en la frontera**. Diputación de Jaén, 1998.

_____. (Coords.). **Estudios de Frontera, (3º, 1999. Alcalá la Real) Convivencia, defensa y comunicación en la frontera**. Diputación de Jaén, 2000.

_____. (Coords.). **Estudios de Frontera (4º, 2001. Alcalá la Real) Historia, tradiciones y leyendas en la frontera**. Diputación de Jaén, 2002, Jaén.

LADERO QUESADA, M. **¡Vencidos! Las Guerras de Granada**. Barcelona, España: Ariel, 2002. p. 11.

MAÍLLO SALGADO, F. Puntualizaciones acerca de la naturaleza de los Almogavares. *In*: **Cahiers de Linguitique hispanique médiévale**, n. 9, mars. 1984, p. 164.

MARTÍN MARTÍN, J. La frontera hispano-portuguesa en la guerra, en la paz y en el comercio. *In*: CARABIAS TORRES, A. **Las relaciones entre Portugal y Castilla en la época de los descubrimientos y la expansión colonial**. Ediciones Universidad de Salamanca, Estudios Históricos y Geográficos, 92, Salamanca, España, p. 29.

PORRAS ARBOLEDA, P. El derecho de frontera durante la baja Edad Media. La regulación de las relaciones fronterizas en tiempos de tregua y de guerra. *In*: AYERDE IRIBAR, M. (Coord.). *Op. cit*., p. 274-275.

PORRAS, P. La frontera del Reino de Granada a través del libro de actas del Cabildo de Jaén de 1476. *In*: **Al- Qantara, Revista de Estudios árabes**. CSIC, v. XIV, Madrid, 1993, p. 154.

QUESADA QUESADA, T. **La Serranía de Mágina en la Baja Edad Media (Una tierra fronteriza con el reino nazarí de Granada)**. Granada, España: Universidad de Granada, 1989. p. 181.

RODRÍGUEZ MOLINA, J. Relaciones Pacíficas en la Frontera con el Reino de Granada. *In*: SEGURA ARTERO, P. *Op. cit.*, *passim*.

RODRÍGUEZ MOLINA, J. Relaciones pacíficas en la frontera de Granada con los Reinos de Córdoba y Jaén. *In*: **Revista del Centro de Estudios Históricos de Granada y su Reino**, n. 6, segunda época, Granada, 1992, España, p. 81-128.

SÁNCHEZ SAUS, R. Aristocracia y Frontera en la Andalucía Medieval. *In*: **Estudios de Historia y Arqueología Medievales**, XI. Universidad de Cádiz, 1996. p. 191-215.

TORO CEBALLOS, F.; RODRÍGUEZ MOLINA, J. (Coords.). **Estudios de Frontera (1º. 1995. Alcalá la Real) Alcalá la Real y el Arcipreste de Hita**. Diputación de Jaén, 1997.

_____. **Estudios de Frontera, (3º. 1999. Alcalá la Real) Convivencia, defensa y comunicación en la frontera...**, *Op. cit.*, p. 81-101.

_____. El alcalde entre moros y cristianos del reino de Murcia. *In*: **Hispania**, XX, 1960, p. 58.

_____. **Instituciones y Sociedad en la Frontera Murciano-Granadina**. Real Academia Alfonso X El Sabio, 2004, Murcia, España.

_____. La cautividad en la frontera granadina (1275-1285). Estampas jienenses. *In*: **Boletín de Estudios Giennenses**, a. XLII, Octubre/Diciembre 1996, n. 162, t. II, p. 895-910.

_____. Los alfaqueques castellanos en la frontera de Granada. *In*: **Homenaje a Don Agustín Millares Carlo**, t. II, Caja Insular de Ahorros de la Gran Canaria, 1975, 100.

_____. Notas sobre los fieles del rastro y alfaqueques murcianos. *In*: **Miscelánea de estudios Árabes y Hebraicos**. v. X, Fasc. 1, Granada, 1961, p. 89-105.

SÓTO RABANOS, J. La Frontera. connotaciones jurídicos-canónicas (Siglos XII-XV). *In*: SEGURA ARTERO, P. (Ed.). **Actas del Congreso**: La frontera Oriental Nazarí como sujeto histórico (s. XIII-XV). Instituto de Estudios Almerienses, Almería, 1997, p. 213.

SECO DE LUCENA, L. El Juez de frontera y los fieles del rastro. **Miscelánea de Estudios Árabes y Hebraicos**. Universidad de Granada, 1957, p. 137-141.

VIDAL CASTRO, F. El cautivo en el Mundo Islámico: Visión y vivencia desde el otro lado de la frontera andalusí. *In*: TORO CEBALLOS, F. y RODRÍGUEZ MOLINA, J. (Coords.). **Estudios de Frontera (2º. 1997. Alcalá la Real) Actividad y vida en la frontera...**, p. 775.

VIDAL CASTRO, F. Frontera, Genealogía y Religión en la gestación y nacimiento de la frontera en Granada. En torno a Ibn al-Ahmar. *In*: TORO CEBALLOS, F.; RODRÍGUEZ MOLINA, J. **Estudios de Frontera, (3º. 1999. Alcalá la Real) Convivencia, defensa y comunicación en la frontera...**, *op. cit.*, p. 797.

VIGUERA MOLINS, M. Guerra y Paz en la Frontera Nazarí desde las fuentes árabes. SEGURA ARTERO, P. *Op. cit.*, p. 84.

RELAÇÕES ENTRE A MUNICIPALIDADE E A MONARQUIA PORTUGUESA: O CASO DE BRAGANÇA

Marcella Lopes Guimarães[1]

Sumário: *1. Resenha sobre o estudo da municipalidade portuguesa. 2. O caso de Bragança. 3. Conclusão. 4. Referências.*

1 RESENHA SOBRE O ESTUDO DA MUNICIPALIDADE PORTUGUESA

O estudo dos concelhos[2] portugueses começa na pena Alexandre Herculano, pois o tema dominante de sua *História de Portugal* é o estudo das instituições municipais[3]. Sua investigação é ponto de partida, inspiração e refutação de historiadores, caso, por exemplo, da origem dos municípios, pois, como demonstrou Sánchez Albornoz, não há renascimento do município romano, já decadente no século V[4]. Ainda sim, nomes como os de Alberto Sampaio, Paulo Merêa e Torquato de Sousa Soares *"puderam comprovar nas suas linhas gerais a validade da teorização formulada por Alexandre Herculano no relativo à constituição e à evolução das classes sociais no período medievo"*[5]. Para Humberto Baquero Moreno, o historiador e romancista do séc. XIX, autor de **Eurico, o presbítero**, preocupou-se essencialmente com a gesta do seu povo *"pelo seu combate quotidiano no sentido de alcançar os direitos fundamentais, com vista à dignificação da pessoa humana, viu nas instituições municipais a mola real que tornou possível e viável essa lenta e obscura promoção do homem português"*[6].

A elevação da sociedade portuguesa adviria então, segundo Herculano, da afirmação da célula municipal, *"na luta pela melhoria das condições de vida dos cidadãos"*[7], e desta sua forma de empreender o estudo da História não podemos dissociar *"a sua participação [ativa] no debate dos problemas primaciais do seu tempo"*[8], como os *"levantados pela instauração do Liberalismo*

---

[1] Doutora em História pela Universidade Federal do Paraná; Professora Adjunta de História Medieval da Universidade Federal do Paraná; colaboradora do Núcleo de Estudos Mediterrânicos da UFPR.

[2] Segundo Joel SERRÃO, *"o termo **concelho**, que aparece nos diplomas a partir do séc. XIII, é versão em romance da expressão latina **concilium** e exprime a comunidade vicinal constituída em território de extensão muito variável, cujos moradores – os vizinhos do concelho – são dotados de maior ou menor autonomia admnisitrativa"*, p. 137.

[3] BAQUERO MORENO, Humberto. 1986, p. 16.

[4] *Idem*, p. 21. Conferir o verbete "concelhos" do **Dicionário de História de Portugal**, dirigido por Joel SERRÃO.

[5] *Idem*, p. 20.

[6] *Idem*, p. 26.

[7] *Idem*, p. 8.

[8] SARAIVA, Lopes. **História da Literatura Portuguesa**, p. 751.

em Portugal"[9]. Ora, o historiador entendia que a restauração política do país *"teria de assentar necessariamente numa afirmação do poder local como princípio corrector das distorções provocadas por um excesso de centralismo"*[10], a salvação, portanto, adviria da revitalização dos municípios[11]. Herculano foi o nome mais emblemático de uma tendência que teve outros cultores eminentes.

Com a intenção apenas de me apropriar de uma parte do debate em torno da questão da municipalidade portuguesa, a fim de introduzir o estudo do caso específico de Bragança, convoco Humberto Baquero Moreno que agrega, com sua definição para a origem dos municípios, os termos que considero fundamentais. Segundo esse leitor de Herculano,

> *O aparecimento dos municípios verifica-se concomitantemente com algumas medidas adoptadas pelos monarcas. Assim, a par de concessão de cartas de povoamento visando assentamento de novos povoadores, temos ainda a outorga de cartas de foral a núcleos de povoadores, a distribuição de parcelas territoriais a ordens religiosas e ainda a concessão de terras a estrangeiros que se fixavam em Portugal.*
>
> *O aparecimento dos concelhos deverá sobretudo atribuir-se a um conjunto de factores desencadeantes, cuja base ainda poderá assentar nos princípios defendidos por Herculano*[12].

Da definição de Baquero Moreno, destaco o papel do poder central, assumido pelo monarca que, embora seja amenizado no segundo parágrafo transcrito, dentro do "conjunto de factores desencadeantes", aparece na primeira parte relacionado à municipalidade no que toca a ações que a atingem diretamente. Dentre elas, a concessão do foral é o aspecto que interessa em particular a este ensaio. Ao se perguntar sobre a relação entre os concelhos e esse diploma especial que contém disposições normativas, Baquero pede de Valdeavellano a resposta: *"O foral significa um estatuto jurídico que contém na sua redacção escrita a soma dos privilégios outorgados a uma localidade pelo rei ou senhor, consubstanciando em essência os preceitos de direito local, recolhidos parcialmente ou na sua totalidade, e ainda os poderes concedidos pela coroa"*[13].

A relação entre a municipalidade e os seus forais é mais complexa do que pode sugerir a expressão *"soma de privilégios outorgados"*, isto porque no meio de uma sociedade que se alterava e que começa a manejar e a ler registros escritos, instrumentos dessa natureza revelavam, mesmo que para uma parcela diminuta de leitores, segundo Jacques Le Goff, *"apropriação, pelas classes dominantes, das novas técnicas, que por vezes reforçavam a exploração senhorial. Os forais garantiam [segundo o autor] mais os direi-*

---

[9] *Idem*, p. 747.
[10] BAQUERO MORENO, Humberto. *Op. cit.*, p. 10.
[11] *Idem*.
[12] *Idem*, p. 11.
[13] *Idem*, p. 12.

tos dos senhores que os dos camponeses e viriam a ser tão detestados quanto os moinhos e fornos banais"[14].

Deste olhar, partilha Reyna Pastor, para quem "*os forais se devem interpretar mais como derrota dos movimentos campesinos e a sua submissão ao regime feudal do que como sancionamento das liberdades municipais*"[15]. Segundo José Mattoso, investigações dessa natureza, nas quais inclui as de Borges Coelho[16], avançaram no estudo da "*capacidade de organização das comunidades rurais independentemente das estruturas senhoriais ou feudais*"[17]; na revelação de que "*os concelhos não resultam necessária e exclusivamente das condições especiais criadas pela Reconquista, como pretendia Sánchez Albornoz; que não são uma espécie de subproduto da organização feudal; e mesmo que não necessitam da iniciativa nem do sancionamento do monarca para existirem*"[18]. Podemos raspar desse palimpsesto as letras de um Herculano que considerou "*os concelhos como 'refúgios de fóros populares' e 'fortes associações do homem de trabalho contra a manifestação violenta e absoluta do princípio da desigualdade*'"[19]?

O estudo dos forais, execrados ou reclamados, evidencia a necessidade de compreender formas variadas de relacionamento entre núcleos municipais e monarquia no Ocidente Medieval, mas "*não convém (...) considerar a expansão urbana como um processo autônomo, sujeito a leis próprias, estranhas à sociedade circundante (...) é no coração de dinâmicas próprias à sociedade feudal que é necessário procurar as razões*"[20] que fizeram cidades vingarem. Participa dessa dinâmica, sujeita a interferências mútuas, que inclui aumento de produção agrícola, crescimento demográfico, desenvolvimento do artesanato, concorrência de poderes, guerras, progresso no comércio internacional e peregrinações[21], a instalação de estados monárquicos e principescos[22].

Ora, ações como repovoamento de cidades[23] no medievo não significaram necessariamente que elas estivessem desertas ou que precisassem do monarca para mobilizar ocupações; posições ardorosamente defendidas e alcançadas por oligarquias municipais proporcionaram durante algum tempo independência para com poderes régios[24], mas o próprio José Mattoso reconhece, no final do século XII, para Leiria[25], que

---

[14] LE GOFF, Jacques. 1995, p. 110-111.
[15] MATTOSO, José. 1993, p. 36.
[16] *Idem*.
[17] *Idem*.
[18] *Idem*, p. 37.
[19] *Idem*, p. 21.
[20] MENJOT, Denis; BOUCHERON, Patrick, *apud* CARVALHO, Margarida *et al.* (Org.), 2005, p. 22
[21] *Idem*.
[22] *Idem*.
[23] Caso de Ciudade Rodrigo referido no texto Da comunidade primitiva ao município – o exemplo de Alfaiates. MATTOSO, José, 1993, p. 40.
[24] Caso de Alfaiates, referido no texto citado na nota anterior. MATTOSO, José, 1993, p. 46.
[25] **A cidade de Leiria na História Medieval de Portugal**. MATTOSO, José, 1993.

se o ambiente era de ansiedade, o foral destinava-se, sem dúvida a animar habitantes, dando-lhes um estatuto semelhante ao das principais e mais prósperas cidades do país. Continha disposições nitidamente favoráveis a todos os moradores que se consagravam a actividades produtivas, fossem eles agricultores, pescadores, mesteirais, comerciantes ou almocreves. Supunha ou estimulava de todas as maneiras a intensificação da vida econômica[26].

Assim, embora não se possa circunscrever o nascimento dos concelhos, quer considerados rurais ou urbanos, à promulgação de forais[27], os primeiros diplomas dessa natureza talvez só evidenciem o reconhecimento a uma célula de potencialidades ainda mal definidas, mas certamente eles mobilizaram um pacto cada vez mais abrangente entre o poder central, atento a necessidades que se transformaram no tempo e no espaço, e a municipalidade.

2 O CASO DE BRAGANÇA

A historiografia portuguesa encontrou categorias para o estudo dos concelhos. Assim, de Herculano herdamos uma tripartição: concelhos rudimentares, imperfeitos e completos, superada por Torquato de Sousa Soares, em concelhos rurais e urbanos, os primeiros *"cuja base é um contrato enfitêutico (aforamento colectivo duma parcela de território muitas vezes inferior em dimensão a uma paróquia) eram em geral constituídos por núcleos de povoadores (...)"*[28], são os concelhos de zonas mais despovoadas, sobretudo localizadas na região de Trás-os-Montes, onde se situa Bragança. Por outro lado, correspondem à designação de concelhos urbanos, seis grupos *"consoante a natureza dos forais que lhe foram outorgados"*[29]. Torquato de Sousa idealizou uma iniciativa de sistematização dessas categorias em Portugal[30]. Assim, pelo que percebemos de seu mapa, Bragança foi considerada um concelho urbano medieval de tipo indeterminado, quando se toma como critério o foral concedido, em relação a outros de um mesmo período.

Os esforços de Oliveira Marques para compreensão das cidades portuguesas medievais podem nos levar a caminhos menos esquemáticos, ainda que muito interessantes. O historiador percebe que, se uma grande parte das cidades da Península Ibérica obedece a características definidas para a cidade muçulmana[31], mesmo que muitos desses elementos na verdade tenham mais relação com

---

[26] *Idem*, p.101.
[27] Aqui compartilho do pensamento de José Mattoso, que se contrapõe, nessa discussão, a Angel BARRIOS em Feudalismo e concelhos. A propósito de uma nova interpretação. MATTOSO, José, 1993. p. 143.
[28] BAQUERO MORENO, Humberto. *Op. cit.*, p. 21. Conferir também o verbete citado na nota 3.
[29] *Idem*, p. 22. Remeto-me novamente ao verbete já citado.
[30] Conferir mapa da p. 139, do **Dicionário de História de Portugal**, dirigido por Joel SERRÃO.
[31] MARQUES, A. H. Oliveira, 1988, p. 35.

a realidade mediterrânica e não propriamente moura[32], na região de Trás-os-Montes há muito menos traços de islamismo urbano. Embora, a partir dos séc. XI e XII, seja pertinente registrar um *"renascimento urbano como por toda a parte além Pirineus (...) Haverá que esperar pelo séc. XIV para que as cidades cristãs possam vantajosamente competir com as urbes muçulmanas tanto em área como em população"*[33], e por que não em diversificação de atividades? Para Lisboa, por exemplo, que com os muçulmanos foi até capital de distrito, Oliveira Marques afirma que: *"do ponto de vista 'industrial', a [sua] posição esteve sempre em íntima relação com a agricultura e as necessidades quotidianas da população (...) os artesãos jamais desempenharam papel de grande relevo na história da cidade. Nem se constituíram quaisquer corporações antes de finais do séc. XV"*[34]. É esse caráter marcadamente rural que faz com que Oliveira Marques conclua de maneira acertada que talvez não faça muito sentido classificar os concelhos em rurais e urbanos[35]. O que dizer da vila de Bragança, só efetivamente tornada cidade na segunda metade do séc. XV?

2.1 Os forais de Bragança

> *As condições táctico-topográficas da Colina de Nossa Senhora do Sardão, da velha Bemquerença ou vila de Bragança, depois cidadela, onde se alteou o acastelamento com sua elegante, vetusta e bem lançada Torre de Menagem, assente sobre uma cota de 695 metros a dominar os férteis e ubérrimos vales de S. Francisco, de S. Lázaro e outros, e também onde D. Sancho I estabelecera uma colônia, satisfaziam, à maravilha, à defesa da época, guarnecendo-se cerca de 660 metros de crista militar, contra as hostes adversas, portadoras de arma branca, do aríete e das flechas...*[36].

O entusiasmo de António José Teixeira com o pretenso caráter indefensável do castelo de Bragança está em sintonia com as tradições que apontam os sítios em torno como palco de ardidas vagas islâmicas[37]. Na verdade, localizada na fronteira com Leão e Castela, a Bragança medieval é talvez mais afamada pela alegação de D. Pedro I (1357-1367), de que se teria casado com D. Inês de Castro nessa vila, em um impreciso 1º de janeiro[38]. Bragança integrou também o título da Casa de um dos mais poderosos nomes alçados pela nova dinastia de Avis, D. Afonso de Barcelos, ainda que bastar-

---

[32] *Idem*. p. 16.
[33] *Idem*, p. 36-37.
[34] *Idem*, p. 86.
[35] *Idem*, p. 39.
[36] TEIXEIRA, António José, 1933, p. 7.
[37] Conferir a **Breve resenha da evolução história e urbana** de José Rodrigues MONTEIRO na edição dos forais de Bragança e o capítulo "Bragança" dos **Mais belos castelos e Fortalezas de Portugal**, que faz coro à memória coletiva que, como afirma Monteiro, nasce *"da necessidade de nobilitar o passado da urbe e de lhe arranjar origens dignas e heróicas"*, p. 12.
[38] LOPES, Fernão, **CDP**, capítulo XXVIII. Um neto dessa união tornar-se-ia senhor de Bragança, D. Fernando, filho bastardo do Infante João de Castro.

do, era o filho mais velho do rei D. João I (1385-1430) e foi o primeiro Duque de Bragança (1442). Esse núcleo de povoamento, que no só século XV ganhou *status* de cidade, passou a "existir" no final do século XII, quando Sancho I (1185-1211) deu-lhe o primeiro foral.

Na primeira década deste milênio, o concelho de Bragança tem assistido a iniciativas promovidas pela Câmara[39] no que se refere à publicação de obras que podem iluminar a compreensão do município a respeito de sua própria história. Ressalto **Freguesias do Concelho de Bragança** de José Augusto de Pêra Fernandes (2006), **Os Teixeiras de Bragança** de Filipe Pinheiro de Campos (2006) e Bragança, **Um Olhar Sobre a História** (2004). Nesta última, evidenciam-se:

> *resultados dos trabalhos arqueológicos iniciados há quatro anos no Centro Histórico de Bragança. (...) Os achados (...) do período romano, encontrados na rua Abílio Beça e na Praça Camões, esclareceram, de forma inequívoca, que o local onde hoje é Bragança teve de facto ocupação importante na época romana, dado relevante que alarga o horizonte histórico da cidade do século XII para o século I d.C.*[40].

Entretanto, a iniciativa que é mais cara a esta pesquisa foi a publicação de **800 ANOS de BRAGANÇA no 8º Centenário do 1º Foral – Nos 540 ANOS de CIDADE**, contento, dentre outras contribuições, as três fontes principais deste ensaio: o primeiro foral concedido por Sancho I em 1187; o foral de Afonso III em 1253 e o de Afonso V em 1464. Esses três primeiros diplomas representam cada um em seu tempo preceitos que animam (ou enfraquecem...) os vínculos entre a monarquia portuguesa e a municipalidade, no reino em que uma cidade foi noiva de um novo rei[41].

2.1.1 Os forais de Sancho I e de Afonso III

Este trabalho não tem dentre os seus objetivos esclarecer se o foral de Sancho I criou uma vila de uma extensão "deserta" ou se reconheceu direitos e fixou obrigações para um povoado já existente, o que sabemos é que o reinado do filho de Afonso Henriques se caracterizou por "*tarefas importantes de repovoamento ou de arroteamento de zonas bravias, servidos pelo surto demográfico do período*"[42], o que lhe valeu o epíteto de *Povoador*. Esta é uma pista para entendermos a ação do rei, aliada ao fato de Bragança ser um concelho fronteiriço ao reino de Leão, contra quem o primeiro rei conheceu dissabores[43]. Dentre os reveses, estão a própria captura de Afonso Henri-

---

[39] Disponível em: <http://www.cm-braganca.pt/pagegen.asp?SYS_PAGE_ID=511457>. Acesso em: 20 mar. 2007.
[40] *Idem*.
[41] Caso de D. João I, 1º rei da Dinastia de Avis, e sua "noiva" Lisboa.
[42] MARQUES, A. H. Oliveira, 2001, p. 41.
[43] Apesar dos laços de parentesco que o uniam a esse vizinho. A infanta Urraca, filha de Afonso Henriques, casou-se com o rei de Leão Fernando II em 1160.

ques pelo genro, rei de Leão, e a campanha do já rei Sancho I contra o cunhado, depois que este invadiu a Beira. Assim, não são de menosprezar os componentes que fortaleceriam "*razões defensivas e estratégicas*"[44] para a elaboração do foral de Bragança. Desde o reinado de seu pai, D. Sancho fora associado a uma série de ações e uma das mais emblemáticas do período foi a defesa de Santarém contra a força dos Almoádas, quando da sua entrada no reino em 1184. O novo rei conhecia, portanto, miudamente as conseqüências de embates em regiões de fronteira discutível.

Sancho I viveu a derrocada do reino cristão de Jerusalém pelas mãos de Saladino, mas tinha a sua cruzada doméstica, portanto procurou convencer cavaleiros mais atraídos à cruzada do Oriente a participar da "*sua*". Conheceu vitória e derrota, como a sofrida a partir do "*domínio almoáda em todo o Algarve e na zona que vai do Tejo ao Guadiana*"[45]. Por outro lado, na sua relação, já como rei, com o vizinho reino de Leão, continuaram-se as querelas[46], que incluíram a vila Bragança. Depois da aliança do rei de Leão com Almançor e com o rei de Navarra, Sancho VII, o rei de Portugal aproveita-se "*para invadir a Galiza e se apoderar de Tui e de outras terras da fronteira, o que suscitou forte reação leonesa, traduzida em um ataque ao Castelo de Bragança (1199). A paz só foi alcançada em 1200, devido à mediação do papa Inocêncio III*"[47].

D. Sancho assinou 50 cartas de foral, "*que beneficiaram, de modo especial, as províncias da Estremadura, Beira e Trás-os-Montes*"[48], Bragança recebeu a sua carta no ano seguinte ao início do procedimento de concessão e, embora, José Mattoso e Armindo de Sousa apontem que, antes de 1190, os forais outorgados beneficiassem geralmente núcleos do interior[49] (das Beiras), a nossa vila à nordeste também recebeu o seu. Segundo os historiadores citados, "*a chancelaria tinha abandonado quase por completo a prática de conceder cartas de couto, que subtraíam à administração régia importantes porções dos seus domínios e diminuíam as receitas fiscais, mas prosseguiu a política de concessão de forais com uma persistência e uma coerência que a simples enumeração (...) [evidencia]*"[50]. Da citação transparece a consciência de um plano que, para José Mattoso e Armindo de Sousa, talvez não tenha sido pensado particularmente por Sancho I[51], mas foi assumido por si em um momento em que a monarquia portuguesa já se encontrava preparada para tal

---

[44] MONTEIRO, José Rodrigues. *Op. cit.*, p. 13.
[45] SERRÃO, Joel, 1990, p. 111.
[46] José MATTOSO e Armindo de SOUSA observam que, no início do reinado de Afonso IX de Leão, as relações não eram ruins, mas se deterioraram a tal ponto que Sancho I de Portugal obteve, em 1197, uma bula papal que "*que lhe concedia, no combate contra o rei de Leão, indulgências iguais às da guerra santa*", p. 98.
[47] SERRÃO, Joel, 1990, p. 111-112.
[48] *Idem*, p. 112.
[49] MATTOSO, Sousa. *Op. cit.*, p. 100.
[50] *Idem*, p. 101.
[51] *Idem*.

passo, com funcionários que aparecem designados nas fontes como "mestres"[52]. O foral de Bragança é escrito por um desses, Julião Pais[53].

Se a monarquia portuguesa esteve preparada para tal passo, resta-nos pensar como o foral de Bragança de 1187 evidencia uma relação entre o município criado ou reconhecido e o rei. O foral se divide em três partes bastante reconhecíveis: um preâmbulo de identificação, em que o rei se nomeia e aos seus como firmadores do pacto que o texto fixa; um longo rol de disposições bastante favoráveis aos povoadores e a citação de testemunhas e do notário. A primeira concessão[54] é a que impedia que os bens de moradores, incluindo clérigos, revertessem ao senhor em caso de morte do possuidor, mesmo que esses benefícios tivessem sido obtidos diretamente desse senhor. Se um morador não deixasse descendentes, seus bens poderiam ser reclamados antes por um parente de outra vila ou cidade e, só se ninguém fosse encontrado para reclamar heranças, a metade apenas passaria ao senhor. Há dispositivos de salvaguarda a criminosos[55] que se dispusessem a povoar a cidade, até a homicidas. Caso tivessem assassinado um homem de outro sítio, que *"não pague por causa dele; mas se um de fora matar um homem de vossa vila pague 300 soldos"*[56]. A "tolerância" à presença de indivíduos marcados por condutas heterodoxas em relação à lei é um convite que revela a forte necessidade de a vila ser povoada. Em relação a agressões, o foral estabelece pagamentos igualitários para cavaleiros e "peões" que ferissem um ao outro. Ao eximir os moradores de "portágio", o rei nitidamente ainda beneficia o comércio, o que de forma semelhante ao estabelecido no foral de Leiria, referido acima, intensifica a vida econômica da jovem vila.

Além de afastar seus próprios funcionários, como o saião e o juiz, de atuar em Bragança, o foral estabelece que os "barões" do concelho tinham liberdade para servir ao rei, ao conde ou aos infanções indistintamente, o que não parece singularizar o monarca dentre os senhores que o documento refere. Assim, embora esta disposição não pareça colocar o rei acima dos outros, de modo a que todos os do reino fossem homens dele, seus vassalos[57], o documento prova que o monarca promete a garantia da paz pública, quando postula que *"no rouço, no rapto e no homicídio venha (intervenha) o rei"*[58]. Mas, no caso do "nivelamento" do rei em relação aos outros senhores os quais os barões poderiam escolher servir, devemos nos lembrar somente que é o rei quem concede esta prerrogativa... Para ele, *"de cada casa três denários"*[59] se visitar a

---

[52] *Idem.*
[53] Conferir o foral e MATTOSO, Sousa. *Op. cit.*, p. 101.
[54] *"Concedemos-vos e outorgamos-vos, por este foral, que todo morador (...) não seja maninhádego"*, p. 31. Todas as citações do foral foram retiradas de **800 ANOS de BRAGANÇA no 8º Centenário do 1º Foral - Nos 540 ANOS de CIDADE** (2. ed.).
[55] *"E escravos, homicidas e adúlteros que venham povoar a cidade sejam livres e ingênuos; e ninguém ouse hospedar-se em vossas casas contra a vossa vontade"*. *Idem*, p. 31.
[56] *Idem.*
[57] FOURQUIN, Guy. 1987, p. 100.
[58] **800 ANOS de BRAGANÇA ...**, p. 32.
[59] *Idem.*

vila; pagamento de *"foro relativo a todas quantas propriedades [os moradores] tiverem em todo [o] reino"*[60] e *"fossado (...) uma vez por ano, [ainda que] os que não [quisessem pudessem pagar] quatro ceras"*[61]. Assim, os deveres do concelho para com seu monarca aparecem dispostos em relação à própria manutenção da corte em deslocamento, impostos e serviço militar, o que é concernente a tempos de Reconquista e de crise com reinos vizinhos.

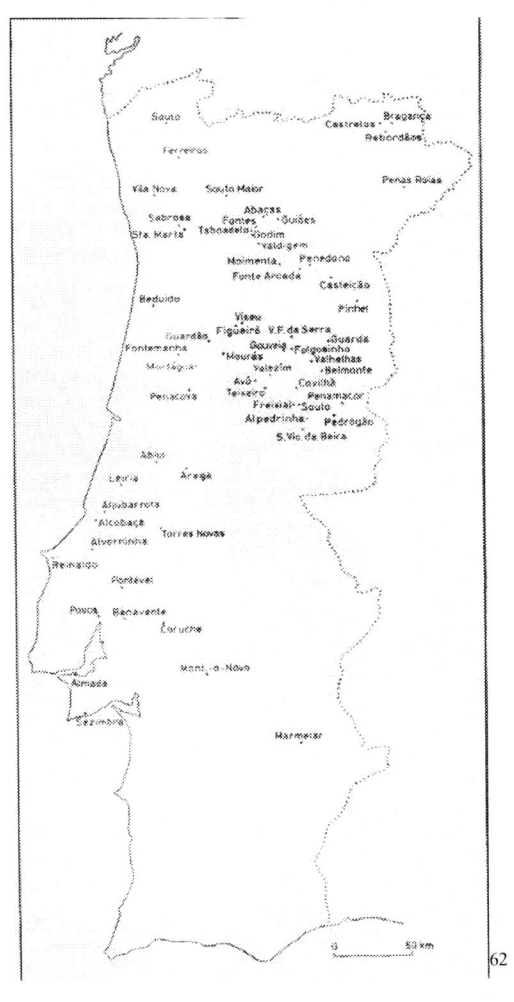

[62]

---

[60] Idem.
[61] Idem.
[62] Mapa das cartas de foral outorgadas no reinado de D. Sancho I (1185-1211), extraído de SERRÃO, 1990, p. 110.

O foral de Bragança é ratificado pelo sucessor de Sancho I, Afonso II (1211-1223) – *"corroboro e confirmo aos povoadores de Bragança a carta que meu pai (...) vos deu"*[63], que embora debilitado por uma doença grave, iniciou, segundo José Mattoso e Armindo de Sousa, *"uma centralização estatal surpreendentemente inovadora, persistente e vigorosa. De tal modo (...), que constitui um dos mais precoces ensaios de supremacia do Estado que se conhecem na Europa feudal"*[64]. Sua confirmação é feita em 1219 em Guimarães[65].

Uma importante medida política de Afonso II foi a realização das primeiras inquirições gerais, em 1220. As investigações não cobriram todo o reino, talvez apenas as regiões em que o desrespeito fosse mais ruidosamente notório. O certo é que, ao confirmar todos os preceitos estabelecidos pelo pai para Bragança, em ano antes das inquirições, o monarca entendia que, ou os moradores da vila eram absolutamente cumpridores dos poucos deveres registrados em um foral tão generoso que não podia passar despercebido a um rei atento a não diminuição dos bens da coroa, ou a vila de fronteira ainda precisava urgentemente atrair povoadores.

Outra é a realidade evidenciada no foral concedido à vila por Afonso III (1248-1279). Antes, porém, é preciso tributar a seu antecessor duas medidas importantes que se relacionam ao tema em exame. Sancho II (1223-1248) continuou a organização social do reino e, embora muitas das cartas de foral em seu reinado tenham sido outorgadas por mestres de ordens militares e outros religiosos[66], o mapa dos diplomas[67] revela um nítido interesse pela região das Beiras e do norte português. Outro aspecto que tem relação com a organização social do reino é a sua atuação na Reconquista, que deu passos importantes para a definição territorial de Portugal[68], assim *"a preocupação de levantar castelos e fundar povoações mostra que a ação régia não foi apenas de conquista, mas também se norteou pelo aproveitamento da terra para a sua conveniente defesa"*[69]. Apesar disso, não há em seu reinado, revisão ou ratificação de concessões feitas a Bragança.

A elevação de Afonso III se dá a partir de uma crise social e política gerada no reinado de seu irmão Sancho II, cujo ápice é vivido entre 1244 e 1245[70], todavia as motivações mais profundas dessa alteração devem ser

---

[63] *Idem.*
[64] MATTOSO, Sousa. *Op. cit.*, p. 108.
[65] O acaso do sítio antecipa uma relação que se tornaria realidade no reinado de Afonso V, quando seu tio, D.Afonso de Barcelos, 1º duque de Bragança mandaria edificar os famosos paços dos duques em Guimarães.
Em 1420, viúvo de D. Beatriz Pereira, D. Afonso casou com D. Constança de Noronha, filha do Conde de Gijon, e foi viver em Guimarães.
[66] SERRÃO, Joel, 1990, p. 127.
[67] *Idem*, p. 126.
[68] *Idem*, p. 127.
[69] *Idem*, p.128.
[70] FERNANDES, Fátima R., 2000, p. 23.

buscadas em um plano maior de agentes, segundo Fátima Regina Fernandes Frighetto:

> Este processo de ascensão de Afonso III ao trono português é originado por uma crise social. Crise interna da nobreza que gera elementos de agitação da ordem pública. Esta agitação, por sua vez, ameaça os interesses tanto da própria nobreza como do clero. E são estas duas ordens do reino, que urdirão junto ao Papa, as tramas da crise política que gerará a deposição de Sancho II. Afonso III, no entanto, ao assumir o trono português, irá se deparar com esta mesma crise social, e para solucioná-la e garantir a estabilidade de sua Coroa, orientará a política de seu reinado para a centralização[71].

Finda a crise interna, Afonso III volta-se à *"consolidação territorial do reino português"*[72], o que incluiu o povoamento de territórios conquistados[73], através da concessão de cartas de foral[74]. A direção do seu primeiro interesse na outorga dos diplomas, entretanto, acha-se localizada ao sul, de tal forma que procura *"atrair a população do norte para estas regiões"*[75].

No que toca à relação do novo monarca com a municipalidade, seu reinado evidencia iniciativas destacadas de aproximação com os concelhos, *"assim, aos representantes da ordem do clero e da nobreza; juntar-se-ão, pela primeira vez na história do reino português, os representantes do povo, que participarão das Cortes de Leiria de 1254"*[76]. A concessão do segundo foral de Bragança acontece um ano antes dessa assembléia emblemática para a aliança entre a monarquia portuguesa e os concelhos.

Se a direção do interesse do rei não estava principalmente localizada no norte, a política de aproximação com os municípios não explica sozinha a concessão do foral à nossa vila. Ela tem relação com a crise agrícola vivida por Portugal justamente no mesmo período em que o diploma foi elaborado. Os forais concedidos até 1258 têm em comum a conversão em moeda dos pagamentos em gênero e a organização da cobrança[77] e estas são justamente

---

[71] *Idem*, p. 29.
[72] *Idem*.
[73] Fátima Regina FERNANDES afirma que *"apesar das conquistas feitas por seus sucessores, de terras do Algarve, no sul do reino, a posse das mesmas era ainda fruto de disputa com Castela. (...) A solução (...) se fará num processo que envolve a celebração de dois tratados. O primeiro foi celebrado em 1253, e nele se estabelece o casamento de Afonso III de Portugal com a filha bastarda de Afonso X, rei de Castela. O segundo, em 1267, quando se consagra a transferência do usufruto do Algarve, de Afonso X de Castela, para seu neto D. Dinis, filho de Afonso III e de D. Beatriz"*, p. 30. Os tratados provam a argúcia de Afonso III na dissolução de conflitos com o poderoso vizinho castelhano, o que, por sua vez, tranqüiliza outras regiões de fronteira, como Bragança.
[74] *Idem*, p. 31.
[75] *Idem*.
[76] *Idem*.
[77] MATTOSO, Sousa. *Op. cit.*, p. 139.

as matérias de que trata o texto de 1253. Há, porém, uma sutileza que não pode passar despercebida. No preâmbulo em que com a rainha D. Beatriz firma o pacto, concede e decreta *"para sempre a todos os moradores das povoações e termos de Bragança, da **minha** Vila de Bragança"*[78]. Diferentemente de Sancho I, seu avô, que diluíra a vassalidade dos barões, o monarca Afonso III manifesta-se como único senhor da vila.

O rei organiza o pagamento de dois mil morabitinos e estabelece que eles deveriam ser feitos ao seu rico homem, mas, com certeza para coibir os abusos que seriam a verdade corrente, estabelece que este não poderia aceitar alimentos, nem causar *"prejuízos nem fazer malefícios, nem pedidos nem permanecer nessas próprias povoações a não ser casualmente quando passar pelo conselho"*[79].

O foral de Afonso III ainda registra uma diferença no que toca a quem eram dirigidas as disposições: se no primeiro, de 1187, o documento visava aos *"povoadores da cidade de Bragança"*[80]; em 1253, o rei ordena e decreta *"com os juízes e o concelho de Bragança e com os moradores dos seus termos (...) Aí pelas testemunhas saibam que esta carta de foral foi feita para eles"*[81]. O foral pode ter sido, portanto, solicitado pelo município, cujas instâncias aparecem nomeadas de tal forma a sugerir uma organização mais efetiva. Esta parece ser, de fato, conseqüência de uma expansão, mesmo que em meio à crise agrícola já apontada, não seria a primeira vez que a recessão teria de conviver com esforços de desenvolvimento[82]. Oliveira Marques, em comentário sobre a população portuguesa do séc. XIII, afirma que ela não deveria exceder o milhão de habitantes, que a sua distribuição era irregular, mas que Bragança, possivelmente, integraria um elenco de cidades, ao lado de Braga, Porto, Guimarães e Coimbra, que se constituiriam como destaques em um reino desprovido de grandes cidades[83].

Assim, em um período de pouco mais de 60 anos, os forais concedem a princípio privilégios atraentes o suficiente para mover povoadores, incluindo criminosos; garantem "liberdade" aos barões para servirem a quem lhes apetecia; mas, depois, mesmo quando o olhar dos monarcas parece voltado a disputas pelo Algarve, o senhorio do conselho se firma, bem como a própria monarquia portuguesa e o rei se escreve como garantia da paz e da justiça dos **seus** municípios, ao estabelecer valores e tentar refrear abusos dos próprios funcionários.

---

[78] **800 ANOS de BRAGANÇA** ..., p. 45 (grifo meu). A transcrição do documento feita por Francisco Manuel ALVES, p. 43, manifesta hesitação no trecho em que o pronome aparece.
[79] *Idem*, p. 45.
[80] *Idem*, p. 32.
[81] *Idem*, p. 45.
[82] *Idem*, p. 13-14.
[83] MARQUES, A. H. de Oliveira, 2001, p. 84. Bragança, no séc. XIII, tinha até assistido a realização de feiras (SERRÃO, 1990, p. 205).

2.1.2 O foral de Afonso V

Quase três séculos separam os forais de Sancho I e o de Afonso V (1448-1481). Uma tal distância exigiria páginas de mediação que não podem ser contempladas neste ensaio. Circunscrevendo ao máximo os elementos que interessam a esta proposta e assumindo o risco a que esta limitação abre espaço, percebemos que, no séc. XIV, assiste-se a uma crescente rivalidade entre forças nos concelhos que disputavam poder e representação. Enquanto se desavêm, esgarçam uma brecha para que a intervenção do monarca se revele mais, ainda que não menos combatida. As cortes de Santarém de 1331 evidenciam as primeiras queixas conhecidas dessa situação[84]. Não se mostra rara, a partir daí, a cobrança dos representantes ouvidos nas assembléias pelas disposições fixadas nos forais, que vinham sendo cotidianamente desrespeitadas:

> *O conjunto de petições apresentadas pelos concelhos à coroa é suficientemente revelador para mostrar até que ponto a autonomia municipal vinha sendo posta em causa. Paulatinamente o poder central aumentava a sua interferência na vida local, pelo que o teor das queixas formuladas nas referidas cortes reflecte o cerceamento das atribuições consignadas nos forais, que iam tendo cada vez menor expressão*[85].

As queixas resultaram na iniciativa de elaborar regimentos que, embora tivessem como objetivo refrear abusos, representavam mais intervenção da coroa. A atuação dos corregedores, a quem cabia examinar processos provenientes do alcaide, juiz e fidalgos, também foi criticada em cortes e, depois da peste negra de 1348, o rei Afonso IV (1325-1357) acionou outros dispositivos de interposição. Um dos mais combatidos foi a presença dos juízes de fora dos concelhos[86], ao que o monarca interpelou com a razão de que, dada a quantidade de testamentos posteriores à peste, era preciso evitar que arbitrassem questões indivíduos comprometidos com parentes e amigos na própria vila ou cidade[87] em que habitavam. A oposição à interferência da coroa continuou no reinado de Pedro I, o Cru, e aumentou no de D. Fernando[88] (1367-1383), tanto que, nas cortes de Lisboa de 1371, os

---

[84] BAQUERO MORENO, Humberto. *Op. cit.*, p. 33-35.
[85] *Idem*, p. 35.
[86] *Idem*, p. 37.
[87] *Idem*. Esta questão incluía o clero, como esclarece Baquero Moreno em "*Um testamento concebido durante a peste*" e exigiu do monarca energia redobrada para coibir abusos. Os juízes de fora deveriam assim "*regular e fazer cumprir as normas relativas aos testamentos*" (p. 134), mas "*não obstante as preocupações manifestadas pelas autoridades em impedir o acesso do sector religioso ao controlo dos testamentos, nada podia obstar a que a Igreja fosse a grande beneficiária*" (p. 132).
[88] Na primeira fase da Guerra contra Castela, D. Fernando reclama dos moradores de Bragança uma entrega tão apressada e sem luta para D. Henrique Trastâmara, ao que eles respondem

representantes das autarquias chamaram os corregedores de "estragadores"[89].

Nas conhecidas cortes de Coimbra de 1385, que elegeram o Mestre de Avis rei de Portugal, os procuradores concelhios manifestaram todo o seu descontentamento vivido no reinado anterior, condenando *"abertamente a ofensa que o falecido rei (...) fizera aos seus 'bõs usos, foros e costumes'"*[90]. Não foram poucas as ações para refrear os ânimos exaltados dos povos obradas por D. João I, como a *Ordenação dos Pelouros* (1391), mas nem ela escapou das críticas[91]. É importante lembrar, entretanto, que, muitas dessas reclamações nasceram não só pela inserção na vida municipal de elementos de fora, mas pela proteção dispensada por monarcas a grupos dentro dos concelhos, contra quem os preteridos obviamente abririam cisões, ou ainda pela intromissão de fidalgos e corregedores nas vereações, mesmo que, neste caso, D. João I, o Regente Pedro (1439-1448) e Afonso V tivessem condenado as interferências.

Nas cortes de Santarém de 1451, os procurados dos concelhos cobraram de Afonso V o cumprimento de um dispositivo há muito concedido às municipalidades, ou seja, *"a possibilidade de designarem, para o exercício de ofícios, os tabeliães, procuradores do número, escrivaninhas dos órfãos, da câmara e almotaçaria"*[92]. O monarca, entretanto, havia dado alguns desses ofícios a outrem sem realizar as eleições costumeiras; ao rei somente caberia a confirmação dos *"cargos que eram do seu foro"*[93]. É neste momento que os povos perdem terreno para a nobreza e o clero[94].

Com Afonso V, a base municipal vive um momento delicado, pois no reinado do herdeiro de D. Duarte, os mais poderosos descontentes ganharam voz, o que excluiu obviamente a concelhia, mas catapultou a nobreza[95]. O rei, criado pelo tio, D. Pedro, Duque de Coimbra, que não viu crescer a influência do futuro Duque de Bragança junto ao sobrinho..., atendeu a todos os insatisfeitos com a política centralizadora do Regente. Que não se pense por isso que a posição centralizadora D. Pedro se opusesse à feição senhorialista do rei Afonso V, na verdade este traço correspondeu a ambos e, por isso, talvez, os povos tenham virado às costas, indiferentes, ao choque entre ambos que fez perder o infante, em Alfarrobeira (1449). O Duque de Coimbra, ao fim, reduzido ao apoio do seu ducado tão

---

que assim o fizeram por não terem tido quem os defendesse (LOPES, Fernão, **CDF**, capítulo XXXVI). Mais queixumes do monarca incluem Bragança quando se abre o prólogo da segunda fase da Guerra contra Castela (**CDF**, cap. LXIX).

[89] BAQUERO MORENO, Humberto, 1986, p. 38.
[90] *Idem*, p. 39.
[91] *Idem*, p. 40.
[92] *Idem*, p.43.
[93] *Idem*.
[94] MATTOSO, Sousa. *Op. cit.*, p. 505.
[95] GUIMARÃES, Marcella Lopes, 2004, p. 23.

somente, não soube alimentar o apoio das bases municipais[96] que o tinham recebido jubilosamente[97] no início da regência. Antes, em 1438 e em 1439, Bragança recebe privilégios do infante Pedro[98] e, para compensar um declínio populacional que afetava a vila, ela é transformada em couto para cinqüenta homiziados[99]. A sua transformação é o assentimento a um pedido dos procuradores da vila nas cortes de Lisboa de 39, pois *"onde anteriormente residiam entre cento e cinqüenta a duzentos vizinhos, não viviam em 1439 mais de vinte e cinco moradores"*[100]. Depois da morte do Duque de Coimbra, o rei Afonso V, em 1454, autoriza a elevação do número de homiziados para duzentos, cem na vila, e cem no seu termo[101], dando como justificativa o fato de o concelho ser fronteiriço a Castela, o que demandaria mais expedientes de defesa.

---

[96] *Idem*, p. 55.
[97] MATTOSO, Sousa. *Op. cit.*, p. 503.
[98] Conferir quadro da p. 49 de BAQUERO MORENO, Humberto, 1986.
[99] Segundo o **Dicionário de História de Portugal** (SERRÃO), o termo provém de *cautum*, guardado ou garantido, *"corresponde ao **bann** do direito germânico ou feudal (...) traduz já, no séc. IX, um lugar imune e defeso, embora pudesse ser empregado em muitas outras acepções"*, p. 224. A legislação do séc. XV reduziu-os aos coutos de homiziados que *"foram estabelecidos na zona fronteiriça para incrementar o povoamento de localidades mais facilmente sujeitas às devastações da guerra e que importava possuírem braços para defesa"*, p. 225.
[100] BAQUERO MORENO, Humberto, 1986, p. 118.
[101] *Idem*, p. 120.

COUTOS
DE HOMIZIADOS
INSTITUÍDOS
POR D. AFONSO V

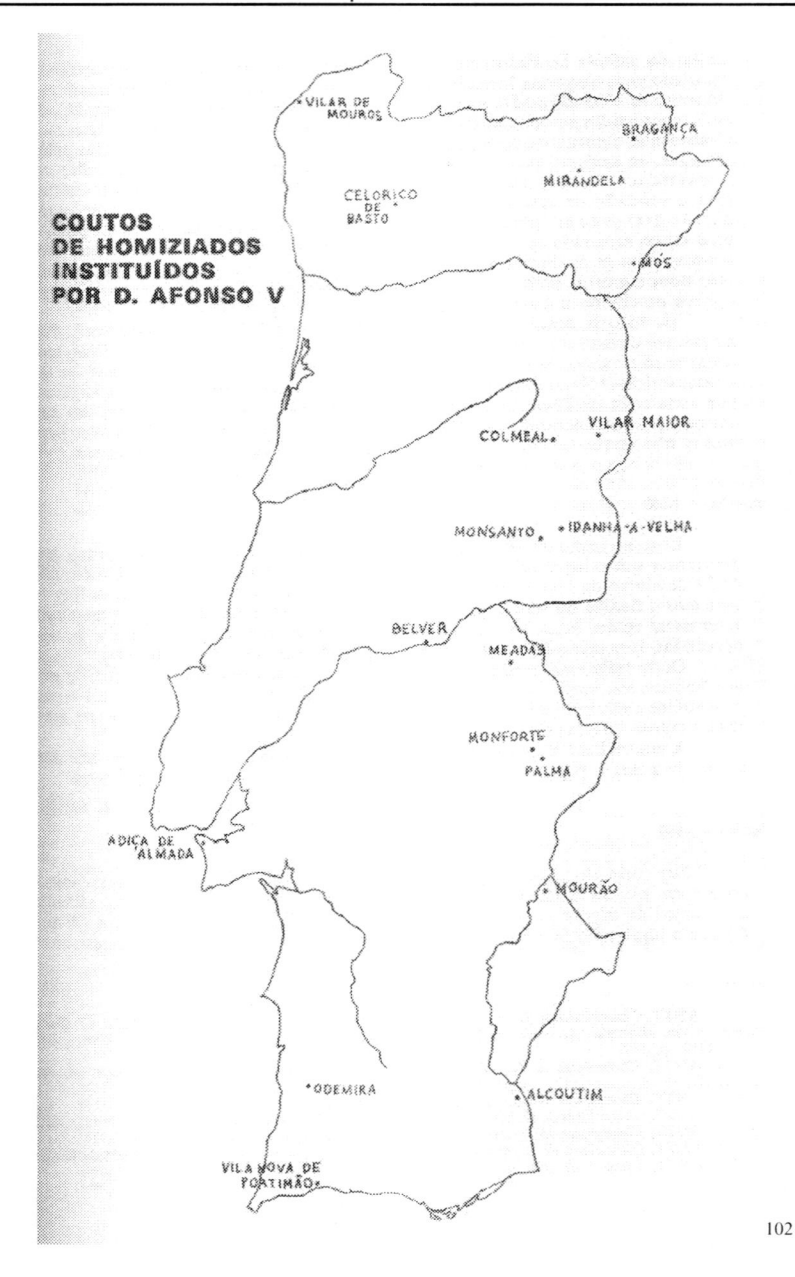

[102] Mapa extraído de BAQUERO MORENO, Humberto, 1986, p. 119.

A segunda mudança substantiva operada pelo monarca Afonso V na vida de Bragança é a sua transformação em cidade, no diploma de 1464, já no alvorecer da Idade Moderna. Esta mudança precisa ser entendida como relacionada à outra, acontecida no período da regência, quando a vila passou a engrossar o caudal de senhorios do poderoso Afonso de Barcelos, a quem o Duque de Coimbra, seu irmão, transformara em Duque de Bragança. É o herdeiro deste, D. Fernando, quem solicita a transformação para cidade, pois, como José Mattoso opinou, era mais *"prestigiante ser duque de uma cidade do que de uma vila"*[103]. Entre 1462 e 63, Afonso V fez Conde de Guimarães a D. Fernando II, neto de Afonso de Barcelos. Em 1470, elevou-o a Duque de Guimarães e, desde então, esses ducados estiveram muitas vezes associados, quando não vagaram para a coroa.

Assim, no reinado de Afonso V, vemos o concelho ser elevado a uma condição que Lisboa, Porto, Guimarães, Coimbra e poucas possuíam, mas, ao mesmo tempo, ser "seqüestrado" para o senhorio de uma das Casas mais poderosas do reino. Uma das reclamações da cidade de Braga nas cortes de Santarém de 1451 evidencia o que isso significou na prática. Reclamavam os procuradores da dita cidade que o corregedor de Entre-Douro-e-Minho permanecia mais do deveria na localidade, por *"não poder entrar nas terras do duque de Bragança, sobre as quais o fidalgo possuía jurisdição"*[104]. Ora, o corregedor, em princípio, era o vigia do monarca nos pleitos que envolviam os poderosos de uma localidade, assim, a se crer nos bracarenses, Bragança estava excluída do alcance do olhar régio.

A carta não deixa dúvida, onde outrora pudemos ler no possessivo usado por Afonso III um senhorio régio (que poderia ou não beneficiar um vassalo), agora a vila é de outro, do segundo Duque de Bragança, D. Fernando, que por *"grandes merecimentos (...) e querendo-lhe galardoar como a nos cabe e por no-lo elle requerer a nos praz daqui por diante a sua villa de Bragança se chamar cidade"*[105]. Assim, a mudança de *status* é um prêmio para o filho de Afonso de Barcelos. O rei alude a uma outra explicação para a concessão, *"ouvemos certa informaçom que antigamente ella era cidade"*[106], afirma que por causa de sua despovoação, tornou-se vila, mas que é tempo de reverter o quadro pois *"a nos apraz de a tornar ao primeiro estado"*[107]. Os "cidadãos"[108] são finalmente também lembrados, a fim de que com a mudança possam gozar de *"previlegios, liberdades que tem as outras cidades"*[109] de Portugal. O diploma foi feito em Ceuta, onde o *Africano* exercitava o reino já na expansão portuguesa.

---

[103] MATTOSO, José. Apud **800 ANOS de BRAGANÇA** ..., p. 17, *"embora Bragança não reunisse a condição essencial de ser sede de bispado"*.
[104] BAQUERO MORENO, Humberto, 1986, p. 83.
[105] **800 ANOS de BRAGANÇA** ..., p. 53 (grifos meus).
[106] *Idem*.
[107] *Idem*.
[108] *Idem*.
[109] *Idem*.

3 CONCLUSÃO

A história do concelho de Bragança contada por seus forais de 1187, 1253 e 1464, evidencia diferentes relações entre a municipalidade e a monarquia. O primeiro foral outorgado pela pena larga do filho de Afonso Henriques, que assinou 50 diplomas desta natureza, fixa o nascimento ou o reconhecimento a um pequeno núcleo, quando a monarquia portuguesa buscava se fortalecer interna e externamente. Assim, no rol das medidas régias que visavam a este intento está o convite a povoadores para regiões de fronteira, mediante a concessão de privilégios e regulação de obrigações. No foral de Afonso III, monarca que se destacou pelas iniciativas de aproximação com os concelhos, desaparece a "liberdade" aos barões que no primeiro tinham podido escolher a quem servir. A maior participação na vida do reino a partir das cortes, move os municípios a se organizarem e a monarquia a criar dispositivos para acompanhar a vida da sua base, o que, por sua vez, também desperta oposições. Entre os séculos XIV e XV, porém, os concelhos se vêem "*despidos de sua autonomia antiga*"[110] e o foral derradeiro de Afonso V, que poderia ser interpretado como um feliz galardão a um município de quase três séculos de existência ou como resultado de alguma luta pela melhoria de suas condições de vida, no melhor estilo Alexandre Herculano, vaticina sim a dependência do núcleo à prestigiada Casa de Afonso de Barcelos. Com o beneplácito do monarca, a jovem cidade escapa à sua fiscalização, pois o foral garante mais os direitos de um fidalgo e sujeita a "liberdade" do concelho a uma das grandes forças da reação senhorial que se operou no reino português.

4 REFERÊNCIAS

Fontes:

LOPES, Fernão. **Crónica de D. Fernando**. Porto: Livraria Civilização, s/d.

_____. **Crónica de D. Pedro**. Porto: Livraria Civilização, s/d.

MONTEIRO, José Rodrigues. **800 ANOS de BRAGANÇA no 8º Centenário do 1º Foral – nos 540 ANOS de CIDADE**. 2. ed. Bragança: Câmara Municipal de Bragança, 2004.

Estudos:

BAQUERO MORENO, Humberto. **Os municípios portugueses nos séculos XIII a XVI – estudos de História**. Lisboa: Presença, 1986.

_____. Um testamento concebido durante a peste negra. *In*: Bracara Augusta – **Revista cultural de regionalismo e história da Câmara Municipal de Braga**, v. XXXII, jan./dez. 1978.

CARVALHO, Margarida Maria de; LOPES, Maria Aparecida de S.; FRANÇA, Susani Silveira Lemos (Orgs.). **As cidades no tempo**. Franca: UNESP. São Paulo: Olho d'água, 2005.

GIL, Júlio; CABRITA, Augusto. **Os mais belos castelos e fortalezas de Portugal**. Lisboa: Verbo, 1996.

---

[110] MATTOSO, Sousa. *Op. cit.*, p. 531.

GUIMARÃES, Marcella L. **Estudo das representações de monarca nas crônicas de Fernão Lopes (séculos XIV e XV). O espelho do rei: "– Decifra-me e te devoro"**. Tese de doutoramento em História defendida no dia 22 de abril de 2004 nas dependências da UFPR, Curitiba (PR). 274 p.

FERNANDES, Fátima Regina. **Comentários à legislação medieval portuguesa de Afonso III**. Curitiba: Juruá, 2000.

FOURQUIN, Guy. **Senhorio e feudalidade na Idade Média**. Lisboa: Edições 70, 1987.

LE GOFF, Jacques. **A civilização do Ocidente Medieval**. Lisboa: Estampa, 1995. v. II.

MARQUES, A. H. Oliveira. **Breve História de Portugal**. Lisboa: Presença, 2001.

_____. **Novos ensaios de História Medieval**. Lisboa: Presença, 1988.

MATTOSO, José; SOUSA, Armindo de. **História de Portugal**. Lisboa: Estampa, s/d., v. II.

MATTOSO, José. **Fragmentos de uma composição medieval**. Lisboa: Estampa, 1993.

SARAIVA, António J.; LOPES, Oscar. **História da Literatura Portuguesa**. 16. ed. Porto: Porto, s/d.

SERRÃO, Joel (Dir.). **Dicionário de História de Portugal**. Porto: Figueirinhas, s/d.

_____. **História de Portugal [1080-1415]**. Lisboa: Verbo, 1990. v. I.

TEIXEIRA, António José. **O Castelo de Bragança – notas histórico-descritivas**. Bragança, 1933.

Internet:
<http://www.cm-braganca.pt/pagegen.asp?SYS_PAGE_ID=511457>. Acesso em: 20 mar. 2007.

PODER E ESPETÁCULO NO INÍCIO DO PRINCIPADO ROMANO

Renata Senna Garraffoni[1]

Sumário: *1. Introdução. 2. Povo e Imperador: o anfiteatro como **locus** de poder. 3. Suetônio e os gladiadores romanos. 4. Considerações finais. 5. Referências.*

1 INTRODUÇÃO

Desde o século XIX, quando a História passa a ser entendida como disciplina científica, as arenas romanas chamaram a atenção dos estudiosos. Seja pela observação e escavação de anfiteatros monumentais como o *Amphiteatrum Flauium*, o Coliseu, ou pela quantidade de dados levantados em textos de membros da elite sobre os espetáculos de gladiadores, os classicistas daquele período não esconderam seu fascínio sobre este fenômeno particular do mundo romano.

Em um momento no qual a ciência histórica era definida e os limites da disciplina traçados, a erudição, a crítica documental rigorosa, o profundo conhecimento filológico atrelados à noção na qual o poder era objeto nobre e digno de estudo, as instituições latinas rapidamente tornaram-se o foco de análise dos classicistas. Foi neste contexto no qual as primeiras interpretações sobre os espetáculos de gladiadores foram delineadas e renomados estudiosos como Mommsen e Friedländer desenvolveram argumentos que atrelaram a arena e seus espetáculos à política e, conseqüentemente, ao exercício de poder do Imperador sobre o povo[2]. Esta perspectiva acabou cunhando um conceito largamente difundido nos meios acadêmicos e fora dele, a idéia de que o povo romano vivia de pão e circo.

O centro desta perspectiva é uma máxima de Juvenal que, retirada de um contexto satírico, tornou-se, nos discursos de Friedländer, um testemunho da perspicácia política dos Césares romanos para evitar a revolta dos menos favorecidos. Esta idéia atravessou o século XX e, mesmo sendo criticada por muitos estudiosos, ainda é perceptível em algumas publicações das décadas de 1980 e 1990 (GRIMAL, 1981; MANCIOLI, 1987; ROBERT, 1995; POTTER & MANTTINGLY, 1999).

---

[1] Doutora em História pelo IFCH/Unicamp, professora de História Antiga do Departamento de História da UFPR (Universidade Federal do Paraná), pesquisadora associada ao NEE/Unicamp, CPA/Unicamp. Departamento de História/UFPR.
[2] Cf. Mommsen (1983) e Friedländer (1947).

Os debates em torno da questão da apatia ou não da população diante desta estratégia de dominação e o exercício de poder dos romanos sobre as populações indígenas acabaram se constituindo, portanto, como um dos principais campos de interpretação dos espetáculos de gladiadores, transformando as arenas romanas em um espaço que refletia as hierarquias sociais constituídas no início do Principado. Embora haja particularidades nestes estudos ressalto, também, a existência de algumas características em comum nos modelos desenvolvidos, pois muitos estudiosos recorrem aos escritos de Suetônio sobre o imperador Augusto para alicerçar parte de seus argumentos.

É neste contexto que reside a presente reflexão. A proposta que gostaria de apresentar é uma retomada do texto de Suetônio em uma perspectiva de diálogo com estas interpretações, buscando analisá-lo de forma alternativa e interpretá-lo de maneira menos normativa. Para que esta reflexão seja possível, iniciarei meus argumentos retomando alguns estudos sobre o papel da arena no exercício de poder sobre a população em uma perspectiva que visa ressaltar a leitura que é feita dos textos de Suetônio, para em seguida, a partir de uma análise da fonte, em especial das *uitae* de Augusto e Calígula, repensar a idéia na qual a função última da arena era a imposição de poder e, conseqüentemente, de um *ethos* romano.

2   POVO E IMPERADOR: O ANFITEATRO COMO *LOCUS* DE PODER

Se durante décadas predominou nos meios acadêmicos a idéia na qual os espetáculos de gladiadores tinham a função de divertir a população desocupada, após a II Guerra Mundial este quadro sofre algumas alterações. É neste momento que a questão da violência implícita a estes espetáculos, pouco discutida até então, passa a figurar entre as preocupações dos intelectuais (GRANT 1960, 1967; AUGUET, 1985). Este novo ponto de inflexão somado a idéia anterior difundiu uma visão negativa dos anfiteatros romanos e de seus espetáculos, criando a imagem na qual as arquibancadas romanas eram freqüentadas por uma população pobre, desocupada, fascinada por espetáculos cruéis e sangrentos.

Este tipo de percepção seria criticado somente a partir dos anos de 1970. Veyne, por exemplo, ao publicar **O Pão e o Circo**, uma obra de grande fôlego, discute estas perspectivas e analisa os espetáculos a partir de uma nova ótica: ao invés de considerar a plebe romana uma massa apolítica e violenta, Veyne argumenta que o anfiteatro era um lugar onde povo e Imperador se defrontavam e lutavam por seus interesses (VEYNE, 1990).

Seu modelo interpretativo, baseado em uma perspectiva sociológica, permitiu ao estudioso explicar a função da arena: o contato com a ideologia dominante e os jogos de poder implícitos. Neste sentido, embora Veyne tenha descrito o ambiente do anfiteatro como binário (povo em confronto com Imperador), o fato do estudioso destacar os interesses da elite e da plebe fez com que muitos classicistas adotassem esta perspectiva de análise, que Weeber chamou de "reverso da medalha" (WEEBER, 1994: 3).

A possibilidade da confrontação entre povo e imperador já estava presente nos trabalhos de Friedländer no século XIX, mas a partir do método de Veyne e do conceito de evergetismo, cunhado por ele, há um deslocamento da perspectiva de análise e o que antes era visto como uma troca de favores, ou seja, diversão para que não houvesse manifestações contrárias ao estabelecido, passa a ser o centro de confrontos políticos e da construção da identidade romana. Esta percepção marcou os estudos das décadas seguintes e os trabalho de Grunderson (1996) e Futrel (1997) são bons exemplos desta nova perspectiva política em que os combates de gladiadores foram inseridos.

Logo nos primeiros parágrafos de seu trabalho Grunderson afirma que sua postura teórica inclui a idéia de tecnologias de poder, usada no sentido foucaultiano, aliada ao conceito de reprodução social de Althusser e a dimensão teatral da civilização romana defendida por Dupont. Neste contexto, utilizando-se principalmente de um arcabouço teórico empregado para o entendimento e crítica da sociedade capitalista, Gunderson define o conceito "Aparato Ideológico do Estado" como os meios em que a ideologia romana alcançava a toda a população. Neste sentido, interpreta a arena como um instrumento de reprodução e perpetuação dos ideais desta sociedade, isto é, como uma instituição de Romanização. Em seu argumento, os espetáculos que nelas eram organizados tornavam evidente a ordem social estabelecida, ou em suas palavras, demonstravam o que era "... *uma vida romana normal e saudável*..." (GUNDERSON, 1996: 120).

Para além de tornar visível as hierarquias sociais e de moldar o caráter do Imperador como virtuoso, em oposição ao gladiador bárbaro que merecia a morte, o anfiteatro teria também uma outra função, a de sustentar estruturas de poder, por serem erguidas na grande maioria das províncias romanas. Neste sentido, a maneira como as arquibancadas eram construídas, com locais demarcados de acordo com a condição social, evidenciaria, segundo Gunderson, a estratificação social deixando transparente a posição de cada um na sociedade. Assim, o teatro político que ali se estabelecia ainda contava com alguns ingredientes fundamentais como o crime e sua punição, a relação entre civilização e Império em oposição à barbárie, domínio da Natureza, a repressão à mulher, já que esta ocupava os lugares mais altos dos anfiteatros e, conseqüentemente, com menor visibilidade, além, é claro, da exibição e exaltação dos ideais de masculinidade no centro da arena, ou seja, força física, coragem e desprezo pela morte.

De maneira semelhante, Futrel também desenvolve seus argumentos baseando-se na hierarquia das arenas. Embora não utilize o conceito de "Aparelho Ideológico do Estado" definido por Gunderson, em sua percepção o anfiteatro era mais do que uma simples estrutura arquitetônica ou lugar de diversão e prática esportiva, pois estava inserido na dinâmica política e social romana expressando, assim, um *locus* de comemoração do passado e criando um ideal de grupo no futuro. Argumentando a partir de um ponto de vista arqueológico e considerando a estrutura dos anfiteatros, Futrel também sugere que estes edifícios públicos romanos ajudavam a identificar e celebrar uma autoridade central, isto é, o *Princeps*, e legitimar seu *status*.

Embora os argumentos de Futrel sejam um pouco mais flexíveis, pois seu texto gira em torno da construção desta nova ordem e do papel desempenhado pelo anfiteatro, tanto a classicista como Gunderson apresentam-nos uma identidade romana única, baseada no conceito de *uirtus*, isto é, masculina, militar, ativa e conquistadora como oposição ao derrotado: bárbaro, descontrolado e, conseqüentemente, inferior que deve ser dominado. Neste sentido, à identidade romana, proposta por ambos, está implícito o conceito de Romanização evocado para justificar o papel civilizador desempenhado pelos anfiteatros durante o Principado. Em outras palavras, por meio da violência e extermínio físico impõe-se um ideal romano Universal que deve ser compreendido e respeitado em todos os recantos do Império.

Futrel e Gunderson, cada um a seu modo, identificam os anfiteatros como estruturas rígidas enfatizando, basicamente, dois de seus aspectos: o externo e o interno. Externamente, os anfiteatros romanos seriam monumentos arquitetônicos que simbolizariam civilização e o domínio romano sob a cidade em que eram erguidos. Internamente, as arquibancadas refletiriam a hierarquia social e o poder romano que, na prática, punia criminosos ou esmagava os bárbaros, representados ali pelas vestimentas usadas pelos gladiadores. Assim, se por fora os anfiteatros concretizavam a monumentalidade do Império, por dentro deixariam claro as hierarquias e submeteriam os *infames* a suas regras.

Este tipo de interpretação é constituído a partir de uma relação específica entre a estrutura arquitetônica dos anfiteatros e as leis que Augusto promulga sobre a ocupação dos lugares nas arquibancadas e o uso obrigatório das togas, registrados por Suetônio. Tanto Futrel como Gunderson tomam o relato de Suetônio de maneira natural, sem se atentar para os interesses de seus discursos e transportam-no para as arquibancadas. Textos e anfiteatros são colocados lado a lado, como se a função única de um documento fosse a de completar o outro.

Se por um lado estudos arqueológicos dos anfiteatros têm demonstrado que nem sempre esta relação era possível (EDMONDSON, 1996; ORLANDI 2001), por outro, uma leitura do texto de Suetônio, considerando seus interesses e as particularidades de seu discurso narrativo, pode proporcionar uma perspectiva distinta para entender a relação entre espetáculos e política.

3 SUETÔNIO E OS GLADIADORES ROMANOS

Suetônio escreveu diversas obras em latim e em grego, mas só **A vida dos Césares** nos chegou inteira[3]. Este trabalho é, na verdade, uma narrativa

---

[3] Os dados acerca da obra de Suetônio foram retirados de: Suetônio, (1979) e Suetonius, (**Coleção Loeb**, 1989). Ressalta-se que os trechos citados em latim foram extraídos desta edição da Loeb, embora as traduções sejam de nossa autoria.

da vida de doze imperadores, de Júlio César a Domiciano, e deve ter sido escrita em meados do século II d.C. De maneira geral, Suetônio apresenta a vida de cada Imperador seguindo uma estrutura: sempre evidência as virtudes e os vícios de cada um.

Suetônio também apresenta as características físicas dos Imperadores, menciona a origem de cada família e os parentescos, descreve as pessoas próximas que influenciaram direta ou indiretamente cada um, fornece detalhes de seu cotidiano, intimidade e enfatiza diversos aspectos da vida pública de cada César, isto é, os diversos espetáculos que propiciaram, os títulos e homenagens que receberam, a distribuição de alimentos, dinheiro e recompensas, as conquistas e guerras que venceram.

Dentre os espetáculos proporcionados, no que concerne aos combates de gladiadores, é possível afirmar que a maneira como Suetônio os descreve varia de acordo com o contexto, isto é, conforme desenvolve a vida de cada Imperador. Presente na *uita* de quase todos os Césares[4], os *munera* são apresentados de maneira diferenciada: nas *uitae* de Júlio César, Augusto e Tibério estão sempre relacionados a grandes feitos, ou seja, são realizados em louvor a conquistas militares ou a diferentes deuses, em memória de cidadãos ilustres ou por ocasião de fundação de alguma cidade. Já nas *uitae* de Calígula, Cláudio e Nero a maneira como Suetônio apresenta os combates se modifica. Poucos estão relacionados com suas virtudes, a grande maioria dos combates aparece quando são descritos os vícios destes Imperadores. Nestas situações, Suetônio enfatiza a arena, o sangue, a violência, o grotesco e o insano dependendo da vida narrada.

Aproximar os termos vinculados aos combates com vícios dos Imperadores pode ser considerado uma estratégia narrativa usada por Suetônio para enfatizar sua postura diante de cada um. Este tipo de relação não aparece somente nesta obra. Habinek (1998) afirma que Cícero utilizava uma série de termos, repetidos em diferentes momentos, nos quais incluía *seruus, latro* e *gladiator* para rebaixar inimigos políticos como Verres e Catilina[5]. Se entendermos a obra de Suetônio como um discurso sobre os Imperadores e não como um espelho da realidade, é possível perceber, nos jogos de palavras, as imagens que produz sobre os Césares e o papel que os espetáculos desempenham neste processo. Tomemos com exemplo as *uitae* de Augusto e Calígula.

Em Augusto, os espetáculos são descritos como comemorações a seus grandes feitos que incluem conquistas de territórios, fundação de cidades e restituição de antigas cerimônias religiosas[6]. Paralelamente à descrição dos espetáculos oferecidos, Suetônio apresenta a figura do Imperador como um

---

[4] Excluem-se aqui somente as *uitae* de Galba e Otão que são descritas de maneira breve e não menciona nenhum tipo de espetáculo.

[5] HABINEK, T. N. Cícero and the Bandits. *In*: **Writing, Identity, and Empire in Ancient Rome**. Nova Jersey: Princeton University Press, 1998. p. 69-87.

[6] Cf. caps. XVIII, XXIII, XXXI da vida de Augusto, por exemplo.

homem de atitudes firmes e, ao mesmo tempo, generoso, pois nunca foi mesquinho em matéria de recompensas militares e fez freqüentes donativos ao povo romano.

Esta generosidade, caracterizada como uma virtude no decorrer de sua biografia é reforçada pelos inúmeros combates de gladiadores oferecidos com segurança aos romanos. Em diversas passagens Suetônio afirma que em dia de combate havia guardas nas cidades para impedir as atividades de salteadores e que para evitar tumultos teria reorganizado os espetáculos: estabeleceu os lugares para senadores, separou os soldados, designou bancadas para cidadãos casados, estabeleceu os lugares e horários para mulheres e crianças acompanhadas freqüentarem os combates[7]. Além disso, fez com que as regras dos combates fosse rigorosamente cumpridas, ou seja, proibiu a morte desnecessária do gladiador[8].

Para enfatizar estes feitos de Augusto, Suetônio utiliza abundantemente de verbos como *corrigo* (corrigir), *prohibo* (proibir), *ordino* (ordenar, organizar) e afirma que o próprio Imperador, ao lado da mulher e filhos, estavam presentes e assistiam com atenção aos espetáculos.

Já no caso de Calígula, a descrição se modifica. Logo de início, Suetônio menciona que este nem sempre estava presente nos combates, mas quando isto ocorria, a violência é enfatizada. Ao invés de ser generoso com as diferentes ordens, Suetônio afirma que Calígula as tratava com violência e soberba (*simili superbia uiolentiaque ceteros tractauit ordines* – cap. XXVI).

Embora tenha proporcionado vários espetáculos dentro e fora de Roma, distribuído alimentos variados e somas de dinheiro, a ênfase recai sobre suas atitudes indiscriminadas: expulsava a pancadas os que procuraram entrar gratuitamente no Circo, causava tumultos nos quais pessoas morriam pisoteadas, suscitava a discórdia, mandava retirar os toldos da arena, mesmo com um sol forte proibindo que todos saíssem, lançava animais ferozes para lutar com velhos ou doentes, arrancava pais de família da arquibancada e os fazia lutar com gladiadores fortemente armados, alimentava as feras com qualquer tipo de condenado para economizar, chegou, inclusive, a matar um mirmilão que treinava com uma espada de madeira e a condenar a lutar até a morte aqueles que invejava por sua beleza e talento[9].

Os termos que aparecem diversas vezes nas passagens acima resumidas e que estão diretamente relacionados a Calígula são *uiolentia* (violência), *superbus* (soberba), *saeuitia* (crueldade), além de verbos como *iugulo* (degolar), *obstecto* (ter inveja) e frases que iniciam os parágrafos como *pudicitiae neque suae neque alienae pepercit* (não respeitava sua honestidade nem a de ninguém – cap. XXXVI) ou *saeuitiam ingenii per haec maxime ostendit* (assim manifestou a crueldade inata – cap. XXVII).

---

[7] Cf. caps. XLIV, XLV.
[8] Cf. cap. XLV.
[9] Cf. caps. XXVI, XXVII, XXX, XXXII, XXXV.

Diferentemente do que ocorre com as descrições de combates na *uita* de Augusto, em que grandes espetáculos eram dados em louvor a cidadãos ilustres ou em memória de antepassados com segurança e moderação, na *uita* de Calígula são violentos, caóticos e as cenas dentro da arena descritas com detalhes: gladiadores lutando sem as roupas apropriadas, pais de família, velhos, doentes e criminosos são arrastados para arena de acordo com a vontade do Imperador. A narrativa se desloca, portanto, da organização e do cuidado para evitar tragédias para uma violência quase ilimitada.

A partir destes breves comentários sobre a estrutura do texto de Suetônio em geral e as duas vidas em específico é possível pensar que o texto não pode ser lido como um reflexo imediato da realidade. Ao ler uma obra biográfica como a de Suetônio é preciso perceber as intencionalidades do autor, pensar no texto como uma forma de linguagem e que para interpretá-lo torna-se necessário recorrer às alegorias, seus significantes e significados (BARTHES, 1987). Por meio do questionamento do texto e da análise das estruturas e vocabulário, abre-se a possibilidade de estabelecer um diálogo com as *uitae* narradas para explicitar os sentidos que produzem (LA CAPRA, 1985).

Por meio das descrições da vida de cada César o autor constrói diversas imagens dos Imperadores a partir de suas relações com os espetáculos. Gladiadores e espetáculos públicos são resignificados em um discurso com viés político, com intenções claras de ora elogiar ora criticar posturas de cada um. Em muitas passagens, os eventos nas arenas podem ser considerados metáforas que ajudam a visualizar as virtudes e vícios de cada Imperador.

Por outro lado, por ter um caráter biográfico, a narrativa de Suetônio apresenta homens e mulheres de diferentes camadas sociais, crianças, pais de família e idosos disputando lugares para assistir às lutas, senadores, soldados, e imperadores participando dos eventos, gladiadores treinando, lutando e morrendo, especificando seus nomes, suas armas, mencionando, inclusive, a interferência de seus filhos[10].

Estes dois aspectos do texto de Suetônio, a construção da imagem dos Imperadores e a narrativa de episódios cotidianos, ressaltam a complexidade deste fenômeno na sociedade e cultura romana e os diversos usos que poderiam ser feitos, tornando-se, portanto, um convite para repensar os modelos interpretativos que polarizam as funções das arenas apenas no cenário político. Considerar os meandros do texto de Suetônio, suas particularidades e intenções pode ser um caminho interessante para refletir sobre aquilo que Brown (1995) chamou de "teoria da necessidade".

Em sua crítica a Wiedemann (1995) e outros autores procuram rever as teorias que simplificavam os espetáculos romanos, Brown afirma que estes estudiosos destacaram a complexidade do fenômeno, mas acabaram por criar um modelo da "necessidade", isto é, uma idéia que se difundiu na qual os

---

[10] Cf. cap. XXI da vida de Tibério Cláudio Durso.

romanos necessitavam das lutas nas arenas para manterem-se organizados e controlar a criminalidade. O resultado deste processo seria uma vinculação unilateral entre arena e sociedade, como se a única função destes espetáculos fosse o exercício do poder.

Neste sentido, contextualizar a narrativa de Suetônio, discutir suas metáforas e desvinculá-la da obrigação de explicar a arquitetura anfiteatral é um exercício interessante para percebermos como os espetáculos podem ser sentidos de diferentes maneiras. Se considerarmos que o próprio Suetônio diferencia os tipos de relações com os espetáculos nos dois trechos analisados, é possível criar uma interpretação distinta das que tomaram parte de seu discurso como uma norma a ser cumprida, ou seja, é uma maneira de repensar o modelo proposto.

Neste sentido, ao invés de buscar uma única interpretação para o texto de Suetônio, focando na descrição das leis de Augusto, acredito que uma leitura que explore suas ambigüidades e traga à tona aspectos culturais e cotidianos pouco explorados por uma perspectiva preocupada em focar as lutas no prisma do poder, seja provocador e nos estimule a buscar por caminhos alternativos para pensar os papeis dos gladiadores no mundo romano e daqueles que apreciavam estes espetáculos. Não pretendo com isso afirmar que não havia o aspecto político nos espetáculos, mas pelo contrário, questionando o exercício do poder como única forma de explicação possível para a existência dos anfiteatros é possível estudar outros aspectos deste fenômeno como o religioso, o cultural, o econômico. Ou seja, ao repensar esta perspectiva outros vieses aparecerem, pluralizando as percepções que os próprios romanos tinham dos espetáculos.

4 CONSIDERAÇÕES FINAIS

Retomar o texto de Suetônio aqui e explorar suas estruturas discursivas me pareceu uma tarefa interessante para discutir a noção que se construiu entre as lutas de gladiador e o exercício de poder por parte dos romanos. Muitos especialistas, preocupados em construir uma explicação menos simplistas dos jogos acabaram direcionando seu foco de análise para o papel político que as arenas exerciam no cotidiano romano. Assim, muitos trabalhos que cruzavam diferentes tipos de fontes foram produzidos e para explicitar o funcionamento das estruturas das arenas como reflexo da sociedade romana, especialistas atrelaram os relatos de Suetônio sobre Augusto à estrutura física dos anfiteatros. Ou seja, a partir das decisões de Augusto, narradas por Suetônio, confeccionaram modelos nos quais a estrutura anfiteatral era um reflexo direto do que estava escrito.

Os trabalhos de Grunderson e Futrel mencionados aqui são herdeiros desta tradição de pensamento. A maneira como estes especialistas articulam a legislação comentada em Suetônio e a estrutura arquitetônica dos anfiteatros cria uma imagem poderosa que, enfatiza a hierarquia e, praticamente, exclui os conflitos. Assim, a base de suas interpretações está em um modelo normativo em que a legislação de Augusto e a estrutura arquitetônica tornam-se fontes sobrepostas para construir uma imagem harmoniosa da sociedade romana na qual os papeis sociais estavam definidos pelos locais ocupados nas arquibancadas.

Ao utilizarem a legislação e a cultura material sem mencionar seus contextos específicos, criaram quadros explicativos genéricos, muitas vezes tendo o Coliseu como modelo. Esta característica acaba por desconsiderar tanto as variações estruturais dos edifícios espalhados pelo Império como a estrutura narrativa de Suetônio, produzida em um momento histórico específico, com finalidades políticas explícitas de ressaltar os feitos de Augusto. Esta ressalva é, em minha opinião, fundamental, pois ressaltar o contexto histórico de cada fonte, observar suas particularidades e intenções, possibilita percepções plurais tanto das relações com o espaço como da formação de identidades mais heterogêneas, construídas a partir de conflitos e trocas.

Assim, contrapondo o texto de Suetônio à cultura material e respeitando seus contextos históricos, é possível construir uma interpretação na qual, conflitos estão presentes e não a simples e direta imposição de poder. Mesmo que haja locais reservados no anfiteatro, a ocorrência de contatos não pode ser menosprezada e ressaltá-los indica, também, minha preocupação em tornar os espectadores sujeitos de sua História e não meras vítimas do poder ilimitado do Imperador.

5 REFERÊNCIAS

AUGUET, R. **Crueldad y civilización**: los juegos romanos. Barcelona: Orbis, 1985.

BARTHES, R. História ou Literatura. *In*: **Racine**. Porto Alegre: L & PM, 1987.

BROWN, S. Explaining the arena: did the Romans 'need' gladiators? *In*: **Journal of Roman Archaeology**. Michigan, v. 8, p. 376-384, 1995.

EDMONDSON, J. C. Dynamic Arenas: Gladiatorial presentations in the city of Rome and the construction of Roman society during the Early Empire. *In*: SLATER, W. J. (Org.). **Roman theater and society**. The University of Michigan Press, Michigan, 1996. p. 69-112.

FRIEDLÄNDER, L. Los espectáculos. *In*: **La sociedad romana – Historia de las costumbres en Roma, desde Augusto hasta los Antoninos**. Madrid: Fondo de la Cultura Económica, 1947. p. 497-519 e 546-606.

FUTREL, A. **Blood in the arena**: the spectacle of Roman Power. Austin: University of Texas Press, 1997.

GARRAFFONI, R. S. Hierarquias e Conflitos: repensando os anfiteatros romanos no início do principado. *In*: **História – Questões e Debates**, 2004. p. 45-56.

GRANT, M. **El Mundo Romano**. Madri: Ediciones Guadarrama, 1960.

_____. **Gladiators**. Londres: The Trinity Press, 1967.

GRIMAL, P. **A vida em Roma na Antigüidade**. Portugal: Publicações Europa-América, 1981.

GUNDERSON, E. The ideology of the arena. *In*: **Classical Antiquity**. 1996. v. 15, n. 1, p. 113-151.

HABINEK, T. N. Cicero and the Bandits. *In*: **Writing, Identity, and Empire in Ancient Rome**. Nova Jersey: Princeton University Press, 1998. p. 69-87.

LACAPRA, D. Rethinking Intellectual History and Reading Texts. *In*: **Rethinking Intellectual History – Texts, Context, Language**. Nova York: Cornell University Press, 1985.

MANCIOLI, D. **Giochi e Spettacoli**. Roma: Edizioni Quasar, 1987.

MOMMSEN, T. **El mundo de los Cesares**. Madri: Fondo de Cultura Económica, 1983.

ORLANDI, S. I loca del Colosseo. *In*: LA REGINA, A. (Org.). **Sangue e arena**. Roma: Electa, 2001. p. 89-103.

POTTER, D. S.; MATTINGLY, D. J. (Orgs.). **Life, death and Entertainment in the Roman**. USA: The University of Michigan Press, 1999.

ROBERT, J-N. **Os prazeres de Roma**. São Paulo: Martins Fontes, 1995.

VEYNE, P. 1990. **Bread and circus**: Historical Sociology and political pluralism. Londres: The Penguin Press.

WEEBER, K.-W. **Panem et circenses**: Massenunterhaltung als Politik im antiken Rom. Philipp von Zabern, Mainz am Rhein, 1994.

WIEDEMANN, T. **Emperos and Gladiators**, Londres: Routledge, 1995.

Fontes:

SUETÔNIO. **Os doze Césares**. Tradução de João Gaspar Simões. Lisboa: Presença, 1979.

SUETÔNIUS. **The lives of the Caesars**. Tradução de J. C. Rolfe. Londres: Harvard University Press, Coleção Loeb, 1989.

O REI E A LEI NA *HISPANIA* VISIGODA: OS LIMITES DA AUTORIDADE RÉGIA SEGUNDO A *LEX WISIGOTHORUM, II, 1-8* DE RECESVINTO (652-670)

Renan Frighetto[1]

Non autem regit, qui non corrigit.
Isid., Etym., IX, 3, 4

Sumário: *1. Introdução. 2. Desenvolvimento. 3. Conclusões Parciais. 4. Referências.*

1 INTRODUÇÃO

A relação do rei com a legislação por ele exarada e a dimensão de sua autoridade, incluindo a provável aplicação das leis dentro do espaço geográfico do reino, já foi alvo de diversos estudos que tiveram como baliza cronológica aquela que definimos como "Antiguidade Tardia". Momento de transição entre as antigas tradições políticas e culturais clássicas e o "futuro" mundo medieval, este período, que abarca os séculos III e VIII de nossa era, revela-nos, em linhas gerais, uma série de novas perspectivas e visões que somente podem ser entendidas como fruto daquele momento histórico. Dentre elas destacamos a construção teórica da autoridade régia sobre o corpo social, aquilo que King definiu como "*la base ideológica de la posición del rey*"[2], que tem como um de seus principais alicerces a elaboração ou a revisão de códigos legislativos embora, com bem o aponta Pablo Diaz Martinez, sua realização e futura aplicação estivessem a cargo de funcionários de diversa categoria que apoiavam o soberano naquelas tarefas[3], dentre os quais encontravam-se aqueles que Yolanda García Lopez definia como portadores de "*los conocimientos patrísticos, bíblicos y litúrgicos(...), pueden hacer pensar que se había producido ya el trasvase de funciones de los oficiales educados en las técnicas diplomáticas romanas, a hombres de Iglesia*"[4]. Mas além destes conhecimentos fundamentados nas Escrituras Sagradas, complementando o raciocínio de García Lopez, parece-nos indubitável que boa parte

---

[1] Doutor em História Antiga pela Universidade de Salamanca (Espanha); Professor Adjunto de História Antiga da UFPR; Bolsista PQ-ID do CNPq; Coordenador do Núcleo de Estudos Mediterrânicos da UFPR.
[2] KING, P. D. **Derecho y sociedad en el reino visigodo**. Madrid, Alianza Editorial, 1972. p. 43.
[3] DIAZ MARTINEZ, P. C. Rey y poder en la monarquía visigoda. *In*: **Iberia 1**. Logroño: Universidad de La Rioja, 1998. p. 191.
[4] GARCIA LOPEZ, Y. **Estudios críticos de la 'Lex Wisigothorum'**. Alcalá de Henares: Memorias del Seminario de Historia Antigua V, 1996. p. 227.

daqueles "homens de Igreja" que colaboravam decisivamente com os soberanos também possuíam amplos conhecimentos sobre os escritos políticos, jurídicos e culturais do passado clássico romano[5]. Um exemplo mais que óbvio, é o de Isidoro de Sevilha, conselheiro de vários soberanos hispano-visigodos[6] e responsável pela elaboração duma teoria política que buscava colocar a instituição monárquica numa posição de destaque frente à poderosa e sempre belicosa nobreza hispano-visigoda[7]. Sinal inequívoco da intimidade do bispo hispalense com o pensamento político e jurídico clássico aparece revelado no breve epígrafe de nosso estudo: nele Isidoro de Sevilha sentencia que *"aquele que não corrige não rege"*, segmento lógico a outra de suas singulares máximas, *"rei es se agires retamente, se não o fizeres não o serás"*[8]. Certamente que o hispalense estava referindo-se a uma das funções essenciais do rei, a de corrigir a conduta de seus súditos através da aplicação da justiça que, por vezes, poderia mostrar-se mais severa sendo, por esse motivo, demasiado rigorosa segundo o pensamento isidoriano[9].

Notamos, dessa forma, uma preocupação de Isidoro de Sevilha com relação ao respeito das leis por parte do soberano, uma prática pouco usual no caso das constantes usurpações e ações tirânicas promovidas no reino hispano-visigodo de Toledo ao longo do século VII. O próprio hispalense é taxativo ao afirmar que *"é justo que o príncipe obedeça a suas leis"*[10], sendo mais incisivo ao indicar que *"os príncipes estão obrigados a suas leis"*[11]. É evidente que tratamos, nesse caso, da construção ideológica e teórica do mo-

---

[5] Podemos inferir tal afirmação a partir da observação de CAVALLO, G. Libros y público a fines de la Antigüedad. *In*: **Libros, editores y público en el mundo antiguo. Guía histórica y crítica.** Madrid: Alianza Universidad, 1995. p. 129-30, "...*En Occidente la cultura clásica se identifica, al menos en un principio, con una idea programática de restauración política que le confiere una aureola de prestigio frente a los propios cristianos, sensibles a esa cultura y atormentados por el dilema, al igual que S. Jerónimo, de ser ciceronianos o cristianos...*".

[6] De acordo com FONTAINE, J. **Isidoro de Sevilla. Génesis y originalidad de la cultura hispánica en tiempos de los visigodos.** Madrid: Ediciones Encuentro, 2002. p. 99, "*Isidoro no fue sólo el obispo metropolitano de Sevilla durante más de treinta y cinco años. En virtud de la fuerza y de la riqueza de su personalidad ejerció asimismo una preeminencia, incluso una especie de tutela, sobre la España visigoda y sus príncipes en el primer tercio del siglo VII...*".

[7] Elaboração teórica que encontrou a sua maturação no IV Concílio de Toledo, reunido no ano de 633, em seu cânone 75, intitulado *De commonitione plebis ne in príncipes delinquatur*. Um estudo desta questão em FRIGHETTO, R. "Aspectos da teoria política isidoriana: o cânone 75 do IV Concílio de Toledo e a constituição monárquica no reino visigodo de Toledo. *In*: **Revista de Ciências Históricas XII.** Porto, Universidade Portucalense, p. 73-82, 1997.

[8] *Isid., Etym, IX, 3, 4: ...'Rex eris si recte facias: si non facias, non eris'*... máxima isidoriana tomada emprestada de *Hor., Ep. I, 1, 59-60: ...At pueri ludentes, rex eris, aiunt/si recte facies...*

[9] Podemos observar esta reticência a uma justiça régia mais dura em *Isid., Etym., IX, 3, 5: Regiae virtutes praecipuae duae: iustitia et pietas. Plus autem in regibus laudatur pietas; nam iustitia per se severa est; Isid. Sent., III, 50, 1: Plerumque princeps iustus etiam malorum errores dissimulare novit, non quod iniquitati eorum consentiat, sed quod aptum tempus correctionis exspectet, quando eorum vitia vel emendare valeat, vel punire.*

[10] *Isid., Sent., III, 51, 1: Iustum est principem legibus obtemperare suis...*

[11] *Isid., Sent., III, 51, 2: Príncipes legibus teneri suis...*

narca justo, piedoso e misericordioso segundo a ótica de Isidoro de Sevilha pautada, provavelmente, numa tradição que remontava ao mundo romano republicano. De fato, o pensamento ciceroniano referente ao papel do cônsul como aquele que é responsável por comandar, dirigir e prescrever a justiça com base nas leis existentes[12] conecta-se diretamente com as idéias apresentadas pelo hispalense de que a lei deveria ser elaborada pelo soberano, preservada e seguida por todos sem distinção. É o que aponta Umberto Laffi ao referir-se aos poderes dos *triumuiri rei publicae constituendae*, Lépido, Antonio e Otaviano, dando destaque ao papel de *"intervenir directamente sobre la legislación existente mediante disposiciones propias emanadas en virtud de sus poderes absolutos"*[13]. Perspectiva similar é apresentada pelo pensamento de Plínio, o Jovem, em seu famoso *Panegírico* dirigido ao Imperador Trajano nos primórdios do século II d.C. Nele a "submissão" de Trajano às leis[14] aparece como virtude essencial do *optimus princeps*, do governante que "restabeleceu as leis e as respeita"[15], um sinal efetivo de que o respeito pelas leis reforçava a aliança entre o *princeps*, o *senatus* e o *populus* ampliando ainda mais o *consensus universorum* e a força teórica do sistema político do Principado que, como sabemos, colocava-se numa posição híbrida entre os poderes de cunho pessoal e a antiga tradição de partilha dos poderes políticos característica do período republicano[16]. Ou seja, tanto no pensamento de Cícero como no de Plínio, a participação do governante na elaboração, na manutenção e no aperfeiçoamento das leis era de fundamental importância para a organização e o ordenamento do corpo social. Uma intervenção direta naquilo que Ullmann denomina como *ius publicum*, definido por Isidoro de Sevilha como direito praticado e exercido pelos magistrados[17], que, a partir de Constantino, integrou elementos característicos do direito clássico romano com os "novos" influxos cristãos, que comumente definimos como a simbiose entre a *Romanitas* e a *Christianitas*[18].

---

[12] Cic., De Leg., III, 1: *Videtis igitur magistratus hanc esse vim, ut praesit praescribatque recta et coniuncta cum legibus...*

[13] Cf. LAFFI, U. Poderes triunvirales y órganos republicanos. *In*: **Sociedad y política en la Roma republicana (siglos III-I a.C.)**. Pisa: Pacini Edittore, 2000, p. 301.

[14] Plin., Paneg., 65: *...non est princeps super leges sed leges super principem idemque Caesari consuli quod ceteris non licet. Iurat in leges attendentibus dis iurat observantibus his quibus idem iurandum est...*

[15] Cf. HIDALGO DE LA VEGA, M. J. **El intelectual, la realeza y el poder político en el Imperio Romano**. Salamanca: Ediciones Universidad de Salamanca, 1995, p. 107.

[16] Segundo DE JONQUIERES, C. La crise de 19 a.C. et sés conséquences. *In*: **Gerión 22/1**. Madrid: Universidad Complutense de Madrid, 2004. p. 273, "*...En effet, pour la première fois, le **consensus** de la plèbe, du Senát et de l'armée qui avait reconnu Auguste comme le **princeps** était remis en cause par l'une de ses composantes. Ce **consensus** est l'essence même du principat...*".

[17] Isid., Etym., V, 8: *Ius publicum est in sacris et sacerdotibus, in magistratibus.*

[18] Na opinião de ULLMANN, W. **Escritos sobre teoría política medieval**. Buenos Aires: Eudeba, 2003. p. 30-1. "*...La función del emperador como tutor o guardián, abundantemente demostrada en su legislación, permite la única conclusión históricamente*

Observamos, portanto, que o papel interventor do *princeps* sobre a legislação jurídica, em especial na remodelação e atualização das leis, apresenta-se como clara e evidente herança clássica romana que será mantida pelas monarquias romano-germânicas da Antiguidade Tardia, dentre as quais encontramos o reino hispano visigodo de Toledo[19]. Devemos entender esta posição régia, característica dos monarcas hispano visigodos, como parte da concepção ideológica que reforçava a sua *auctoritas* através da noção de *consensus* onde a tríade *gentem gothorum, vel patriam aut regem*, comum, segundo Diaz Martinez, em praticamente todos os Concílios realizados em Toledo entre 633 e 694[20], substituí a relação *senatus, populus et princeps* do período do principado romano. Uma tentativa de consenso à volta da instituição monárquica que encontrava fortes resistências nobiliárquicas causadas, principalmente, pelo antagonismo existente entre as várias facções políticas e familiares que disputavam a primazia política no reino hispano visigodo de Toledo. Ora, a elaboração ou a manutenção de um *corpus* legislativo por parte do soberano, como apontamos anteriormente, faria parte, em termos teóricos, do consenso social e político necessário à estabilidade interna do reino. Porém, a elaboração duma justiça régia "ideal" e unificada, pautada, sobretudo, naquilo que Carlos Petit define como "derecho del rey"[21], pode ser vista como simples quimera política e, por extensão, jurídica. Uma hipótese que encontra forte amparo quando recordamos, por um lado, a força dos grupos nobiliárquicos em termos regionais, um verossímil obstáculo a qualquer tentativa de unidade proposta pelo monarca[22], embora existam indícios nas fontes laicas e conciliares de que cabia aos funcionários régios e bispos a difusão e a aplicação de leis e normas conciliares em suas respectivas regiões de origem[23]. Por sua vez, parece-nos funda-

---

*justificable, según la cual el gobierno de Constantino estaba firmemente inserto en la tradición romana y en su constitución, de la cual una parte integral era el **ius publicum** (...). La clásica concepción romana del **ius publicum** fue el instrumento que creó la simbiosis entre la **Romanitas** y la **Christianitas**...".*

[19] Na interpretação de VALVERDE CASTRO, M. R. **Ideología, simbolismo y ejercicio del poder real en la monarquía visigoda: un proceso de cambio.** Salamanca: Ediciones Universidad de Salamanca, 2000. p. 226, "...*de acuerdo con la teoría político-visigoda vigente en la **Hispania** del s.VII, que la elaboración de la ley es la función primordial del monarca. La ley es el instrumento esencial con que cuenta el gobernante para desarrollar su tarea...*".

[20] Cf. DIAZ MARTÍNEZ, P. C. **Rey y poder...**, p. 191.

[21] Cf. PETIT, C. Crimen y castigo en el reino visigodo de Toledo. In: **Arqueología, Paleontología y Etnografía. Jornadas internacionales 'Los Visigodos y su mundo'**. Madrid, Boletín oficial de la Comunidad de Madrid, 1998. p. 218.

[22] Um forte indício desta aversão nobiliárquica a aplicação da legislação régia é apresentado por Isid., Sent., II, 3, 5: *Qui Dei praecepta contempit, Deum non diligit. Neque enim regem diligimus, si odio leges eius habemus.*

[23] Sobre esta questão, da solicitação de difusão das decisões conciliares e das normas jurídicas contidas na legislação régia. Conc.V Tol., a. 636, Tomum: ...*ergo ut omnes hoc praecepto nostro praemoneantur sacerdotum industriae delilgamus...*; Conc. XVI Tol., a. 693, c. 7: ...*Grandis populo datur emendationis correctio, si gesta synodalia dum quandoque peragantur relatione pontificum in suis parrochiis publicantur. Et ideo plena decernimus unanimitate conexi, ut dum in qualibet provincia concilium agitatur, unusquisque episcoporum*

mental apontar a força das tradições e dos costumes ancestrais locais e regionais como outro elemento que dificultaria a implementação de normas legislativas emanadas pelo monarca desde o centro político e territorial de Toledo[24]. Em nossa opinião a força dos costumes ancestrais é um fato inegável na Antiguidade Tardia e vai ao encontro daquilo que Drew define como substituição da segurança coletiva, associada ao Império Romano, por uma proteção privada mais local que acabava por levar os *potentes/domini*, que ofereciam esta proteção, a rivalizarem com a pretensão real de monopolizar a justiça[25]. Portanto, podemos dizer que a tendência de reunir leis num código legislativo que fosse válido em todo o âmbito territorial do reino é produto do pensamento político tardo antigo, fortemente apoiado na tradição jurídica dos códigos de leis elaborados no Império Romano tardio e já influenciados pelas perspectivas ideológicas cristãs que conduziam às construções teóricas favoráveis a unidade à volta do monarca cristão, responsável pela edificação duma sociedade justa e igualitária. Logo, encontramos uma notável diferença entre a tradição legislativa imperial dos tempos do Principado que, de acordo com Vigorita, estava pautada por uma flexibilização da uniformidade legislativa[26], levando em conta certos costumes locais em situações muito especiais, e a proposta de unificação das leis ditadas pelos monarcas hispano visigodos visto que, de acordo com King, "*...la ley era producto de su voluntad y solo de su voluntad: el rey disfrutaba de lo que podríamos llamar verdadero absolutismo legislativo en cuanto que no necesitaba de la participación de otros y en cuanto que llevaba sobre si la responsabilidad inmediata, personal y total de su creación...*"[27].

2 DESENVOLVIMENTO

Mesmo se concordarmos que a lei era emanada a partir da vontade do rei, parece-nos fundamental verificarmos até que ponto a composição dum

---

ammonitionibus suis infra sex mensium spacia omnes abbates presbyteres diacones atque clericos seu etiam omne conventum civitatis ipsius, ubi praesse dinoscitur, necnon et cunctam dioecesis suae plebem adgregare...

[24] Na opinião de DIAZ MARTINEZ, P. C. **Formas económicas y sociales en el monacato visigodo.** Salamanca: Ediciones Universidad de Salamanca, 1987. p. 143, "*...A medida que el poder romano y la cultura clásica se iban agrietando, las culturas locales resurgían, o mejor decir que se volvían transparentes al retirarse el velo de la romanidad...*".

[25] Cf. DREW, K. F. Another look at the origins of the Middle Ages. A Reassessment of the role of the Germanic Kingdoms. *In*: **Speculum 62/4**. Cambridge: The Medieval Academy of America, 1987. p. 803-12.

[26] Para VIGORITA, T. S. Diritti locali e modello romano nel principato. *In*: **Roma y las províncias. Realidad administrativa e ideología imperial (Org. Julián González)**. Madrid: Ediciones Clásicas, 1994. p. 220-1, "*...La preminenza normativa del principe, legislatore romano e cittadino, l'accentuata presenza della giurisdizione romana, non significano uniformità (...) Traiano fu esplicito nel preferire la varietà degli ordinamenti alla tendenza di alcuni proconsoli, forse condivisa da Plinio, ad estendere a tutte le città di Bitinia e Ponto un istituto proprio solo di alcune(...). E Adriano era un sostenitore dichiarato del pluralismo normativo...*".

[27] Cf. KING, P. D. **Derecho y sociedad...**, p. 71.

determinado código legislativo respondia mais como função ideológica para fortalecer o poder régio em momentos politicamente instáveis[28]. Nesse sentido, para compreendermos os motivos que levaram Recesvinto a elaborar um código legislativo que foi publicado no ano de 654[29], torna-se necessário analisarmos as condições contextuais e políticas de sua ascensão ao trono hispano visigodo.

Podemos dizer que os primeiros anos do reinado de Recesvinto foram obscurecidos pela usurpação promovida por seu pai e antecessor, Chindasvinto[30], no ano de 642[31]. O epíteto *demoliens Gothos*[32] ou mesmo a indicação de que promovia o *morbo gotthorum* contra aqueles nobres que discordassem tanto de sua ascensão como de suas decisões[33] surgem como claros indícios dos problemas entre o rei e uma significativa parcela da nobreza hispano-visigoda que serão legados ao seu sucessor. Além disso, uma norma encontrada no Concílio VI de Toledo de 638 lançava "anátema perpétuo" contra aqueles nobres que ousassem chegar ao poder de forma ilegítima, estendendo a pena aos seus familiares e todos aqueles que o apoiassem em sua tentativa[34]. Logo, a luz do reconhecimento conciliar, Chindasvinto e sua descen-

---

[28] De acordo com GARCIA LOPEZ, Y. **Estudios críticos...**, p. 27, "...*Esta relación apuntada arriba entre cada codificación y un momento políticamente inestable o delicado del monarca que legisla, la función por tanto ideológica más que administrativa que desempeñan las leyes, introduce un ingrediente que debe ser determinante en la expansión de la Ley...*".

[29] Sobre as primeiras versões do código legislativo de Recesvinto, também denominado como *Líber Iudiciorum/Lex Wisigothorum*, refere-se Bráulio de Zaragoza a sua correção em duas epístolas, Braul., Ep. 38: ...*Mendositas etenim codicis, quem ad emendandum accepi, omnes uires suas contra caligines meas armauit (...). Nam tantis obrutus est neglegentiis scribarum, ut uix repperiatur sententia que emendari non debeat, ac sic conpendiosius fuerat demum scribi quam possit scribtus emendari...; Braul.,Ep. 40: ...Dum cupio satisfacere iussioni gloriae uestre, nudaui occulta ignauie mee et uius quidem codicis textum, ut precipistis, sub titulis misi (...). Sicubi forte minus absoluta alicui seruorum uestrorum que collegi uidentur, ad eras de quibus edita sunt recurrere non dedignetur...*; e segundo ORLANDIS, J. **Historia de España 4 – Época Visigoda (409-711)**. Madrid: Gredos, 1987. p. 164, "...*Recesvinto fue un rey legislador, cuyo nombre figura al frente de 89 leyes del* **Liber Iudiciorum** *(...). Pero su empresa más trascendental en el orden jurídico fue la promulgación del* **Liber Iudiciorum**, *en el año 654...*".

[30] *Isid.Pac.,Chron.a.754,15:Hujus temporibus, in aera 686 (...), Chindasvintus Recesvinthum, licet flagitiosum, tamen bene monitum, filium suum regno Gothorum proponit ...*

[31] *Fred.,Chron.,LXXXII:...Tandem unus ex primatibus, nomine Chintasindus, collectis plurimis senatoribus Gotthorum, caeteroque populo, in regnum Spaniae sublimatur, qui Tulganem degradatum ad onus clericatus tonsorari fecit ...; Isid. Pac., Chron. a. 754, 13: Hujus temporibus, in aera 680 (...), Chindasvinthus per tyrannidem regnum Gothorum invasum Hiberiae triumphabiliter principatur...*

[32] *Isid. Pac., Chron. a. 754, 13.*

[33] *Fred., Chron., LXXXII: ...cognito morbo Gotthorum, quem de regibus degradandis habebant (...). Fertur de primatibus Gotthorum hoc vitio reprimendo ducentos fuisse interfectos: de mediocribus quingentos interficere jussit. Quoadusque hunc morbum Gotthorum Chintasindus congnovisset perdominum, non cessavit quos in suspicione habebat gladio trucidare...*

[34] *Conc. VI Tol., a. 638, c. 18: ...ideoque contestamur coram Deo et omni ordine angelorum, coram prophetarum atque apostolorum vel omnium martyrum choro, coram omni ecclesia catholica et christianorum coetu, nemo intendat in interitum regis, nemo vitiam principis ne-*

dência estavam, em teoria, impedidos de ascenderem ao trono hispano visigodo. É possível que esta interpretação fosse levada a cabo pelo futuro bispo de Toledo, Ildefonso[35], sendo esta uma explicação viável para entendermos os problemas existentes entre este e o monarca Recesvinto[36].

Diante dum problema que envolvia a legitimidade do rei e, por extensão, da própria monarquia enquanto instituição política reconhecida, com riscos evidentes duma confrontação nobiliárquica interna que poderia levar à fragmentação territorial do reino hispano visigodo, fez com que os principais representantes das hierarquias eclesiásticas, Bráulio de Zaragoza e Eutropio, associados ao nobre Celso[37], encaminhassem ao monarca Chindasvinto uma epístola na qual solicitavam a associação do jovem Recesvinto ao trono, com o claro objetivo de que a sucessão régia fosse realizada de maneira tranqüila e sem sobressaltos[38]. Seja pela debilidade etária, seja pela necessidade política de ampliar seus apoios junto a determinados segmentos nobiliárquicos, Chindasvinto associou seu filho Recesvinto ao trono no ano de 649, medida que contrariava, *a priori*, a proposta para a regulação da sucessão régia apresentada por Isidoro de Sevilha no cânone 75 do IV Concílio de Toledo de 633 que estabelecia que "*morto pacificamente o rei, a nobreza de todo o povo, em união com os bispos, designarão de comum acordo ao sucessor do trono, para que se conserve por nós a concórdia da unidade*"[39]. É possível que a epístola encaminhada por Bráulio, Eutropio e Celso contemplasse uma espécie de "pacto político" entre as nobrezas laica e eclesiástica do reino hispano visigodo, reconhecendo a associação e a posterior ascensão de Recesvinto à condição régia plena. Mas os acontecimentos ocorridos logo após a morte de Chindasvinto parecem colocar em interdito tal possibilidade. Os

---

ce adtrectet, nemo regni eum gubernaculis privet, nemo tyrannica praesumtione apicem regis sibi usurpet, nemo quolibet machinamento in eius adversitatem sibi coniuratorum manum adsociet. Quod si dein quippiam horum quisquam nostrorum temerario ausu praesumtor extiterit, anathmate divino perculsus absque ullo remedii loco habeatur condemnatus aeterno iudicio...

[35] Cf. GARCIA MORENO, L. A. **Prosopografia del reino visigodo de Toledo**. Salamanca: Ediciones Universidad de Salamanca, 1974. n. 249, p. 118.

[36] Hipótese esta que já defendemos em FRIGHETTO, R. O problema da legitimidade e a limitação do poder régio na *Hispania* visigoda: o reinado de Ervígio (680-687). *In*: **Gerión 22/1**. Madrid: Universidad Complutense de Madrid, 2004. p. 432.

[37] Desconhecemos tanto a procedência do Bispo Eutropio como a do nobre Celso. Sobre ambos vide GARCIA MORENO, L. A. **Prosopografia...**, n. 32, p. 39 e n. 646, p. 220.

[38] *Braul., Ep. XXXVII: Suggerendum (...), quantis necessitatibus, quantis etiam patuerimus aduersariorum incursibus, quibus celestis misericordia uos excitastes et uestro regimine nos ereptos dum magna contemplatione uidemus, et uestros labores congitantes et in futurum patrie prouidentes, inter spem metumque bacillantes, fiducia uincente metum, ad tuam pietatem recurrere decreuimus, ut, quia conpendiosius nicil nec quicti uestre nec casibus nostris prospicimus, in uita tua et te benevalente seruum tuum dominum Recesuindum dominum nobis et regem deposcimus, ut cuius etatis est et belligerare et bellorum sudorem sufferre ...*

[39] *Conc. IV Tol., a. 633, c. 75: ... sed defuncto in pace principe primatus totius gentis cum sacerdotibus successorem regni concilio conmuni constituant, ut dum unitatis concordia a nobis retinetur...*

problemas causados pela enérgica postura do defunto monarca afloraram de maneira imediata, a começar pela revolta do nobre Froya que, em aliança com tribos vascas, causou grande confusão na *Prouincia Tarraconense* e sitiou por vários meses a *ciuitas* de Zaragoza[40]. As razões que levaram Froya a rebelar-se contra o recém-alçado Recesvinto podem estar vinculadas à forma de ascensão do novo rei, ou até a um desentendimento e um conseqüente descontentamento com grupos que apoiavam o monarca. Mas devemos, também, levar em conta o já antigo processo de regionalização dos poderes políticos, bastante visível no século VII e no qual a revolta de Froya poderia estar inserida[41].

Vencido o primeiro obstáculo de seu reinado com a vitória militar sobre o *tyrannus* Froya, Recesvinto convocou o VIII Concílio de Toledo, que foi realizado naquele mesmo ano de 653. Por certo que o novo soberano buscava, com a reunião conciliar, reforçar sua legitimidade no trono[42] e as bases políticas e ideológicas que selariam sua aliança com a *nobilitas* laico-eclesiástica do reino hispano visigodo de Toledo[43]. Todavia, reflexo da situação de instabilidade política no primeiro ano de seu reinado, o monarca encaminhou aos bispos reunidos no Concílio uma petição para que *"tudo aquilo que pareça corrompido ou supérfluo ou indevidamente conservado, com a aprovação de vossa serenidade, o reformeis de acordo com a verdadeira justi-*

---

[40] Taio, Epist.: *... in quo (tempore) quidam homo pestifer atque insani capitis Froja tyrannidem sumens, assumptis sceleris sui perversis fautoribus, adversus orthodoxum magnumque Dei cultorem Recesvinthum principem fraudulenta praetendens molimina (...). Huius itaque sceleris causa gens effera Vasconum Pyrenaeis montibus promota, diversis vastationibus Hiberiae patriam populando crassatur (...). Cum nos huiuscemodi causa Caesaraugustanae urbis circumseptus murorum ambitus contineret ...; Isid. Pac., Chron. a. 754, 15: ... Hujus temporibus eclipsis solis, stellas in meridie visentibus omnibus, Hispaniam territat: atque incursationem Vasconum non cum modico exercitus damno propectat.*
[41] De acordo com FRIGHETTO, R. **Cultura e Poder na Antiguidade Tardia Ocidental**. Curitiba: Juruá, 2000. p. 62. "*... Mas devemos matizar que, apesar de toda a carga teórica favorável à figura do rei e da centralização régia nos reinos romano-germânicos do ocidente tardo-antigo, verificamos em termos práticos, a partir da análise das fontes, que a força da nobreza em termos locais e regionais impedia a plena e duradoura aplicabilidade do poder régio...*"; segue uma linha similar noutro estudo FRIGHETTO, R. **O problema da legitimidade...**, p. 424, "*...De fato, no campo da práxis política, esta limitação dos poderes régios parece mais obvia na medida em que constatamos que a concentração de poderes políticos e militares de cunho local e regional encontravam-se depositados nas mãos de elementos duma nobreza laico-eclesiástica que apoiava-se cada vez mais nos vínculos de fidelidade clânica e familiar de origens ancestrais...*"; ver também GARCIA MORENO, L. A. El estado protofeudal visigodo: precedente y modelo para la Europa Carolingia. *In*: **L'Europe Hèritière de l'Espagne Wisigothique**. Madrid: Casa de Velazquez, 1992. p. 29 e ss.
[42] Segundo DIAZ MARTINEZ, P. C. **Rey y poder...**, p. 187, "*... El concilio se reuniría en función de las necesidades políticas del momento, o de la necesidad del rey de, por ejemplo, legitimar su propio ascenso al trono...*".
[43] A participação dos membros da nobreza laica nas reuniões conciliares esta atestada pela passagem *Conc. VIII Tol., a. 653, Tomum: ...Vos etiam inlustres viros, quos ex officio palatino huic sanctae synodo interesse mos primaevus obtinuit...*

Instituições, Poderes e Jurisdições 125

ça e as necessidades da vida"[44]. Em nossa opinião este foi um sinal inequívoco para que no Concílio fosse discutido um tema extremamente delicado para o novo rei e que estava relacionado à ação política e governativa de seu pai, o problema dos nobres acusados de traição e perfídia que perderam seus bens patrimoniais e que foram integrados, de forma arbitrária e ilícita, no patrimônio familiar de Chindasvinto[45]. Prática por certo reconhecida e, até então, vista como corriqueira[46], a absorção de patrimônio expropriado que deveria ser integrado ao patrimônio régio e que passava a propriedade privada da família do rei serve como demonstração duma certa confusão, no reino hispano visigodo de Toledo, entre *res propria* e *publica utilitas* que, em nossa opinião, indicaria o avançado processo de "patrimonialização" levado a cabo constantemente pela nobreza laico-eclesiástica dos bens pertencentes e integrados no patrimônio régio, que geralmente eram entregues na forma de benefícios àqueles que prestavam serviços ao rei[47]. Como conseqüência da discussão desta questão durante a realização do VIII Concílio de Toledo, foi exarada uma *Lex edita*, que no ano seguinte passou a integrar o *Liber Iudiciorum/Lex Wisigothorum* reformulado e editado por Recesvinto[48], tentando coibir a partir de então tal prática que, em todos os sentidos, era nefasta ao patrimônio régio. Para tanto se exigia a obrigatoriedade do reconhecimento da escritura de doação dos bens feita de livre e espontânea vontade pelo doador ao beneficiado[49], sem a qual a doação careceria de valor

---

[44] *Conc. VIII Tol., a. 653, Tomum: ...in legum sententiis quae aut depravata consistunt aut ex superfluo vel indébito coniecta videntur, nostrae serenitatis adcomodante consensu, haec sola quae ad sinceram iustitiam et negotiorum sufficientam conveniunt ordinetis...*

[45] Devemos recordar e associar o conteúdo do exposto em *Conc. VII Tol., a. 646, c. 1: ...quia novimus omnes pene Spaniae secerdotes omnesque seniores vel iudices ac ceteros homines officii palatini iurasse, atque ita nunc legibus decretum fuisse, ut nullus refuga vel perfidus qui contra gentem Gothorum vel patriam seu regem agere aut in alterius gentis societate se transducere repperitur, integrati rerum suarum ullatenus reformetur, nisi forsitan princeps humanitatis...*; e devolução de bens patrimoniais, atitude de "humanidade do príncipe", será feita por Recesvinto com a ressalva do patrimônio privado por ele recebido presente em *Conc. VIII Tol., a. 653, Lex edita: ...In illis autem rebus quae ipsi aut de bonis parentum aut de quorumquumque provenerint successionibus proximorum, ita eindem principi eiusque filiis aut si filii defuerint haeredibus quoque legitimis haereditatis iura patebunt, sicut etiam et ceteris lege vel successione patere noscuntur...*

[46] *Conc. VIII Tol., a. 653, Decretum: ...Quosdam namque conspeximus reges postquam fuerint regni gloriam adsequentes extenuatis viribus populorum rei propriae congerere lucrum...*

[47] Tema desenvolvido recentemente por FRIGHETTO, R. **Valério do Bierzo. Autobiografia. Primeiro Prémio de História da Galiza 2005**. La Coruña: Toxosoutos, 2006. p. 12-3; ver também GARCIA MORENO, L. A. **El estado protofeudal visigodo...**, p. 33-4

[48] A *Lex edita in eodem concilio a Recesvinto principe namque glorioso*, promulgada no final da reunião conciliar, passou ao *Liber Iudiciorum/Lex Wisigothorum* como *L. V., II, 1, 5: De principum cupiditate damnata eorumque initiis ordinandis, et qualiter conficiende sunt scripture in nomine principum facte.*

[49] O decreto de Recesvinto afirma claramente esta postura, *Conc. VIII Tol., a. 653, Lex edita: ...Proinde sincera mansuetudinis deliberatione tam nobis quam cunctis nostrae gloriae successoribus adfuturis, Deo mediante, legem ponimus decertamque validis observantiae promulgamus, ut nullus regum inpulsionis suae quibusquumque motibus aut factionibus*

jurídico[50]. Com muita perspicácia, Recesvinto estendeu a retroação deste benefício jurídico ao reinado de Suinthila[51] passando a incluir, provavelmente, nobres integrantes de seu grupo de apoio político como receptores de bens patrimoniais indevidamente confiscados nos reinados anteriores ao do seu pai, sem contar que com essa ampliação temporal reduziria consideravelmente a imagem negativa de Chindasvinto e, conseqüentemente, a sua. Ou seja, parece-nos que Recesvinto queria indicar que tal prática ilegítima e irregular havia sido realizada, de forma constante, por monarcas bem antes da ascensão de seu pai, dando-nos a impressão de tentar minimizar as atitudes "patrimonializadoras" por ele praticadas.

Se levarmos em consideração a possibilidade de que os Concílios tinham, também, uma função de "controlar" as atitudes e práticas realizadas pelos reis[52], podendo inclusive sugerir uma espécie de "limitação" do poder régio, esta parece consolidar-se na total proibição, imposta pelos bispos reunidos no VIII Concílio de Toledo, de que os monarcas tivessem o direito de levar à morte ou de amputar os acusados de traição e infidelidade[53]. É possível que a discussão deste tema tivesse direta relação com os acontecimentos ocorridos na rebelião promovida por Froya que culminaram com a sua morte[54], mas devemos recordar as violentas ações levadas a cabo no reinado de Chindasvinto contra setores nobiliárquicos que se opuseram à sua ascensão e que foram descritas pelas fontes, caracterizando-o de maneira pouco favorável[55], podendo esta atitude de violência extrema realizada pelo rei contra seus *pares* da nobreza ter sido o verdadeiro motivo da discussão e, conseqüente, imposição de limites à reação régia contra atitudes consideradas hostis.

Analisando as resoluções e os encaminhamentos dados pelos bispos reunidos no VIII Concílio de Toledo, bem como a aceitação dos mesmos por Recesvinto, poderíamos dizer que *de facto* o rei teve um grande prejuízo em sua *auctoritas* perante as demandas que resguardavam direitos dos

---

scripturas de quibuslibet rebus alteri debitis ita extorqueat vel extorquendas instituat, quatenus iniuste ac nolentes debitarum sibi quisque privari possit dominio rerum...

[50] *Conc. VIII Tol., a. 653, Lex edita: ...et si patuerit a nolente fuisse scripturam exactam, aut resipiscat inprobitas principis et evacuet quod male contraxit, aut certe post eius mortem ad eum cui exacta est scriptura vel ad haeredes eius res ipsae sine cunctatione debeant revocari...*

[51] *Conc. VIII Tol., a. 653, Lex edita: ...De rebus autem omnibus a tempore Suintilani regis hucusque a principibus adquisitis aut deinceps si provenerit adquirendis...*

[52] Para este tema *vide* DIAZ MARTINEZ, P. C. **Rey y poder...**, p. 186-7.

[53] *Conc. VIII Tol., a. 653, c. 2: ...Ceterum quaequumque iuramenta pro regiae potestatis salute vel contutatione gentis et patriae vel hactenus sunt exacta vel deinceps extiterint exigenda, omni custodia omnique vigilantia insolubiliter decernimus observanda, a membrorum truncatione mortisque sententia religione penitus absoluta...*

[54] *Taio, Epist.: ...sed orationes pauperum et deprecationem misericordissimi principis protinus exaudivit Dominus. Misso igitur coelitus propugnatore fortissimo, hunc auxilio omnipotentiae suae sublevat; illum vero tyrannicae superstitionis auctorem repentino casu condemnat: isti tribuens palmam victoriae copiosam, illi vero inferens atrocissimae mortis ignominiam...*

[55] *Vide* notas 32 e 33.

grupos nobiliárquicos hispano visigodos. Contudo faz-se necessário que recordemos, por outro lado, que Recesvinto, recém elevado à condição de único monarca, almejava obter o máximo reconhecimento de sua ascensão, especialmente após o severo reinado de seu pai e da rebelião encabeçada por Froya. Nesse sentido as decisões tomadas no Concílio serviam de base para a renovação e ampliação do "pacto político" formulado anos antes por Bráulio de Zaragoza, fazendo com que Recesvinto obtivesse maior apoio da nobreza, tanto a laica como a eclesiástica, estendendo seu poder a uma significativa parcela territorial do reino hispano visigodo de Toledo[56]. A busca deste apoio nobiliárquico também pode ser interpretada como parte da estratégia régia que visava à aplicação efetiva do futuro código legislativo, que fora revisado e anotado por Bráulio de Zaragoza[57], que veio ao conhecimento público no ano seguinte ao VIII Concílio de Toledo[58], em 654. Com a publicação do *Liber Iudiciorum/ Lex Wisigothorum* Recesvinto promoveu uma "re inauguração" do seu reinado, na medida em que incluiu todas as decisões tomadas no VIII Concílio colocando-se como "campeão" da ordem e da justiça, tentando afastar-se da desordem e da impiedade anteriormente cometidas.

Tal perspectiva está presente na primeira lei do livro II da *Lex Wisigothorum*, que estabelece a obediência da lei tanto por parte dos poderes régios como pelo povo[59]. Encontramos aqui uma conexão direta com a proposta formulada por Isidoro de Sevilha e presente no livro III das Sentenças que colocava a obediência à lei como fundamento e princípio básico da autoridade régia[60]. Com efeito, seguindo o texto legislativo, o respeito pela lei é parte do *"mandato divino que alcança a todos os corações"*, sendo conveniente a todos, inclusive os poderosos, para que no futuro possam ser dignos de servir no exército celeste[61]. Logo, notamos a necessidade imperiosa apresentada pelo texto legislativo, de que a lei fosse efetivamente válida em todas as partes do reino, indicando-nos que a força das tradições consuetudinárias, nos níveis local e regional, era extraordinária, acabando por dificultar a aplicação da lei régia. Afirmações que podem ser observadas no texto legislativo ao estabelecer-se que *"aquele que obedece a Deus será diligente com a justiça"*, acentuando ainda mais o caráter "universal" da lei emanada pelo poder régio que era fiel *"as ordens celestes emanadas, damos ao mesmo tempo leis*

---

[56] Na opinião de GARCIA LOPEZ, Y. **Estudios críticos...**, p. 27, "...*Cuantos más apoyos de magnates y alto clero tuviese el monarca, más fácil seria que se aceptase la imagen que el soberano vendía, y el poder que intentaba imponer...*".
[57] *Vide* nota 29.
[58] Talvez possamos observar uma referência ao *Liber Iudiciorum/Lex Wisigothorum* em *Conc. VIII Tol.*, a. 653, *Decretum: ...Regem etenim iura faciunt...*
[59] *L. V., II, 1, 1: Quod et regia potestas et populorum universitas legum reverentie sit subiecta.*
[60] *Vide* notas 10 e 11.
[61] *L. V., II, 1, 1: ...Et quia solius tam inmense divinitatis imperiis hec cordibus inprimuntur humanis, convenit omnium terrenorum quamvis excellentissimas potestates illi colla submittere mentis, cui etiam militie celestis famulatur dignitas servitutis...*

a nós e aos súditos"⁶². Portanto, a lei régia tinha seu fundamento e delegação na própria lei divina, elemento ideológico baseado na formulação teórica de que o poder do rei era, inquestionavelmente, legitimado e proveniente da vontade divina. Por esse motivo todos os súditos deveriam obedecer à lei criada a partir da vontade do *princeps*, sendo esta considerada como fruto da própria vontade de Deus⁶³.

Mas a aplicação efetiva da legislação régia esbarrava, como acima observamos, na manutenção de tradições ancestrais profundamente arraigadas, transformando a iniciativa régia num aparato jurídico ineficaz. A par com a obrigatoriedade dos bispos, juízes e demais nobres de levarem ao conhecimento de todos os súditos as decisões tomadas nas reuniões conciliares⁶⁴, a *L. V., II, 1, 2* tornava ilegítimas e ilegais todas as leis desatualizadas⁶⁵, sinal inequívoco de que as tradições jurídicas de caráter local e regional ainda eram fortes mas que deveriam, em teoria, ser desconsideradas a partir da promulgação do código por Recesvinto. Nesse caso o soberano hispano visigodo pautava-se numa lei contida no Código Teodosiano, *C. Th., I, 1, 2*, compilada pelo Breviário de Alarico II, *Brev., I, 1, 2*, que reconhecia unicamente como válidas as leis contidas no código legislativo promulgado⁶⁶. Uma lei imperial que legitimava aquela que era proposta por Recesvinto que recordava em seu texto que *"toda a ciência sã ordena a vida, a ignorância execra"*⁶⁷, estabelecendo que a lei régia tinha na razão a base essencial para a manutenção da ordem interna e que sem ela, com a conseqüente diversidade jurídica, prevaleceria a anarquia e a confusão. Para evitar problemas jurídicos que gerassem instabilidade interna no reino hispano visigodo de Toledo estabeleceu-se categoricamente que *"é nulo aquele que estima fazer do ilícito lícito, que esquece as novas leis sancionadas; são insolentes e ignorantes, que causam prejuízos e danos incorrendo em culpa"*⁶⁸.

Portanto, cabia ao rei a elaboração e fixação do código legislativo, sempre vinculado à vontade de Deus, bem como sua aplicação e a substituição das leis consideradas antiquadas. Para que estas tarefas fossem executadas de forma satisfatória colocava-se como condição primordial à utilização da razão por parte do *princeps*, levando-o a estabelecer uma hierarquia de prioridades nas suas ações políticas, jurídicas e administrativas. Tal "orde-

---

⁶² *L. V., II, 1, 1: ...Quapropter si obediendum est Deo, diligenda est iustitia(...).Gratanter ergo iussa celestia amplectentes, damus modestas simul nobis et subditis leges...*

⁶³ *L. V., II, 1, 1: ...ut nullis factionibus a custodia legum, que inicitur subditis, sese alienam reddat cuislibet persona vel potentia dignitatis, quatenus subiectos ad reverentiam legis inpellat necessitas, principis voluntas...*

⁶⁴ Vide nota 23.

⁶⁵ *L. V., II, 1, 2: Quod nulli leges nescire liceat.*

⁶⁶ *C. Th., I, 1, 2 = Brev., I, 1, 2: ...leges nescire nulli liceat, aut quae sunt statuta contemnere.*

⁶⁷ *L. V., II, 1, 2: ...Omnis scientia sana ordinabiliter vitat ignorantiam execrandam...*

⁶⁸ *L. V., II, 1, 2: ...Nullus ergo idcirco sibi extimet inlicitum faciendi licere quodlibet, quia se novit legum decreta sanctionesque nescire; nam non insontem faciet ignorantie causa, quem noxiorum damnis inplicaverit culpa...*

namento" é apresentado na *L. V., II, 1, 3*[69], comparando-o ao corpo humano que têm na cabeça o centro de todas as decisões, aquela que efetivamente rege e administra as vontades do corpo[70]. Novamente encontramos uma direta relação com uma definição apresentada por Isidoro de Sevilha, desta vez no livro XI das Etimologias, da importância da cabeça como "princípio da vida"[71], estabelecendo-se um paralelo entre a cabeça que rege o corpo com o rei que rege e corrige a sociedade. Por esse motivo, no texto legislativo, prioriza-se a proteção devida por todos da vida e da saúde da cabeça/do rei detentor da razão e de todas as decisões[72], apontando à necessidade do reconhecimento do poder régio e de sua justiça por todos os súditos.

Este reconhecimento dos poderes políticos do soberano aparece, com muita clareza, na *L. V., II, 1, 4* que estabelece o tempo de validade das leis[73]. O texto legislativo refere-se ao "consenso universal", que nos faz recordar o *consensus universorum* presente no discurso de Plínio, o Jovem[74], entre o rei, os bispos e os nobres integrantes do ofício palatino, sendo este um evidente chamado à aplicação do código de leis por todos os integrantes da *nobilitas* hispano visigoda. Reforça-se a necessidade da reformulação das leis antigas "impregnadas pelo pecado"[75], fixando-se um prazo de retroação das leis válidas àquelas editadas a partir do segundo ano do reinado de Chindasvinto[76], ou seja, a partir do ano de 643 e que incluía a *L. V., II, 1, 6*, provavelmente editada entre 642-643 e confirmada no VII Concílio de Toledo de 646, destinada à castigar todos aqueles, laicos e clérigos, que se insurgissem contra o príncipe, colocando em perigo a unidade do reino hispano visigodo de Toledo[77]. É interessante observarmos que esta retroação temporal era pouco usual nos códigos legislativos de tradição imperial romana e bizantina[78],

---

[69] *L. V., II, 1, 3: Quod antea ordinari oportuit negotia principum et postea populorum.*

[70] *L. V., II, 1, 3: ...Bene Deus, conditor rerum, disponens humani corporis formam, in sublimem caput erexit adque ex illo cunctas membrorum fibras exoriri decrevit; unde hoc etiam a capiendis initiis caput vocari precensuit...*

[71] *Isid., Etym., XI, 1, 25: Prima pars corporis caput; datumque illi hoc nomen eo quod sensus omnes et nervi inde initium capiant, atque ex eo omnis vigendi causa oriatur. Ibi enim omnes sensus apparent. Vnde ipsius animae, quae consulit corpori, quodammodo personam gerit.*

[72] *L. V., II, 1, 3: ...Ordinanda ergo sunt primo negotia principum, tutanda salus, defendenda vita, sicque in statu et negotiis plebium ordinatio dirigenda, ut dum salus conpetens prospicitur regum, fida valentius teneatur salvatio populorum.*

[73] *L. V., II, 1, 4: De tempore, quo debeant leges emendate valere.*

[74] Sobre este tema, *vide* nota 15.

[75] *L. V., II, 1, 4: ...leges veternosas peccaminum antiquitas inpetrabit...*

[76] *L. V., II, 1, 4: ...adeo leges in hoc libro conscriptas ab anno secundo dive memorie domni et genitoris mei Chindasvinti regis in cunctis personis ac gentibus nostre amplitudinis imperio subiugatis omni robore valere decernimus hac iugi mansuras observantia consecramus...*

[77] *L. V., II, 1, 6 = Conc. VII Tol., a. 646, c. 1: De his qui contra principem vel gentem aut patriam refugi sive insulentes existunt// De refugis atque perfidis clericis sive laicis.*

[78] De acordo com GARCIA LOPEZ,Y. **Estudios críticos...** p. 23, "... *Recesvinto publicó su Liber con un valor retroactivo de 10 años, una idea que mal hubieran comprendido los legisladores imperiales ...*".

sendo provavelmente explicável a raiz das dificuldades políticas enfrentadas por Recesvinto nos primeiros anos de seu reinado. Seja como for, a lei apresentava um "tom" conciliatório entre todos os agentes políticos do reino hispano visigodo, ponto este que em nossa opinião estava relacionado com todos os problemas surgidos e enfrentados pelo novo monarca que tentava, a partir da promulgação do código legislativo, estabelecer a *pax* e a *concordia* com os segmentos nobiliárquicos hispano visigodos.

Nessa linha de "paz" e de "concórdia" proposta pela legislação régia a toda a nobreza é que aparece a *L. V., II, 1, 5*[79], cuja redação é exatamente a mesma da *Lex edita* promulgada por Recesvinto ao final das atas do VIII Concílio de Toledo de 653[80]. O texto da lei começa por apontar que a imoderada cobiça dos reis, na tentativa de ampliação de seus bens patrimoniais, provocara um autêntico saque às propriedades dos súditos[81], culminando com a insatisfação e a subseqüente confrontação entre o rei e a nobreza que enfraquecia o "consenso universal" e a própria unidade política do reino. Para evitar que tais abusos ocorressem num futuro recuperou-se a perspectiva apresentada na *L. V., II, 1, 1* de que também o rei deveria respeitar sua própria lei, entendida como *"barreira da temperança aos excessos dos reis"*[82]. Ou seja, o respeito à lei por parte do soberano seria o melhor antídoto contra possíveis abusos que por ventura fossem por ele tentados. Um dispositivo limitador dos poderes régios, mas que devemos ponderar à luz do contexto prévio dos primeiros dois anos do reinado de Recesvinto. Vale recordar que as apropriações indevidas praticadas por Chindasvinto mantiveram-se intactas e integradas ao patrimônio privado da família do soberano, sendo estas validadas e amparadas de acordo com o exposto na *L. V., II, 1, 3* referente aos negócios do rei[83], além de estender possíveis benefícios de reintegração de bens indevidamente expropriados ao tempo de Suinthila[84]. Além destes dispositivos que favoreciam, também, a posição régia diante das pretensões nobiliárquicas, surge no texto legislativo à imposição de penas àqueles que desrespeitassem a lei: fossem laicos integrantes do ofício palatino ou a eles vinculados, fossem clérigos, perderiam metade de seus bens patrimoniais privados, seus cargos e títulos, podendo inclusive sofrer com o exílio[85]. No-

---

[79] *L. V., II, 1, 5: De principum cupiditate damnata eorumque initiis ordinandis, et qualiter conficiende sunt scripture in nomine principum facte.*

[80] Vide notas 48 e 49.

[81] *L. V., II, 1, 5: ...ut plus commodi de aliena salute conquirat, quam de propria utilitate quisque percipiat. In multis enim, quia multorum salus adtenditur, maioris lucri summa percipitur...*

[82] *L. V., II, 1, 5: ...ut quia subiectis leges reverentiae dederamus, principum quoque excessibus retinaculum temperantie poneremus...*

[83] *L. V., II, 1, 5: ...Huius sine legis sententia in solis aut principum negotiis observanda...* que remetia ao conteúdo existente na *L. V., II, 1, 3.*

[84] Vide nota 51.

[85] *L. V., II, 1, 5: ...Nam et si quis legis huius seriem ex officio palatino malivole detrahendo lacerare voluerit aut evacuandam quandoque, vel silenter musitans vel aperte resultans,*

tamos, portanto, que a imposição de severos castigos aos representantes nobiliárquicos estava contemplada pela lei, podendo este ser um indício de que a legislação régia tentava, de igual forma, impor limites às apetências políticas naturais da nobreza hispano visigoda.

Devemos ter em consideração que a relação política existente entre o rei e o corpo nobiliárquico, laico ou eclesiástico, estava fundamentada sobre pactos de fidelidade jurada que estabeleciam direitos e deveres de ambas partes, embora como indica-nos King *"el juramento no implicaba ningún sentido contractual que pudiera llevar a creer que no siempre se exigía la simple obediencia deferente"*[86]. Logo, o juramento de fidelidade era extensivo a uma ampla gama de prestações, entre elas a de obediência e aplicação do código legislativo promulgado pelo soberano. Outra prestação inquestionável era a de defender o reino, conseqüentemente o rei, contra atitudes de usurpação provocada por "infiéis" que buscavam apoio interno ou até junto a forças inimigas externas. Aspecto que demonstra a ameaça constante da instabilidade política interna, principal argumento presente na *L. V., II, 1, 6*[87] que fora editada no reinado de Chindasvinto e que aparece no código legislativo de Recesvinto. Mesmo no *Liber* de 654 encontramos certas penas destinadas aos acusados de infidelidade contra o rei e o reino que contrariavam o exposto no cânone 2 do VIII Concílio de Toledo[88], como a possibilidade de dar morte ao acusado de infidelidade ou submeter-lhe a condição de dependente[89], além da perda de seu patrimônio ou, através da misericórdia régia, da restituição da vigésima parte daquilo que fora-lhe retirado[90]. A inclusão desta lei no código legislativo de Recesvinto obedecia, certamente, a inclusão de leis promulgadas nos dez anos anteriores a edição do *Liber* e que constavam, como tivemos ocasião de observar, da *L. V., II, 1, 4*[91]. Ainda assim causa certa estranheza a incorporação duma lei evidentemente associada aos momentos mais difíceis da relação entre o rei Chindasvinto e os segmentos nobiliárquicos que eram francamente hostis a sua ascensão. Podemos pensar, a título de hipótese, que embora Recesvinto tenha obtido no VIII Concílio de Toledo garantias e reconhecimento de sua legitimidade como *rex wisigothorum*, mesmo depois de vencer a rebelião

---

proloqui detectus extiterit, cunctis palatine dignitatis et consortiis et officiis mox nudatus, omnium rerum suarum dimidiam partem amittat et, in deputato sibi loco redactus, a totius palatii maneat societate seclusus. Religiosus etiam, qui se in eadem culpam devolverit, simili rerum proprietatis sue dispendio subiacebit.

[86] Cf. KING, P. D. **Derecho y sociedad...**, p. 61.
[87] *Vide* nota 77.
[88] *Vide* nota 53.
[89] *L. V., II, 1, 6: ...horum omnium scelerum vel unius ex his quisque reus inventus inretractabilem sententiam mortis excipiat, nec ulla ei de cetero sit vivendi libertas indulta...*
[90] *L. V., II, 1, 6: ...Nam si humanitatis aliquid cuicumque pérfido rex largiri voluerit, non de facultate eius, sed unde placuerit principi tantum ei solumodo concessurus est, quantum hereditatis eiusdem culpati vicesima portio fuisse constiterit...*
[91] *Vide* nota 76.

encabeçada por Froya que contou com o apoio de agentes políticos externos, representados pelas tribos vascas, muito provavelmente existissem ainda focos de resistência nobiliárquica contrária a sua ascensão ao trono e localizados em regiões limítrofes do reino. O certo é que encontraremos em fontes posteriores a edição do *Liber* indícios de problemas de instabilidade política interna no reinado de Recesvinto, como sugere uma passagem contida nas atas do Concílio de Mérida de 666 onde os bispos conciliares solicitavam o apoio de Deus para que o rei obtivesse "*a vitória sobre seus inimigos, que com ajuda da graça submeta a sua jurisdição o pescoço de seus adversários*"[92].

A postura de hostilidade em relação ao rei poderia estar contida sob variadas formas, desde o levantamento armado, comentários públicos depreciativos e ofensivos à imagem do soberano e até mesmo maldições proferidas. Ora, tais atitudes contrariavam abertamente os juramentos de fidelidade feitos em nome do rei sendo, por esse motivo, objeto de condenação jurídica por parte da *L. V., II, 1, 7*[93] que proibia qualquer atentado ou maldição proferidas contra a vida do príncipe[94]. No caso de se comprovar que alguém lançara uma maldição "torpe e injuriosa" ao rei[95], estabeleciam-se duas penas distintas conforme a condição sócio-jurídica do réu: sendo nobre, tanto de alta como de baixa extração, ou clérigo, acusado de blasfemar ou agir contra o rei, perderia metade de seus bens patrimoniais dos quais o rei disporia segundo seu desejo e vontade[96]. No caso do acusado ser de condição humilde, provavelmente livre ou liberto, passaria à condição de servo do patrimônio régio[97]. E mesmo após a morte do rei tal atitude de desrespeito deveria ser coibida[98], sendo provável que na memória de Recesvinto ainda pairavam as

---

[92] *Conc. Emert., a. 666, Praef.: ...deinde serenissimo atque clementissimo principi nostro et domino gratiarum actiones impendimus regi Recesvinto, optantes divinam misericordiam, ut qui ei tribuit regni potestatem concedat et vitae felicitatem cum pacis quiete, sicque eum de suis hostibus reddat victorem, ut suorum inimicorum colla ditioni eius subdat gratia sua favente...*

[93] *L. V., II, 1, 7: De non criminando principe nec maledicendo illi.*

[94] *L. V., II, 1, 7: ...Sicut in personam principis omnibus proibemus aut commovere nequitiam cogitationis aut manus inicere ultionis, ita etiam nullum patimur in eum aut notam ponere criminis aut verba congerere maledictionis...*

[95] *L. V., II, 1, 7: ...qui maledixerit principi populi sui, demonstrat existere reum. Quapropter quicumque in principem aut crimen iniecerit aut maledictum intulerit, ita ut hunc de vita sua non humiliter et silenter admonere procuret, sed huic superve et cuntumeliose insultare pertemtet sive etiam in detractionis eius ignominia turpia et iniuriosa presumat...*

[96] *L. V., II, 1, 7: ...si ex nobilibus idoneisque personis fuerit, seu sit religiosus sive etiam laicus, mox detectus extiterit et inventus, dimidiam omnium rerum suarum partem amittat, de qua idem princeps faciendi quod sibi placuerit potestatem obtineat...*

[97] *L. V., II, 1, 7: ...Nam si de vilioribus humilioribusque personis fuerit, aut certe quem nulla dignitas exornabit, quod de illo vel de rebus eius princeps voluerit iudicandi licentiam habebit...*

[98] *L. V., II, 1, 7: ...Simili quoque precepto defuncto etiam principi ausum oportune interdicimus detrahendi...*

duras palavras dirigidas por Eugênio II de Toledo no epitáfio proferido ao defunto Chindasvinto[99].

3 CONCLUSÕES PARCIAIS

Parece-nos certo iniciarmos nossas observações finais com a afirmação de que as primeiras leis que integravam o livro II do *Liber Iudiciorum/ Lex Wisigothorum* respondiam as necessidades imediatas do soberano responsável por sua elaboração e edição, Recesvinto, em fazer frente às ameaças políticas impostas por parte da nobreza laico-eclesiástica hispano visigoda que questionavam sua ascensão à condição de monarca. Indubitavelmente que a sombra do duro reinado de seu pai, Chindasvinto, pairava sobre o novo rei como uma espada pronta a precipitar-se. Mesmo o "pacto" para uma sucessão régia tranqüila, proposta iniciada por Bráulio de Zaragoza e consolidada no VIII Concílio de Toledo de 653, trazia poucas garantias de reconhecimento e legitimação do poder para Recesvinto. Talvez por esse motivo, como conseqüência imediata dum momento de incertezas políticas, o novo rei promulgou e editou um código legislativo que já vinha sendo preparado desde os tempos de seu pai e antecessor, mas que naquele ano de sua publicação, 654, fazia-se mais que necessário como forma de projetar positivamente o seu reinado. Nesse sentido, entendemos que a edição do *Liber* por Recesvinto apresentava-se como uma autêntica "re inauguração" do seu reinado, onde sua posição de legislador reforçaria, ao menos em termos teóricos, sua condição de *legitimus rex*.

A partir das leis analisadas neste estudo, podemos asseverar a tentativa régia de impor o reconhecimento de sua autoridade sobre os súditos régios, especialmente sobre aqueles grupos nobiliárquicos mais reticentes em aceitarem seu poder efetivo. Prova disso são as leis referentes ao cumprimento estrito do código legislativo em todas as regiões do reino por todos os representantes régios legais, bem como do cumprimento dos pactos jurados estabelecidos entre o rei e a nobreza, tanto a laica como a eclesiástica. Ao reforçar a inviolabilidade dos juramentos feitos, Recesvinto buscava converter aqueles pactos numa autêntica "arma" política a seu favor, recuperando a perspectiva ideológica que o indicava como o escolhido pela vontade divina e reconhecido pelos juramentos entre iguais. É certo, também, que Recesvinto tentava combater os poderes de caráter local e regional com a edição do *Liber*, além de propor a unidade legislativa, obviamente inserida numa proposta de unidade política, do reino hispano visigodo de Toledo. Tanto a unidade a volta dum único código legislativo como a própria intenção de unidade política devem ser entendidas como fruto da herança legada e apreendida do Império Romano tardio, ou seja, podemos

---

[99] *Eug. II Tol., Epitaphion Chindasvintho regi: ...patrator scelerum Chindasuinthus ego. Inpius obscaenus, probosus turpis iniquus, optima nulla volens, pessima cuncta valens quidquid agit qui prava cupit...*

dizer que tanto a primeira como a segunda eram características comuns e inerentes ao pensamento político, jurídico e administrativo da Antiguidade Tardia. Por esse motivo, verificamos a incontestável presença de referências aos códigos legislativos imperiais no *Liber*[100], demonstrando uma clara aproximação ideológica que tentava estabelecer um paralelo entre os poderes imperial e régio. Assim, seguindo esta interpretação, Recesvinto era o monarca escolhido pela vontade divina e herdeiro dos imperadores romanos tardios em sua função de oferecer um código de leis pautado pela justiça e pela misericórdia com a intenção de conduzir e unificar o reino hispano visigodo de Toledo.

Apesar de todos os pontos favoráveis que apontavam à limitação dos poderes políticos do rei e da nobreza, o código legislativo editado por Recesvinto competia com um processo em constante desenvolvimento desde o século III, o da fragmentação política pautada pela regionalização dos poderes. Embora fosse paulatinamente atualizado em reinados posteriores, o *Liber Iudiciorum/Lex Wisigothorum* de Recesvinto, proposto para corrigir e reger o reino hispano visigodo de Toledo, foi ineficaz para conter a avassaladora desagregação política dos primórdios do século VIII.

4 REFERÊNCIAS

CAVALLO, G. Libros y público a fines de la Antigüedad. *In*: **Libros, editores y público en el mundo antiguo. Guía histórica y crítica**. Madrid: Alianza Universidad, 1995. p. 129-30.

DE JONQUIERES, C. La crise de 19 a.C. et sés conséquences. *In*: **Gerión 22/1**. Madrid: Universidad Complutense de Madrid, 2004. p. 273.

DIAZ MARTINEZ, P. C. **Formas económicas y sociales en el monacato visigodo**. Salamanca: Ediciones Universidad de Salamanca, 1987. p. 143.

_____. Rey y poder en la monarquía visigoda. *In*: **Iberia 1**. Logroño: Universidad de La Rioja, 1998. p. 191.

DREW, K. F. Another look at the origins of the Middle Ages. A Reassessment of the role of the Germanic Kingdoms. *In*: **Speculum 62/4**. Cambridge: The Medieval Academy of America, 1987. p. 803-12.

FONTAINE, J. **Isidoro de Sevilla. Génesis y originalidad de la cultura hispánica en tiempos de los visigodos**. Madrid: Ediciones Encuentro, 2002. p. 99.

FRIGHETTO, R. Aspectos da teoria política isidoriana: o cânone 75 do IV Concílio de Toledo e a constituição monárquica no reino visigodo de Toledo. *In*: **Revista de Ciências Históricas XII**. Porto, Universidade Portucalense, p. 73-82, 1997.

_____. **Cultura e Poder na Antiguidade Tardia Ocidental**. Curitiba: Juruá, 2000. p. 62.

_____. O problema da legitimidade e a limitação do poder régio na *Hispania* visigoda: o reinado de Ervígio (680-687). *In*: **Gerión 22/1**. Madrid: Universidad Complutense de Madrid, 2004. p. 432.

---

[100] Notamos o conhecimento de vários códigos imperiais na época hispano visigoda com base em *Isid., Etym., V, 1, 7: Novae a Constantino Caesare coeperunt et reliquis succedentibus, erantque permixtae et inordinatae. Postea Theodosius minor Augustus ad similitudinem Gregoriani et Hermogeniani codicem factum constitutionum a Constantini temporibus sub próprio cuiusque imperatoris titulo disposuit, quem a suo nomine Theodosianum vocavit.*

_____. **Valério do Bierzo. Autobiografia. Primeiro Prémio de História da Galiza 2005**. La Coruña: Toxosoutos, 2006. p. 12-3.

GARCIA LOPEZ, Y. **Estudios críticos de la 'Lex Wisigothorum'**. Alcalá de Henares: Memorias del Seminario de Historia Antigua V, 1996. p. 227.

GARCIA MORENO, L. A. El estado protofeudal visigodo: precedente y modelo para la Europa Carolingia. *In*: **L'Europe Hèritière de l'Espagne Wisigothique**. Madrid: Casa de Velazquez, 1992. p. 29 e ss.

_____. **Prosopografia del reino visigodo de Toledo**. Salamanca: Ediciones Universidad de Salamanca, 1974. n. 249, p. 118.

HIDALGO DE LA VEGA, M. J. **El intelectual, la realeza y el poder político en el Imperio Romano**. Salamanca, Ediciones Universidad de Salamanca, 1995, p. 107.

KING, P. D. **Derecho y sociedad en el reino visigodo**. Madrid: Alianza, 1972. p. 43.

LAFFI, U. Poderes triunvirales y órganos republicanos. *In*: **Sociedad y política en la Roma republicana(siglos III-I a.C.)**. Pisa, Pacini Edittore, 2000, p. 301.

ORLANDIS, J. **Historia de España 4 – Época Visigoda (409-711)**. Madrid: Gredos, 1987. p. 164.

PETIT, C. Crimen y castigo en el reino visigodo de Toledo. *In*: **Arqueología, Paleontología y Etnografía. Jornadas internacionales 'Los Visigodos y su mundo'**. Madrid, Boletín oficial de la Comunidad de Madrid, 1998. p. 218.

VALVERDE CASTRO, M. R. **Ideología, simbolismo y ejercicio del poder real en la monarquía visigoda**: un proceso de cambio. Salamanca: Ediciones Universidad de Salamanca, 2000. p. 226.

VIGORITA, T. S. Diritti locali e modello romano nel principato. *In*: **Roma y las províncias. Realidad administrativa e ideología imperial (Org. Julián González)**. Madrid: Ediciones Clásicas, 1994. p. 220-1.

A MONARQUIA PORTUGUESA E O CISMA DO OCIDENTE (1378-85)

Fátima Regina Fernandes[1]

Sumário: *1. Introdução. 2. O Cisma na Península Ibérica. 3. O Episcopado Português e o Cisma. 4. A Ordem do Crato e o Cisma. 5. Conclusão. 6. Referências.*

1 INTRODUÇÃO

O contexto da Guerra dos Cem Anos envolve os reinos ibéricos enquanto aliados ou opositores da França e Inglaterra. O reino português, durante o reinado de Fernando I (1367-1383), introduz-se nestes partidarismos e pratica uma política pendular entre os dois eixos, à semelhança de seus pares ibéricos.

O Cisma do Ocidente, desenrola-se de maio de 1378 a novembro de 1417[2] e resulta da política francesa de afirmação continental frente aos outros reinos e à Cúria Pontifícia de Roma, fomentando a alternativa de Avinhão. O fim do *Exílio de Avinhão*[3] com o retorno de Gregório XI a Roma, em fins de 1377, periga diante da morte do referido pontífice em março de 1378. A pressão da aristocracia romana sobre o colégio cardenalício é forte para que se eleja um Papa romano, no entanto, a escolha recai, em abril de 1378[4] sobre Bartolomeo Prignano, Arcebispo de Bari, antigo funcionário da Cúria de Avinhão, designado Urbano VI. Cerca de dois meses depois da eleição, um grupo de treze cardeais eleitores denuncia a fraude da eleição realizada, segundo eles sob forte pressão e em Fondi, Nápoles, elegem Roberto, Cardeal de Genebra, primo de Carlos V, designado como Clemente VII, o qual, incapaz de assumir suas funções em Roma, estabeleceria simultaneamente sua Sé Apostólica em Avinhão, onde alguns cardeais tinham permanecido após o retorno de Gregório XI[5].

---

[1] Doutora em História Medieval pela Universidade do Porto (Portugal); Professora Adjunta de História Medieval da UFPR; Bolsista PQ II CNPq; Vice-coordenadora do Núcleo de Estudos Mediterrânicos da UFPR.

[2] O Concílio de Pisa de 1409 agravaria ainda mais a situação ao eleger não dois, mas três Pontífices. O futuro Imperador Sigismundo em 1414 convocaria o Concílio de Constança que só se encerraria em 1417 com a eleição de Martinho V (KNOWLES e OBOLENSKY. **Nova História da Igreja**. Petrópolis: Vozes, 1983, v. II, p. 445-56).

[3] O chamado *Exílio de Avinhão ou Exílio da Babilônia* desenrolara-se de 1305 até 1377.

[4] Seria de se esperar o apoio de Anjou à um cardeal napolitano, no entanto, Anjou fomentaria os levantes contra Urbano VI, assim como Carlos V que pressionaria Juana de Nápoles a não reconhecer o Papa de Roma, ainda que fôsse natural de seu reino.

[5] A nível das fontes ver o Cisma em, LOPES, Fernão. **Crónica de D. Fernando**. Ed. Salvador Dias ARNAUT, Porto: Civilização, 1966 (a partir daqui esta fonte será identificada com a

Estes dois contextos atravessam a Península Ibérica e promovem partidarizações instáveis as quais serão objeto, partir daqui, de nossa análise.

Aragão, aparece neste contexto, como um reino estrategicamente importante e que se faria valer deste seu potencial para praticar uma política pendular, aproveitando-se para defender seus interesses próprios, o que geraria uma consensual desconfiança entre os reinos em relação a Aragão. O seu rei, Pedro IV, aliara-se a Pedro, o Cruel e à Inglaterra, desde a vitória destes em 1367 em Nájera, contra o Trastâmara[6]. Desde 1374, Pedro IV estaria em guerra com seu sobrinho, o Infante de Mayorcas, casado com Juana, rainha de Nápoles, pela posse do trono de Mayorcas que o rei aragonês requisitara para si. Enrique Trastâmara defenderia as pretensões do Infante maiorquino permitindo a entrada por Castela dos apoiantes deste, os quais lutariam contra Aragão.

O reino português, por sua vez, tinha tentado uma aliança fracassada com Aragão desde março de 1370, o que resultara numa derrota portuguesa frente a Castela. Assim, Castela e Portugal, em 1374, celebram uma aliança específica contra Aragão[7]. Acordo que resultaria sem efeito, por iniciativa de Enrique II, visto que este tinha a frente militar de apoio à França que lhe cobrava efetivos militares navais[8], os quais incluíam o seu outro aliado, Portugal. Fernando, mandaria galés portuguesas à França, as quais chegariam a atacar as costa inglesas[9]. Importa-nos, analisar mais as intenções políticas que a efetividade dos acordos, convém destacar, no entanto, que já em maio de 1375 celebraria-se o casamento do Infante Juan de Castela com a Infanta Leonor de Aragão. Em 1370, aliança da mesma natureza com Portugal fracassara, pelo que, o reino português sentiria-se duplamente ofendido em 1375[10].

Ainda em 1375 ou mais provavelmente 1378, Castela estabeleceria aliança com Navarra, acordo manifesto pelo enlace da filha de Enrique II, Infanta Leonor com o Infante Carlos[11]. No entanto, secretamente, Carlos, o

---

sigla, **CDF**) cap. 107-9, p. 293-305; LOPES de AYALA, Pero. **Crónica del Rey Don Pedro y del Rey Don Enrique**. Buenos Aires: SECRIT, 1994, XIII, 1378:7-10, p. 416-22 e SANTOS, Frei Manoel dos. **Monarquia Lusitana**. Ed. A. da Silva REGO, A. Dias FARINHA e Eduardo dos SANTOS, 3. ed. Lisboa: Imprensa Nacional – Casa da Moeda, 1988, parte VIII, l. XXII, cap. 40, p. 298-305.

[6] Aragão, na prática deveria impedir, segundo este acordo, a entrada de Enrique Trastâmara em Castela, via Aragão, ainda que tenha fechado os olhos à passagem do mesmo (LOPES, **CDF**, cap. 92, p. 249).

[7] LOPES, **CDF**, cap. 92, p. 249-51.

[8] O Duque de Lancaster invadira a França por Calais da primavera de 1373 até abril de 1374 e Enrique II deveria socorrer sua aliada, a França (RUSSELL, P. E. João Fernandes Andeiro at the Court of John of Lancaster: 1371-1381. *In*: **Revista da Universidade de Coimbra**. Coimbra: Faculdade de Letras da Universidade de Coimbra, XIV (1940), p. 25-6).

[9] Fernando negocia o envio das cinco galés que funcionariam também como pagamento do dote da Infanta Beatriz que se casara com Conde de Albuquerque conforme cláusula do Tratado de Santarém de 1373. Com este auxílio, o rei português conseguiria quitar simultaneamente suas dívidas com Castela (LOPES, **CDF**, cap. 94, p. 255-6).

[10] LOPES, **CDF**, cap. 94, p. 255-6.

[11] LOPES, **CDF**, cap. 94, p. 256.

Mau de Navarra tecia aliança com Ricardo II de Inglaterra. O Infante Carlos parte, após seu casamento, para Navarra, onde acionaria forças na Normandia que apoiariam uma incursão inglesa na França. Os seus intuitos são descobertos, o futuro Carlos VI é preso em Paris e Filipe, o Duque da Borgonha, irmão de Carlos V é enviado juntamente com Bertrand du Guesclin, Condestável a serviço de Castela, às possessões navarras na Normandia para reprimir a iniciativa. A França exigiria ainda, que sua aliada, Castela Trastâmara entrasse em guerra com Navarra; o Infante Juan conduziria as ações[12]. Ansiosa por restabelecer a paz com Navarra, com quem Castela, recentemente estabelecera aliança, em maio de 1379, pouco antes da morte do rei Enrique II, refazem-se os acordos de paz entre estes dois reinos[13].

Castela encabeçaria, até 1378 toda a política peninsular, pautando sua atuação pela busca de aliança e paz entre os reinos, trazendo-os para o eixo francês. Portugal sobraria nestes acordos com alianças menores, a Infanta Beatriz seria oferecida em 1376 ao Duque de Benavente, filho natural de Enrique II[14] numa união de segunda categoria com Castela. Em vários trabalhos anteriores tenho interpretado os acordos matrimoniais de Fernando, dele próprio e os de sua filha, como uma política de busca de neutralidade portuguesa, no entanto, numa análise mais ampla, como esta a que nos propomos neste trabalho, fica claro que Portugal buscava participar do jogo de alianças, no entanto, não dispunha de peso político para conseguir alianças importantes.

Certamente buscando anular a entrada de Aragão no bloco franco-castelhano, Portugal, em inícios de 1378, secretamente retomaria os acordos com a Inglaterra, enquanto tentava oficialmente aliar-se com o Duque de Anjou, filho segundo de Carlos V de França. Ficaria estabelecido, assim, o casamento da Infanta Beatriz com o Duque de Anjou. O acordo seria especificamente uma união de forças da iniciativa portuguesa contra Aragão. O Duque faria guerra por mar às custas de Portugal e ficaria ao final com o reino de Maiorca[15]. Se Castela quisesse entrar no acordo, como teria já mani-

---

[12] O Duque de Borgonha e Du Guesclin destroem fortalezas navarras na Normandia, Tudela e Estella. Restaria apenas Xiriborg, no litoral, que Carlos II, o Mau empenharia a Ricardo II da Inglaterra por enorme quantia de ouro, de onde, os ingleses continuariam a fazer guerra à França (LOPEZ DE AYALA, *op. cit.*, XIII: 1378, I:3-30, p. 405-6 e *id, ibid.*, XIII: 1378, v: 2-19, p. 412-3). O Infante Juan de Castela cerca Pamplona, toma vários lugares e retorna a Castela por conta do inverno que se tornara muito rigoroso; entretanto sua mulher, Leonor de Aragão, encontrava-se grávida daquele que viria a ser o futuro herdeiro do trono castelhano e que nasceria em outubro ou novembro de 1379 (*Id. Ibid.*, XIII:1378, v: 2-19, p. 412-3)

[13] As pazes com Navarra seriam de iniciativa castelhana e incluiriam a devolução de castelos, com exceção de Estella e La Guardia (LOPEZ DE AYALA, *op. cit.*, XIV, 1379:12, p. 423-5 e LOPES, *CDF,* cap. 110, p. 308).

[14] Acordo reconhecido em Portugal nas Cortes de Leiria de novembro de 1376 e confirmado em Córdoba, em janeiro de 1377 (LOPES, **CDF,** cap. 96, p. 261-2 e SANTOS, *op. cit.*, p. VIII, l. XXII, cap. 29, p. 207-8).

[15] Desde o episódio das *Visperas Sicilianas* de 1282, Anjou ficara apenas com Nápoles, enquanto Aragão dominava a Sicília. Caso tivesse sucesso, a Casa de Anjou recobraria parte do território original de seu projeto angevino.

festado interesse ao Duque de Anjou, receberia também seu quinhão[16]. Portugal buscava com este acordo, anular a força de Aragão, recém admitido no núcleo do eixo franco-castelhano.

Seria outro acordo de iniciativa portuguesa que não se efetivaria[17], no entanto, teria ressonância em outro âmbito, o do Cisma do Ocidente. Enquanto a ligação da Inglaterra com Navarra constituiu uma ameaça à França, este acordo interessou à Anjou e forçaria até 1380 a opção de Portugal por Avinhão. Portugal manteria uma política pendular casando sua filha com a Casa de Anjou entre abril-junho de 1378, mas declarando em seu testamento de agosto de 1378, a validade do casamento da mesma filha com o Duque de Benavente de Castela[18]. Simultaneamente ofereceria a mesma Infanta ao filho do Conde de Cambridge nos acordos secretos que eram conduzidos por ex-*emperegilados*, exilados em Inglaterra e a serviço do rei português. Ao fundo delineiam-se e compreendem-se as opções ora por Avinhão, ora por Roma. O motor destas opções de ressonância religiosa é sem dúvida, a política decorrente da Guerra dos Cem Anos e seus desdobramentos peninsulares conforme, a partir daqui analisaremos.

2 O CISMA NA PENÍNSULA IBÉRICA

Urbano VI mandaria à Península, João de Roquefeuille, o qual teria demonstrado ao rei português, dúvidas sobre a eleição do Papa em Roma, pelo que, Fernando consultaria os letrados, mas acabaria por reconhecer a eleição. Quando em inícios de 1378 chega a Portugal a notícia da eleição de Urbano VI já se encontrava em Santarém a comitiva do Duque de Anjou[19]. Em Castela, chegaria a Córdoba uma comitiva da mesma natureza, da parte de Urbano VI[20].

Em agosto de 1378 chegaria ao reino português a comitiva dos cardeais rebeldes e mais tarde notícias da eleição de Clemente VII [21]. Ainda que estivesse, nessa época, negociando diretamente com Anjou, o rei português, dada sua política pendular, manteria a neutralidade em conformidade com os outros reinos peninsulares. Clemente VII nomearia o Cardeal Pero de Luna,

---

[16] LOPES, **CDF**, cap. 97, p. 263-4.
[17] *Id, ibid.*, cap. 92-7, p. 249-64 e ARNAUT, Salvador Dias. **A Crise Nacional dos Fins do Século XIV: a sucessão de D. Fernando**. Coimbra: Instituto de Estudos Históricos Dr. António de Vasconcelos, 1960, 1ª p. 31-2, n. 6.
[18] Biblioteca Pública e Arquivo Distrital de Évora, cód. CIX/2-2, n. 9, *apud* ARNAUT, *op. cit.*, p. II, p. 291-5.
[19] O bispo de Lisboa, Agapito Colonna teria estado no conclave (BAPTISTA, J. César, Portugal e o Cisma do Ocidente. *In*: **Lusitania Sacra**. Lisboa, 1 (1956), p. 65 a 70).
[20] LOPES de AYALA, *op. cit.*, XIII:1378, VII: 7-13, p. 416.
[21] Sobre o Cisma na Península veja-se LOPES, **CDF**, cap. 107-9, p. 293-305; LOPEZ de AYALA, *op. cit.*, XIII: 1378, VII-X, p. 416-22; SANTOS, *op. cit.*, p. VIII, l. XXII, cap. 40, p. 298-305; ALMEIDA, Fortunato de. **História da Igreja em Portugal** (ed. Damião PERES). Porto: Portucalense, 1967, v. I, p. 374-81 e BAPTISTA, *op. cit.*, p. 65-179.

aragonês, catedrático da Universidade de Montpellier, cardeal de Avinhão e um dos seus eleitores, como Núncio Geral[22].

Fernando reuniria conselho em fins de 1378 e inícios de 1379[23]. O texto desta reunião que nos chegou seria da autoria de Martinho, bispo amplamente comprometido com a causa de Avinhão. Segundo ele, pensou-se numa reunião dos reis cristãos para deliberarem sobre o assunto, mas questionou-se a imparcialidade possível, naquele contexto, das posições. A propaganda dos dois partidos seguia no reino, Portugal oficialmente continuava com Roma.

Em maio de 1379, nova reunião de Conselho em Portugal para deliberar sobre a questão do Cisma e o resultado é a manutenção da neutralidade portuguesa[24].

A morte de Enrique II Trastâmara em fins de maio de 1379, daria ao rei português, esperanças de galgar uma posição mais destacada no contexto peninsular. A primeira medida de Fernando que denota esta proposta é a ordem de recolher as galés portuguesas que tinham ido em auxílio à Castela e França contra a Inglaterra[25]. Ricardo II manda cartas a Portugal lembrando sua aliança e pedindo que fizesse sua opção oficial por Urbano VI, mas Fernando mantém a neutralidade. Este seria o trunfo dos reinos peninsulares, moeda de troca em relação à França e à Inglaterra que patrocinavam cada uma das Sés Pontifícias. Enquanto não se decidissem por um dos lados seriam cortejados pelos dois; esta é a base da política peninsular em relação ao Cisma. E isto fica claro na correspondência enviada pelo Duque de Anjou, pouco depois, na qual este louvaria a neutralidade portuguesa afirmada frente aos ingleses; lembraria ainda o acordo recente entre os dois e afirmaria que Fernando agira, em relação ao Cisma, conforme instruções da França[26].

As mesmas preocupações avinhoesas e romanas atravessariam o reino castelhano, sendo que Enrique II adiaria politicamente uma decisão alegando a ausência de seu filho e herdeiro que a esta época fazia guerra contra Navarra[27]. Em 1378, na Junta de Ilhescas, defrontam-se, o bispo de Toledo Pero Tenorio e Pero de Luna. O primeiro defenderia com sucesso a manutenção do apoio a Roma, no entanto, posteriormente aderiria à causa avinhoesa; na verdade, Tenorio buscaria defender a posição de neutralidade castelhana em relação à questão do Cisma em conformidade com a política de Enrique e depois Juan I Trastâmara, malgrados os esforços de Carlos V. As Cortes de

---

[22] SANTOS, *op. cit.*, p. VIII, l. XII, cap. 41, p. 335.
[23] LOPES, **CDF**, cap. 113, p. 317-9 e BAPTISTA, *op. cit.*, p. 76 e 128.
[24] LOPES, **CDF**, cap. 107, p. 293-7.
[25] *Id, ibid.*, cap. III, p. 15-6.
[26] BAPTISTA, *op. cit.*, p. 93-96.
[27] Seria o próprio Carlos V quem mandaria à Castela uma comitiva dando a versão de Avinhão (LOPEZ DE AYALA, XIII: 1378, VI – VIII, p. 414-9). Enrique despede romanos e avinhoeses com intenção de manter a neutralidade (*Id, ibid.*, XIII, 1378, IX-X, p. 420-2).

Toledo confirmariam esta posição ainda por algum tempo[28]. Aragão manteria exatamente a mesma política oficializando desde julho de 1379 a sua neutralidade[29].

Portugal começara a alterar sua posição em função do projeto de combater Castela e em novembro de 1379, Fernando mandaria reunir em Salvaterra de Magos outro Conselho com prelados e letrados. Juan I enviaria Pero Tenorio ao reino português para garantir que Fernando manteria uma posição coerente com os outros reinos peninsulares. Em documento de 03.12.1379, reafirmaria-se oficialmente a neutralidade portuguesa. Juan I de Castela seria comunicado oficialmente de tal decisão, repassando a informação a Aragão[30].

Em janeiro de 1380, no entanto, Fernando oficializa, na Declaração de Évora, a adesão a Avinhão[31] e a saída da posição de neutralidade peninsular[32]. Até agosto de 1381, o reino português estaria oficialmente junto a Anjou e dentro do núcleo de influência direta da França. É sintomático que o antigo bispo de Silves, Martinho, emissário dos interesses portugueses em Anjou e defensor de Avinhão tomasse posse da diocese de Lisboa em maio deste ano[33], instituição que Avinhão solicitara desde o ano anterior mas que só agora o rei tinha condições de acatar oficialmente. Seria este mesmo bispo que levaria a Avinhão, a declaração de obediência do reino português e ao mesmo tempo, cláusulas de negociação de Portugal com Anjou. Martinho levaria ainda, pessoalmente, em julho de 1380, à Corte dos Valois, a notícia da obediência portuguesa a Clemente VII[34].

A 10.05.1380 o Duque de Anjou parabenizaria Fernando pela opção por Avinhão, em notícia trazida pelos emissários portugueses. O Duque refere-se orgulhoso de *"ter sido a sua diplomacia que apressara a declaração de Évora"*[35].

O Duque de Anjou, na correspondência com Portugal apresentar-se-ia como importante agente definidor da política portuguesa e em 1379, assumiria-se como o responsável pela rejeição dos apelos de Ricardo II a Fernando de opção por Roma e conseqüente manutenção da neutralidade e nesta última correspondência de 1380 como responsável pela quebra da neutralidade portuguesa a favor de Avinhão.

---

[28] Carlos V escreveria a Enrique II Trastâmara tentando demovê-lo a aderir a Avinhão (SANTOS, *op. cit.*, p. VIII, l.XXII, cap. 41, p. 314-7).

[29] Posição reforçada em 16 de setembro de 1379 na Bula *Quoniam Nos* e a 3 de outubro do mesmo ano (BAPTISTA, *op. cit.*, p. 80, n. 43 e p. 81-2).

[30] *Id, ibid.*, p. 82-3 e 90.

[31] *Id, ibid.*, p. 114 e LOPES, **CDF**, cap. 113, p. 318-9.

[32] Entre 22 e 29.11.1379, o Estudo Geral de Lisboa declarar-se-ía oficialmente a favor de Clemente VII (BAPTISTA, *op. cit.*, p. 84), antecipando a decisão oficial régia de adesão a Avinhão.

[33] BAPTISTA, *op. cit.*, p. 85.

[34] *Id, ibid.*, p. 100-1.

[35] *Id, ibid.*, p. 103-116.

Em 1380 Juan I de Castela comandaria um acordo de amizade entre Portugal, França e Aragão. O herdeiro de Aragão, Juan, que enviuvara em 1378 casar-se-ía com a sobrinha de Carlos V[36]. Castela entraria novamente como cabeça da política peninsular em relação à França.

Portugal, fortalecido com a adesão a Avinhão já preparava guerra com Castela, mas oficialmente ainda realizaria acordos com aquele reino, unindo a Infanta portuguesa ao herdeiro castelhano, filho de Juan I, com isto, Fernando ganhava tempo, pois o noivo em questão teria um ano de idade nesta ocasião. Tudo seria aceite por Castela, que com isto manifestava o respeito pela nova condição de aliado francês do reino de Portugal[37]. Logo em seguida chegaria a Portugal o Conde Andeiro trazendo as novas propostas de aliança do Duque de Lancaster[38].

Fernando gozaria de um momento ímpar de força política, tendo nas duas mãos o apoio oficial francês e contando com os aliados ingleses, desta feita, disposta a mandar efetivos para ajudá-lo contra Castela, temendo perder Portugal para o eixo inimigo. Neste contexto compreendemos a arrogância de Fernando diante de seu Conselho, formalmente contrário a uma nova guerra, mas que teria de dobrar-se à vontade expressa de seu rei[39].

Juan I sentia-se pressionado e mais que nunca Castela precisava de França. Em novembro de 1380 realizaria-se a Assembléia de Medina del Campo[40] na qual ainda que se mantivesse a neutralidade castelhana, a sua própria realização manifestaria a pressão interna em Castela em relação à questão do Cisma.

A pressão sobre Castela tornaria-se, no entanto, insustentável a ponto de obrigar Juan I a sair de sua tradicional e cômoda posição de neutralidade em relação ao Cisma e a 21.05.1381 promover a declaração castelhana de obediência a Clemente VII na catedral de Salamanca[41]. Dali, o rei castelhano

---

[36] Juan casar-se-ia com a filha do Duque de Bar, ainda que seu pai preferisse a união com a herdeira do trono da Sicília (BAPTISTA, *op. cit.*, p. 125).

[37] Para tal fim mandaria comitiva a Castela a fim de desculpar-se pelo atraso no cumprimento das cláusulas que lhe foram impostas pelo Tratado de Santarém de 1373 (AN/TT. **Chancelaria de D. Fernando I.** II, f. 10v). Para celebrar a união dos Infantes, os procuradores portugueses pediriam a alteração do acordado nas Cortes de Leiria de 1376 (LOPES, **CDF**, cap. 112, p. 313-5). Em agosto de 1380, este novo acordo seria selado nas Cortes de Torres Novas (**Cortes Portuguesas. Reinado de D. Fernando I (1367-1383)**. Ed. A. H. de Oliveira MARQUES e Nuno José Pizarro Pinto DIAS, Lisboa: Centro de Estudos Históricos da Universidade Nova de Lisboa – INIC/ JNICT, 1990 e 1993, v. 1, p. 167-9)

[38] O Tratado de Estremoz de julho de 1380 que pressupunha a união de Beatriz com o filho do Conde de Cambridge (LOPES, **CDF**, cap. 115, p. 325-7 e SANTOS, op. cit, p. VIII, l. XXII, cap. 45, p. 351)

[39] LOPES, **CDF**, cap. 114, p. 322-3.

[40] Defendendo Roma estaria Francisco Huguccione e por Avinhão, Pero de Luna. Estariam presentes ainda representantes do episcopado de Leão e Castela, 23 canonistas e os enviados embaixadores e letrados que tinham ido ao exterior colher informações em França e Itália.

[41] BAPTISTA, *op. cit.*, p. 130 e SANTOS, *op. cit.*, p. VIII, l.XXII, cap. 41, p. 318-9.

aproximar-se-ia da fronteira portuguesa para continuar suas ações militares, fortalecido com esta aproximação à França[42].

As hostilidades entre os dois reinos haviam passado às armas e o reino português encontrar-se-ia em desvantagem, especialmente após o desastre naval de Saltes quando cairiam cativos cerca de seis mil portugueses em julho de 1381[43]. Quase ao mesmo tempo chegariam a Lisboa o Duque de Lancaster e Conde de Cambridge com seus efetivos de apoio militar[44]. Ricardo II mandaria por estes mesmos dias cartas ao rei de Aragão e a Navarra[45] buscando reverter o equilíbrio de forças a seu favor, mas não obtém sucesso; a neutralidade seria ainda a melhor opção diante das alianças matrimoniais que se tinham realizado de fato entre os reinos peninsulares.

É interessante observarmos que a presença dos ingleses em Portugal teria uma força coercitiva que tinha faltado aos anteriores acordos luso-britânicos. Os ingleses, ao desembarcarem em Lisboa recusar-se-iam a ouvir missa do clero português por eles designado cismático. O Conde de Cambridge pressionaria Fernando a reconhecer Roma, fato que ocorreria a 19.08.1381 na Catedral de Lisboa onde Fernando declararia a sua obediência oficial a Urbano VI[46].

A Inglaterra exploraria a seu favor o potencial da adesão de Castela a Avinhão e conseguiria de Urbano VI várias bulas de convocação cruzadística contra os apoiantes de Avinhão. Castela, recém-admitida neste círculo seria objeto, inclusive, de bulas especificas que teriam o objetivo de estimular a luta contra os novos cismáticos e incluiriam a deposição de Juan I[47]. Para além de todo interesse em observarmos a atualidade do discurso cruzadístico no século XIV, devemos lembrarmo-nos de que estas condenações espirituais envolveriam naturalmente a perda do trono, condição perigosa para qualquer reino neste contexto, especialmente para Juan I de Castela, que lidava com várias forças sociopolíticas internas concorrentes à monarquia, especialmente

---

[42] LOPES, **CDF**, cap. 116, p. 329.
[43] Os cativos portugueses são levados a Sevilha onde ficarão até setembro de 1382 após a assinatura do Tratado de Elvas-Badajoz em agosto 1382 (LOPES, **CDF**, cap. 125-6, p. 351-4 e cap. 155-6, p. 431-5 e SANTOS, *op. cit.*, p. VIII, l. XXII, cap. XLVI, p. 356-8).
[44] A N/TT. **Chancelaria de D. Fernando**, l. III, f. 7v; LOPES, CDF, cap. 128, p. 357-9 e cap. 132, p. 367 e SANTOS, *op. cit.*, p. VIII, l.XXII, cap. 46, p. 359.
[45] BAPTISTA, *op. cit.*, p. 134.
[46] No mesmo dia realizaria-se o casamento de Beatriz e Edward (LOPES, **CDF**, cap. 130, p. 363-4 e RUSSELL, *op. cit.*, p. 29).
[47] Por exemplo, a bula de 8 de setembro de 1381 de convocação de Cruzada contra os apoiantes de Avinhão com indulgências e privilégios semelhantes aos da luta na Terra Santa (BAPTISTA, *op. cit.*, p. 133). A 28 de março de 1382, nova bula de Urbano VI, a pedido de Ricardo II, condenando Juan I de Castela e o despojando de seus direitos e dignidades por ser cismático (*Id, ibid.*, p. 134 e SANTOS, *op. cit.*, p. VIII, l. XXII, cap. 41, p. 328-32). Em maio de 1382 outra bula de Cruzada contra a Flandres e possivelmente na mesma data contra Castela. Ainda em 18 de outubro de 1382, Francisco Huguccione, Núncio Urbanista em toda a Península, pregaria em nome de Roma uma Cruzada contra Luís de Anjou, Amadeu de Sabóia, Pedro de Genebra e Fulcheto de Saulto (BAPTISTA, *op. cit.*, p. 134 e p. 160).

desde a ascensão de seu pai ao trono. Além disso, o Duque de Lancaster por ser casado com a filha de Pedro, o Cruel, manifestaria ainda por muito tempo pretensões expressas ao trono castelhano, o que transformava estas penas espirituais em sérias ameaças à integridade da dinastia Trastâmara.

A historiografia refere uma outra reunião com o objetivo de fazer Portugal voltar à causa Clementina, o Conselho de Santarém realizado possivelmente em meados de 1381[48]. Nele, estaria presente o Cardeal Pero de Luna e os bispos portugueses pró-urbanistas, liderados por Lourenço Vicente, Arcebispo de Braga. Diante deste contexto favorável da parte episcopal portuguesa, travar-se-ia uma *disputatio* entre Pero de Luna, Cardeal, mas também Doutor universitário o alto clero e letrados portugueses, destacando-se a argumentação do Mestre em Leis, Gil do Sem. Os argumentos do Cardeal aragonês que alegariam razões de natureza jurídica para apontar Clemente VII como o Pontífice legítimo caem por terra frente aos argumentos dos portugueses[49], mesmo porque estes seriam impermeáveis a qualquer oposição à sua causa.

Portugal, manteria, assim, a sua posição a favor de Roma e ao lado dos contingentes ingleses, no lado oposto de Castela, demarcando pela primeira vez uma postura de autonomia frente à Castela, a França e aos outros reinos peninsulares. Aproximara-se de Avinhão para anular Aragão e Castela e talvez mesmo para forçar os ingleses a assumirem uma aliança efetiva com Portugal. Quando estes o fazem, Fernando volta para Roma, num jogo político com conseqüências religiosas.

Castela buscaria rapidamente a paz, os efetivos ingleses em Portugal representavam um *front* potencialmente perigoso para os castelhanos que já tinham de suportar com grande esforço as cobranças de sua aliada, a França. Assim, em agosto de 1382 celebrariam-se pazes políticas entre Portugal e Castela, ainda que cada um se mantivesse em suas posições religiosas, consi-

---

[48] Frei Manoel dos Santos que escreve em 1727 e colhe a informação de Raynaldi, reproduz a data de 1381 (SANTOS, *op. cit.*, p. VIII, l. XXII, cap. 42, p. 336). Fortunato de Almeida que escreve na década de '30, aceita igualmente a datação de Raynaldi (ALMEIDA, *op. cit.*, v. I, p. 378-9). Baptista faz ampla reflexão tentando mostrar o equívoco desta datação a partir das deslocações de Pero de Luna, atribuindo a data de fevereiro de 1383, à realização deste Conselho de Santarém (BAPTISTA, *op. cit.*, p. 143-4), sem que nos pareça um argumento palpável visto que tal argumentação não inviabiliza a possibilidade de Pero de Luna sair de Medina del Campo e ir até Santarém ainda em meados de 1381, pelo que, de nossa parte preferimos adotar a primeira datação oficial.

[49] Quanto à argumentação, Pero de Luna insistiria na invalidade da eleição de Urbano VI, feita sob pressão. A argumentação portuguesa questionaria a dubiedade dos eleitores em reconhecerem oficialmente Urbano VI e só depois de três meses denunciarem uma possível fraude. Questionariam ainda a autoridade dos eleitores de declararem nula uma eleição pontificia argumentando que a competência do Colégio Cardenalício seria apenas de eleger o Pontífice e que sua autoridade sobre o mesmo cessaria após o reconhecimento da eleição, pelo que, os cardeais rebeldes não teriam mais autoridade sobre Urbano VI, sequer para depô-lo. A invocação do braço secular para corrigir uma eleição reconhecida por eles mesmos causaria a cisão da unidade da Igreja e os cardeais de Avinhão são acusados de promover este Cisma (SANTOS, *op. cit.*, p. VIII, l. XXII, cap. 42, p. 333-40; ALMEIDA, *op. cit.*, v. I, p. 378-80 e BAPTISTA, *op. cit.*, p. 143-56).

deradas mutuamente cismáticas. Os ingleses ainda estariam em território português durante os acordos de paz, mas, partiriam no mês seguinte de volta ao seu reino, decepcionados e considerando-se traídos[50]. Fernando usara da França e da Inglaterra para afirmar-se frente a Castela. As pretensões inglesas também traziam um potencial perigo à autonomia portuguesa semelhante àquele gerado pela aliança com Castela. Em conformidade com o Tratado de Estremoz, de julho de 1381, o reino português seria governado pelo filho da Infanta Beatriz com Edward, primogênito do Conde de Cambridge. Já pelo Tratado de Elvas-Badajoz, de agosto de 1382, o reino português ficaria para o filho de Beatriz com um filho secundogênito de Juan I, o Infante Fernando. Ameaças da mesma natureza e abrangência. O reino português estaria sendo disputado pelos dois eixos e Fernando, sabendo disto fazia um uso exaustivo do potencial matrimonial de sua filha, conforma vimos observando, sem permitir que estas ameaças à soberania portuguesa passassem da qualidade de ameaças. Uma política pendular que ía garantindo a integridade do reino.

No entanto, pouco depois do acordo com Portugal, a 3 de setembro, faleceria a rainha Leonor, mulher de Juan I. A partir daqui, Fernando, com a anuência e interesse de Castela promoveria a união de sua filha com o próprio rei castelhano. Uma viragem incompreensiva, que jogaria por terra uma política construída durante todo o seu reinado.

A historiografia acusaria a rainha portuguesa, Leonor Teles, por mais este desastre da monarquia portuguesa, visto que Fernando, desgostoso com as sucessivas traições de sua mulher e abatido pela doença que o vitimaria pouco depois deixaria de ter o controle de seu reino. Percebemos aqui, no entanto, novamente a influência de Avinhão. Em março de 1383 seria assinado o Tratado de Salvaterra de Magos que celebraria a sucessão de Portugal pelo descendente varão que a Infanta portuguesa tivesse com o rei castelhano. Assinam o tratado em nome do rei português o bispo de Lisboa, Martinho, o bispo da Guarda e o de Coimbra, todos pró-avinhoeses. Ora, Martinho fôra o grande artífice da aproximação de Portugal com Anjou e Avinhão. Além disso, desde agosto de 1381 tinha sido privado de sua diocese na decorrência da opção de Portugal pela causa urbanista. Logo, teria sido reinvestido e voltaria a tecer a aproximação portuguesa ao eixo franco-castelhano, agora sob patrocínio de Castela. É, portanto, claro, que Portugal infletia novamente para a órbita de Avinhão. Martinho acompanharia a Infanta a Castela, visto que seu pai encontrava-se demasiado fraco para o fazer.

Em abono desta hipótese de aproximação de Portugal a Avinhão, via Castela, destacamos ainda que o artífice da alteração matrimonial que resultara

---

[50] Os ingleses ao se retirarem de Portugal procurariam aliar-se aos aragoneses. Ricardo II mandaria, a 26.08.1382, correspondência, neste sentido ao rei de Aragão. Pedro IV consideraria, no entanto, melhor conservar a aliança com Juan I, visto que seu neto seria o herdeiro do trono castelhano. Os ingleses aconselham o Duque de Lancaster a renunciar a seus direitos em Castela e tentar aliança com os mesmos, no entanto, suas pretensões iriam manter-se ainda por muito mais tempo.

neste tratado seria Pero de Luna e o procurador que assinaria do lado castelhano seria o Arcebispo de Santiago, João Garcia Manrique[51], notando-se a ausência de Pero Tenorio. Seria ainda, o Núncio avinhonês quem, em maio de 1383 celebraria o enlace matrimonial em Badajoz e declararia a Infanta Beatriz apta para consumar o matrimônio apesar dela não ter completado ainda os doze anos exigidos canonicamente[52]. Avinhão e a França agem, mais uma vez através de Castela para atrair Portugal para seu núcleo. Urbano o perceberia e intensificaria, de março a abril de 1383, a emissão de bulas condenatórias a Castela, contra a qual convocaria novamente Cruzada[53].

Enquanto isto, procuradores seriam enviados por Fernando à Inglaterra[54] para reafiançar o desejo de manter aliança com os ingleses. Um frágil esboço de reação que não teria neste momento qualquer retorno, até porque os ingleses sofriam pesada derrota nos campos da Flandres e não poderiam voltar às negociações oscilantes com Portugal cujo rei encontrava-se à beira da morte.

A 22.10.1383, morre Fernando em Lisboa e é sepultado quase em segredo no Mosteiro de São Francisco. O reino encontrava-se desgostoso com seu rei e com os rumos da política régia. O Mestre de Avis, agente inconsciente dos novos rumos que Portugal tomaria assumindo definitivamente a aliança com a Inglaterra e com Roma, até mesmo por falta de outras opções, seria o primeiro a informar Juan I de Castela da morte de seu meio-irmão[55]. Ainda sem o saber, o Mestre despoletaria o primeiro passo para as movimentações de 1383-5 em Lisboa e em todo o reino, visto que Juan I, logo depois de saber da notícia da morte de seu sogro, suprimiria a regência da viúva de Fernando, fundiria as armas de Portugal com as de Castela e invadiria o reino português tentando assumi-lo oficialmente para o eixo franco-

---

[51] COSTA, António Domingues de Sousa. **Monumenta Portugaliae Vaticana**. Braga-Porto: Franciscana, 1970, v. II, p. 380-1 (a partir daqui esta obra será identificada pela sigla MPV) e LOPES, **CDF**, cap. 48, p. 265-6 e LOPEZ de AYALA, Crônica del Rey Don Juan. *In*: **Crônicas de los Reyes de Castilla**. BAE, Madrid: 1953, t. II, a. IV, cap. IV, p. 78.

[52] MPV, v. II, p. 385-7 e LOPES, **CDF**, cap. 165, p. 455-6 e cap. 167, p. 459-61.

[53] De 31 de março de 1383, a bula *Deum Laudabilium*, onde Urbano "*nomeava o Duque de Lencastre comandante chefe dos exércitos católicos contra o Tratâmara, deposto por sentença pontifícia*". Uma outra bula do mesmo dia, *Deum censemus* concede graças espirituais a quem combater Juan I. A 08.04.1383, a bula *Dudum contra iniquatis* proclamava oficialmente a Cruzada e outra bula da mesma data, *Cum in vinea Domini*, anunciaria em Castela as penas dos que apoiassem Clemente VII (BAPTISTA, *op. cit.*, p. 141-2).

[54] A bula *Romani Pontificis* de 28.01.1383, emitida por Clemente VII, nomeiaria um núncio avinhonense para a diocese de Coimbra por falecimento do bispo. Baptista afirma que o bispo estava vivo e certamente era ele que se encontrava como um dos procuradores de Fernando em Londres. No mesmo dia, em outra bula, o Papa Clemente pediria a Fernando que aceitasse a substituição, no entanto, nada se alteraria de fato. Em 13.02.1383 o bispo português de Coimbra desembarcaria em Londres para renovar as alianças com Inglaterra (BAPTISTA, *op. cit.*, p. 156-7).

[55] LOPEZ de AYALA, Crônica del Rey Don Juan. *In*: **Crônicas de los Reyes de Castilla**. BAE, Madrid: 1953, t. II, a. V, cap. V, p. 83-4.

castelhano e para Avinhão. Juan I celebraria exéquias em Toledo, conduzidas por Pero Tenório, pela alma de Fernando[56], no entanto, posteriormente pediria uma bula de perdão a Avinhão por ter sufragado a alma de seu sogro que morrera urbanista[57].

Os ecos da continuidade dos argumentos de oposição e ilegitimidade gerados pelo Cisma chegariam até as Cortes de Coimbra de 1385, na alegação de João das Regras, português recém-chegado de Bolonha e discípulo de Baldo[58]. Este Doutor em Leis argumentaria inicialmente mostrando a ilegitimidade de todos os candidatos à sucessão de Fernando e em seguida alegaria a culpabilidade de Castela ao apoiar Avinhão, fomentando o Cisma dentro da Igreja, daí a importância de se eleger seu candidato, o Mestre de Avis, defensor da unidade, escolha que seria um serviço para Deus e honra para Igreja[59]. Argumentos de fundo espiritual para reforçar a validade da escolha de seu igualmente ilegítimo candidato.

> *Pois sse o Papa Urbano nosso pastor e Deos sobre a terra, nos manda e amoesta que perssigamos todollos çismaticos emfiees assi como hereges e membros talhados da egreja, avemdoos por escomungados da mayor escomunhom (...) como tomariamos nos por nosso rei e senhor, quem foy e he tam claramente cõtra elle e cabeça da tamta malldade e çisma? Certamente nom he de dizer (...) Pois avermos nos, de tomar çismatico imfiell herege por nosso rei e senhor, que o dereito e nosso senhor o Papa deffemde! – Nom queira Deos que tall erro passe per nos*[60].

Seria vital ainda, durante todo este processo, o apoio do episcopado português pró-urbanista, liderado por Lourenço de Braga, que pegaria em várias ocasiões em armas pela causa de Avis, de Roma e pela manutenção de sua condução da Arquidiocese bracarense.

3   O EPISCOPADO PORTUGUÊS E O CISMA

Para além da atuação referida nas reflexões anteriores sobre a atuação dos bispos portugueses como agentes ora de Roma, ora de Avinhão, passaremos a referir conjunturas específicas, regionais, do impacto do Cisma em algumas dioceses portuguesas. Para tanto, teremos de recuar um pouco antes de 1378.

---

[56] LOPES, **CDF**, cap. 178, p. 493-4 e LOPES. **Crónica de D. João I**. 1ª p, introd. Humberto Baquero MORENO e prefácio de António SÉRGIO, Barcelos-Porto: Civilização, 1991, cap. 55, p. 109 e cap. 66, p. 129 (Esta fonte a partir daqui será referida pela sigla CDJI).

[57] O perdão viria na bula clementina de 29.03.1384. **Eximie Devocionis** (BAPTISTA, *op. cit.*, p. 162).

[58] SANTOS, *op. cit.*, p. VIII, l. XXII, cap. 42, p. 335.

[59] Conferir a argumentação do Dr. João das Regras em LOPES, **CDJI**, 1ª p. cap, 185, p. 398-401 e as reflexões de Baptista em BAPTISTA, *op. cit.*, p. 176-8.

[60] LOPES, **CDJI**, 1ªp. cap. 185, p. 401.

Assim, em 1371 vagaria o Arcebispado de Braga, por morte de Vasco e o cabido da Arquidiocese escolheria Martinho, bispo de Silves, como seu sucessor. O Papa Gregório XI não confirmaria a eleição e daria a Lourenço, cônego de Braga, a mitra bracarense. O novo Arcebispo, impulsionado pelas idéias de Baldo, de quem fôra discípulo em Bolonha, promoveria reformas internas que atingiriam interesses locais antigos e arraigados, pelo que, o cabido da Sé manifestar-se-ia duplamente insatisfeito[61]. Gregório XI, pressionado pelo cabido, instauraria investigação para averiguar da veracidade das queixas. A condução da investigação caberia a Pero Tenorio, então bispo de Coimbra, mas já eleito Arcebispo de Toledo e a Vasco Domingues, cônego de Braga. Estes dois escolheriam um terceiro, Martinho, bispo de Silves, candidato do cabido de Braga que fora descartado anteriormente pelo Papa. O resultado foi a óbvia condenação de Lourenço pelos visitadores pelo que seria privado do Arcebispado[62]. No entanto, tal sentença não teria efeito real pois Lourenço não abandonaria a mitra e em 1378 recorreria a Roma, onde Urbano VI acabara de ser eleito.

Enquanto isso, Martinho, permaneceria bispo de Silves e seria o procurador oficial de Fernando em Anjou antes de abril de 1378 e em troca o próprio Duque de Anjou prometeria recomendá-lo ao Papa de Avinhão[63].

Os dois pólos de oposição estavam definidos. Dos nove bispos existentes em Portugal, o Arcebispo de Braga lideraria a defesa de Roma e Urbano VI acompanhado do bispo do Porto e de Lamego. Falamos em termos de personalidades pois como observamos por vezes os cabidos contrariam as opções dos bispos, ainda que esta não seja uma situação muito comum. Martinho, futuro bispo de Lisboa, defenderia Avinhão acompanhado dos bispos de Silves, Coimbra, Viseu, Guarda e Évora.

A vinda dos núncios romanos à Península Ibérica passaria por inúmeras dificuldades, apesar da alegada neutralidade dos reinos ibéricos. Em fins de setembro de 1378, Perfetto Malatesta, abade de Sassoferrato, é enviado por Urbano VI à Península Ibérica, para dirigir-se aos eclesiásticos mantendo-os ligados a Roma, sob pressão de castigos e penas eclesiásticas. É preso, no entanto, na Gasconha e por intervenção de Pedro IV de Aragão é solto, mas sem os documentos pontifícios. Da mesma forma que em fevereiro de 1379, o Arcediago de Barroso, enviado a Portugal por Urbano VI levando bulas e documentos para o rei e para os bispos seria interceptado e preso em Avinhão. Em abril do mesmo ano o bispo de Córdoba teria o mesmo destino[64].

Os primeiros documentos relativos a Portugal, que se encontram nos registros de Avinhão são datados de 07.02.1379. Um deles é uma bula na qual é pedido ao rei Fernando que aceitasse a indicação de Martinho para a diocese de Lisboa[65], pedido ao qual o rei não acederia naquele momento.

---

[61] BAPTISTA, op. cit., p. 86 e ALMEIDA, op. cit., v. II, p. 358.
[62] BAPTISTA, op. cit., p. 89.
[63] Id, ibid., p. 87.
[64] BAPTISTA, op. cit., p. 75 e 79
[65] E a instituição de Pedro em Silves (BAPTISTA, op. cit., p. 85).

Enquanto isto, Urbano VI, uma semana depois, atenderia o apelo de Lourenço e o absolveria da condenação dos investigadores, reintegrando-o oficialmente na mitra bracarense[66] o que, no entanto, não resolveria a dissensão interna em Braga. A situação volta a se alterar após a Declaração de Évora e já em 01.02.1380 o Cabido da Sé de Braga noticiaria ao Vicariato geral de Braga que deixaria de obedecer a Lourenço. Antes de outubro, Clemente VII transferiria Lourenço para a diocese de Trani no sul da Itália, estimulando o cônego Vasco Domingues, a resistir ao Arcebispo[67], o que denota que havia forte resistência. Em junho 1381, quando Portugal encontrava-se em guerra com Castela e prenunciava-se a chegada de seus aliados ingleses, Clemente VII intensificaria as ordens de deposição do Arcebispo bracarense[68]. No entanto, após a declaração de Fernando, optando por Roma, em julho de 1381, num Concílio diocesano realizado em Braga, Lourenço novamente fortalecido com o apoio régio, publicaria a sentença dada a seu favor por Urbano VI em 1379, a qual reforçava seus direitos à frente do Arcebispado[69], no qual permaneceria até sua morte em 1397.

Martinho teria trajetória semelhante, oscilando juntamente com as opções régias. Assim, em maio de 1380 e ainda no esteio do reconhecimento português de Avinhão, assumiria a diocese de Lisboa e de 27.09 até 13.10.1380 enviaria várias súplicas a Clemente VII, a fim de obter benefícios para seus dependentes[70]. Em agosto de 1381, após o reino optar por Roma, Martinho seria privado da diocese de Lisboa e substituído por Juan Gutierrez, antigo Deão de Segóvia, *emperegilado* que se exilara em Inglaterra e que retornaria à Península na comitiva do Duque de Lancaster[71]. Com a partida dos ingleses e uma tendência de reaproximação da órbita franco-castelhana com o Tratado de Salvaterra de Magos, Martinho reapareceria negociando e assinando cláusulas do acordo como bispo de Lisboa e procurador do rei português. As movimentações lisboetas de dezembro de 1383 acarretariam o

---

[66] Através de sentença favorável de 14.02.1379, ainda que só a executada em 1382 (BAPTISTA, op. cit., p. 79).

[67] O Cônego Vasco Domingues, representante clementino em Braga, incompatibilizar-se-ia com Urbano VI por anulação de sua sentença contra Lourenço. (BAPTISTA, op. cit., p. 86-89 e p. 102-114).

[68] A bula *Justus Petencium*, reforçaria a deposição de Lourenço, nomeando Governador do Arcebispado de Braga, Pedro Lourenço Bubal. Em 1383 este último seria eleito Arcebispo de Braga, ainda por Clemente VII mas não chegaria a ser reconhecido visto que o reino português guardaria a opção por Roma (BAPTISTA, op. cit., p. 109).

[69] O Concílio se realizaria em 16.11.1381, oficializando a sentença de fevereiro de 1379 (ALMEIDA, op. cit., v. I, p. 466).

[70] MVP, v. II, p. 136-9 e 143-4. Na mesma época Fernando escreveria a Clemente VII pedindo que se criasse uma metrópole em Lisboa e que se erigissem outras dioceses no reino, todas sufragâneas de Lisboa. O bispo de Viseu e o abade de Alcobaça seriam encarregues pelo Papa de Avinhão para elaborar as remodelações. Tal divisão, no entanto, só se realizaria em 1393 por reconhecimento de Bonifácio IX, num contexto completamente diferente (BAPTISTA, op. cit., p. 106).

[71] Juan Gutierrez após 1378, ainda estando em Inglaterra declarar-se-ia urbanista e seria colocado na diocese de Dax, cujo bispo adotara Clemente VII. É como bispo de Dax que chegaria a Lisboa, após o que é nomeado bispo de Lisboa no lugar de Martinho (BAPTISTA, op. cit., p. 133).

assassinato de Martinho, atirado do alto da torre da Sé pela turba instigada por Alvaro Pais. Ironicamente, pouco depois de sua morte, seria eleito cardeal em Avinhão, em paga pelos seus valorosos serviços em Portugal[72].

Em Castela, Pero Tenorio, Arcebispo de Toledo, trabalharia para manter a neutralidade do reino, defendendo-a na Junta de Ilhescas, nas Cortes de Toledo[73] e mesmo em Portugal, influenciando em dezembro de 1379, o Conselho de Salvaterra de Magos na manutenção da neutralidade portuguesa. No entanto, a declaração de Juan I em Salamanca a favor de Clemente VII em maio de 1381, acarretaria uma mudança no posicionamento do bispo toledano. Além disto, após a invasão do reino português por Juan I, em janeiro de 1384, as dioceses portuguesas seriam incluídas, na ótica de Avinhão, na órbita de influência castelhana e principalmente do Arcebispado de Toledo. A partir de fevereiro de 1384, todas as bulas de Clemente VII referem-se a Juan I como rei de Castela, Leão e Portugal e Clemente VII demonstraria através de várias bulas que tinha pretensões de dispor das dioceses portuguesas, incluindo-as em concessões a Juan I e dando aos prelados portugueses que lhes fossem fiéis, especialmente o bispo da Guarda, o de Coimbra e o de Silves autoridade para coibir os contrários à sua causa[74]. Por isso, ainda, Clemente VII, liberaria as rendas devidas à Câmara Apostólica de Castela, Leão e Portugal em favor do rei Juan I, para que fizesse guerra ao Mestre de Avis[75].

Pero Tenorio passaria a combater os defensores de Urbano VI em Portugal, o próprio Mestre de Avis, durante o cerco castelhano à Lisboa, de março a setembro de 1384[76]. Combateria Lourenço de Braga, ambos passariam dos argumentos jurídicos às armas, nesta fase da disputa pelo predomínio em Portugal. Além disto, Pero Tenorio receberia ainda a incumbência de Clemente VII, de pregar na Península, uma Cruzada contra os mouros, capitaneada por Juan I[77]. Por um lado, tal medida permitiria unir esforços comuns à volta do rei castelhano, reabilitando sua imagem, francamente atacada pela enxurrada de bulas urbanistas de inícios de 1383, que haviam convocado os cristãos a lutar contra Castela cismática; por outro lado, poderia ser apenas

---

[72] Seria eleito em Avinhão, a 23.12.1383 (BAPTISTA, op. cit., p. 109-110 e p. 172). Por bula de 04.11.1385. **Sedes Apostolica**. Urbano VI absolveria os assassinos de Martinho e Gonçalo Vasques, Prior de Guimarães que se encontrava com o bispo na Sé de Lisboa e morreria da mesma forma (Id, ibid., p. 173).

[73] Após a morte de Enrique II o papel do bispo Pero Tenorio seria fundamental no apoio a Juan I, frente aos outros "epígonos Trastâmara", Afonso de Aragão, marquês de Vilhena; Afonso, Conde de Noreña; Fradique, Duque de Benavente e Pero Enriquez, Conde de Trastâmara (GERBET. **Las noblezas españolas em la Edad Media; siglos XI-XIV**. Madrid: Alianza Editorial, p. 179).

[74] BAPTISTA, op. cit., 167-9.

[75] Situação que se repete em março de 1384 (BAPTISTA, op. cit., p. 168-9).

[76] LOPES,**CDJI**, 1ª p. cap. 85, p. 163.

[77] A bula Copiosus in unum de 09.03.1384, enviada ao Arcebispo de Toledo e aos bispos de Salamanca e de Cuenca (BAPTISTA, op. cit., p. 170).

um estratagema para concentrar recursos em mãos do rei castelhano. Pero Tenorio permaneceria um personagem chave na política castelhana, mesmo depois da morte de Juan I em 1390 e durante as disputas que se seguiriam pela regência do reino na menoridade de Enrique III[78].

Vimos assim, que o episcopado ibérico participava estreitamente da política interna de cada reino, da política externa com outros reinos, dialogando e representando estes interesses junto a Roma e neste contexto específico junto a Avinhão. A situação de existirem duas Sés Pontifícias era cômoda para a diplomacia dos reinos que dispunham, assim, de duas autoridades concorrentes que se anulavam mutuamente em suas decisões, permitindo que todas as opções dos reinos fossem potencialmente válidas. O desfecho desta situação só ocorreria em 1417 com o encerramento do Concílio de Constança e a eleição de Martinho V, após o que a Sé Pontifícia voltaria a fixar-se apenas em Roma, até lá, o episcopado agiria como procurador de seus reis junto às Cúrias papais disponíveis.

Restaria-nos, ainda traçar um rápido esboço do impacto do Cisma junto aos Priorados das Ordens Militares em Portugal, tarefa gigantesca dada a grande proliferação destes institutos no reino. Focaremos, no entanto, um caso paradigmático, o da Ordem do Hospital, cujo superior, o Grão-Mestre da Ordem dos Hospitalários na Península seria, neste contexto que ora analisamos, um aragonês com autoridade hierárquica sobre o Mestre Hospitalário de Portugal.

4   A ORDEM DO CRATO E O CISMA

Desde o reinado de Afonso IV, o Prior da Ordem dos Hospitalários em Portugal seria Álvaro Gonçalves Pereira, filho do Arcebispo de Braga[79] cujos bens concentrar-se-iam na região do Crato o que daria origem ao nome como também seria conhecida esta Ordem militar em Portugal. Em outros trabalhos temos analisado a trajetória deste indivíduo e sua participação direta na política régia de três reinados, pois seria conselheiro ainda de Pedro I e Fernando. Com sua morte que ocorre em 1380, o Grão-Mestre do Hospital, Juan Fernández de Heredia[80], simpatizante de Clemente VII, escolheria Álvaro Gonçalves Camelo[81] para sucedê-lo no Priorado da Ordem.

---

[78] Uma disputa de bandos encabeçados por Pero Tenorio, Arcebispo de Toledo e Juan Garcia Manrique, seu sobrinho e Arcebispo de Santiago de Compostela.

[79] **Portugaliae Monumenta Histórica** (PMH), Nova Série, v.I/1,Livros Velhos de Linhagens, ed. Joseph PIEL e José MATTOSO, Lisboa: Academia das Ciências de Lisboa, 1980, **Livro de Linhagens do Conde D. Pedro**, 30B6 e 21G e **Livro de Linhagens do Século XVI**. A. Machado de FARIA, Lisboa: Academia Portuguesa de História, 1956, p. 71.

[80] Sobre este personagem *vide* NIETO SORIA, José-Manuel. Las inquietudes historiográficas del Gran Maestre hospitalario Juan Fernández de Heredia (m. 1396): una aproximación de conjunto. *In*: **En la España Medieval**. Departamento de Historia Medieval da Universidad Complutense de Madrid, Publicaciones da UCM, 22 (1999), p. 187-211.

[81] **PMH, Livro de Linhagens do Conde D. Pedro**, 34 W4; 45P5; 57T5 e 66P6.

O rei Fernando, no entanto, tomaria a dianteira da sucessão ao reunir Conselho com as várias Casas do reino e eleger Pedro Alvares Pereira[82]. Clemente VII informado da escolha régia, confirma-a, anulando a indicação anterior, agradando ao rei português que recentemente entrara em sua esfera de influência[83].

Álvaro Camelo apelaria ao Grão-Mestre, que em maio de 1381, no Capítulo da Ordem confirmaria-o no cargo, no entanto, ele não conseguiria ser investido, apesar de suas acusações contra o Pereira de dilapidação do patrimônio da Ordem em Portugal. Camelo ao longo de suas sucessivas apelações posteriores continuaria contando com o apoio do Grão-Mestre, Juan Fernández de Heredia[84]. Álvaro Camelo que já era Comendador da Casa de Poiares, após 1382, quando o reino voltaria a obedecer a Roma, ainda apelaria diretamente a Clemente VII, o que nos leva a concluir que os destinos da Ordem em Portugal dependiam das opções do Grão-Mestre, que se mantivera clementino. Ora, nos Capítulos Gerais, onde estariam representantes de todas as Casas, inclusive portuguesas, Álvaro Camelo seria reconhecido com o aval do Grão-Mestre, logo, a Ordem do Hospital em Portugal estaria mais próxima de Clemente VII, por influência de Heredia, seu superior, do que de Urbano VI, mesmo após a declaração de Fernando, de julho de 1381. A teia de vinculações dos Hospitalários dividiria forças em Portugal com o rei e com seu candidato, Álvaro Pereira[85].

Esta hipótese se confirma ao observarmos que em abril de 1383 é ainda Clemente VII quem confirma novamente a eleição realizada pelos dois últimos Capítulos Gerais de Álvaro Camelo[86]. O Arcebispo de Santiago de Compostela, João Garcia Manrique seria encarregado de realizar a investidura e levar Pereira a Avinhão para responder judicialmente por seus delitos. Isto num contexto de casamento de Juan I e a Infanta portuguesa Beatriz, no esteio do Tratado de Salvaterra de Magos, o que manifesta que Castela estaria confiante na união das duas Coroas. Clemente VII não teria, neste momento, autoridade oficial em Portugal, muito menos o Arcebispo de Santiago, pois Fernando ainda era vivo e mantinha-se com Roma. No entanto, as inflexões no sentido da aproximação do reino português da órbita castelhana e avinhoesa já seriam patentes, manifestas também nestas pretensões de Clemente VII.

---

[82] Poiares, Covilhã, Lisboa, Évora, Coimbra, dentre outras.
[83] Confirma-o em bula de junho de 1380 (BAPTISTA, *op. cit.*, p. 105).
[84] Um novo Capítulo Geral da Ordem, realizado em 12.03.1382 confirmaria Camelo e deporia novamente Pereira (BAPTISTA, *op. cit.*, p. 158).
[85] Álvaro Pereira lutaria contra os castelhanos como fronteiro no entre-Tejo-e-Odiana, região de preeminência de patrimônio da Ordem (LOPES,**CDF**, cap. 120, p. 337 e cap. 116, p. 330 e FERNANDES, Fátima R. **Sociedade e poder na Baixa Idade Média Portuguesa**. Curitiba: Editora da UFPR, 2003. p. 137-55). O rei Fernando daria a Pedro Alvares, dentre muitos outros benefícios, em março de 1383 o castelo de Marvão, nesta mesma região (A N/TT, **Chancelaria de.D.Fernando**, l.III, f.49v).
[86] A 13.04.1383, Clemente VII expede a bula *Religionis Zelus* confirmando a eleição dos dois últimos Capítulos. (BAPTISTA, *op. cit.*, p. 158-9).

Álvaro Pereira, no entanto, continuaria exercendo o seu Priorado até a morte do rei português em outubro de 1383, após o que, passaria ao reino castelhano e lutaria contra o Mestre de Avis, sendo então, aceite por Clemente VII[87]. Receberia em Castela o Mestrado da Ordem de Calatrava[88], no entanto, pereceria em Aljubarrota, em 1385, defendendo Juan I de Castela e Avinhão.

Álvaro Gonçalves Camelo, colateral dos Pereira, era sobrinho de um ramo desta linhagem designado, os senhores da Feira[89], que teriam um papel decisivo de apoio ao Mestre de Avis em Portugal[90] e com o afastamento de Álvaro Gonçalves Pereira, assumiria, finalmente o Priorado da Ordem dos Hospitalários, ou do Crato, em Portugal.

5 CONCLUSÃO

Longe de pensarmos em convicções religiosas, visto que tudo que dissemos contrariaria esta concepção do contexto analisado, entendemos que no interior das Ordens militares, tal como nas dioceses, enfim, em toda a sociedade política dos reinos ibéricos, a fratura da Sé Apostólica produziria um potencial enfraquecimento da autoridade régia. Há pouco dizíamos que seria conveniente a existência de mais que uma autoridade legitimadora da Igreja, no entanto, devemos refletir que este mesmo potencial abriria flancos de contestação interna e externa da legitimidade dos reis. Um contexto de instabilidade constante que boicotaria todo o trabalho de centralização monárquica intensificado desde séculos anteriores.

Ao identificarmos a crise do século XIV como um fenômeno estrutural, consideramos a sua causalidade ligada às transformações ao nível de economia, de concepções de poder, de religiosidade, enfim, de aspectos desta realidade que respeitando os ritmos diversos das estruturas e dos espaços geográficos encaminharia o Ocidente para a época Moderna. A Guerra dos Cem Anos, definida por Le Goff como o último suspiro da feudalidade, fortaleceria internamente os reis, mas o Cisma da Igreja, não teria o mesmo sentido. Perderia a Igreja e perderiam os reinos, com a sua existência até 1417, quando por iniciativa e pressão de Sigismundo os Cardeais reunidos em Constança elegeriam Martinho V. A Idade Média ainda sobreviveria em muitos aspectos da vida Moderna, no entanto, o projeto de Teocracia Papal, esgotado com Bonifácio VIII jamais seria recuperado e o Papado passaria a viver na sombra dos Estados e do Tribunal da Santa Inquisição.

---

[87] Clemente VII lhe permitiria escolher um confessor para si (BAPTISTA, *op. cit.*, p. 170).
[88] LOPES,**CDJI**, 1ªp. cap. 155-6, p. 328-32.
[89] **PMH, Livro de Linhagens do Conde D. Pedro**, 26L6 e 21J14.
[90] FERNANDES, *op. cit.*, p. 146-55.

6 REFERÊNCIAS

ALMEIDA, Fortunato de. **História da Igreja em Portugal** (ed. Damião PERES). Porto: Portucalense, 1967, v. I, p. 374-81.

AN/TT. **Chancelaria de D. Fernando**, l. II, f. 10v.

AN/TT. **Chancelaria de D. Fernando**, l. III, f. 49v.

AN/TT. **Chancelaria de D. Fernando**, l. III, f. 7v.

ARNAUT, Salvador Dias. **A Crise Nacional dos Fins do Século XIV**: a sucessão de D. Fernando. Coimbra: Instituto de Estudos Históricos Dr. António de Vasconcelos, 1960, 1ª p. 31-2, n. 6.

BAPTISTA, J. César. Portugal e o Cisma do Ocidente. *In*: **Lusitania Sacra**. Lisboa, 1 (1956), p. 65 a 70.

Cortes Portuguesas. Reinado de D. Fernando I (1367-1383). Ed. A. H. de Oliveira MARQUES e Nuno José Pizarro Pinto DIAS, Lisboa: Centro de Estudos Históricos da Universidade Nova de Lisboa – INIC/ JNICT, 1990 e 1993, v. 1, p. 167-9.

COSTA, António Domingues de Sousa. **Monumenta Portugaliae Vaticana**. Braga-Porto: Franciscana, 1970, v. II, p. 380-1.

FERNANDES, Fátima R. **Sociedade e poder na Baixa Idade Média Portuguesa**. Curitiba: Editora da UFPR, 2003. p. 137-55.

GERBET. **Las noblezas españolas em la Edad Media; siglos XI-XIV**. Madrid: Alianza, p. 179.

KNOWLES e OBOLENSKY. **Nova História da Igreja**. Petrópolis: Vozes, 1983, v. II, p. 445-56).

LOPES DE AYALA, Crónica del Rey Don Juan. *In*: **Crônicas de los Reyes de Castilla**. BAE, Madrid: 1953, t. II, a. IV, cap. IV, p. 78.

LOPES DE AYALA, Crónica del Rey Don Juan. *In*: **Crônicas de los Reyes de Castilla**. BAE, Madrid: 1953, t. II, a. V, cap. V, p. 83-4.

LOPEZ DE AYALA, Pero. **Crónica del Rey Don Pedro y del Rey Don Enrique**. Buenos Aires: SECRIT, 1994, XIII, 1378:7-10, p. 416-22.

LOPES, Fernão. **Crónica de D. Fernando**. Ed. Salvador Dias ARNAUT, Porto: Civilização, 1966, cap. 107-9, p. 293-305.

LOPES, Fernão. **Crónica de D. João I**. 1ª p, introd. Humberto Baquero MORENO e prefácio de António SÉRGIO, Barcelos-Porto: Civilização, 1991, cap. 55, p. 109 e cap. 66, p. 129.

NIETO SORIA, José-Manuel. Las inquietudes historiográficas del Gran Maestre hospitalario Juan Fernández de Heredia (m. 1396): una aproximación de conjunto. *In*: **En la España Medieval**. Departamento de Historia Medieval da Universidad Complutense de Madrid, Publicaciones da UCM, 22 (1999), p. 187-211.

PMH, Livro de Linhagens do Conde D. Pedro, 26L6 e 21J14.

PMH, Livro de Linhagens do Conde D. Pedro, 34 W4; 45P5; 57T5 e 66P6.

Portugaliae Monumenta Histórica (PMH), Nova Série, v.I/1,Livros Velhos de Linhagens, ed. Joseph PIEL e José MATTOSO, Lisboa: Academia das Ciências de Lisboa, 1980, **Livro de Linhagens do Conde D. Pedro**, 30B6 e 21G e **Livro de Linhagens do Século XVI**. A. Machado de FARIA, Lisboa: Academia Portuguesa de História, 1956, p. 71.

RUSSELL, P. E. João Fernandes Andeiro at the Court of John of Lancaster: 1371-1381. *In*: **Revista da Universidade de Coimbra**. Coimbra: Faculdade de Letras da Universidade de Coimbra, XIV (1940), p. 25-6).

SANTOS, Frei Manoel dos. **Monarquia Lusitana**. Ed. A. da Silva REGO, A. Dias FARINHA e Eduardo dos SANTOS, 3. ed. Lisboa: Imprensa Nacional – Casa da Moeda, 1988, parte VIII, l. XXII, cap. 40, p. 298-305.

ALIANÇAS MATRIMONIAIS COMO ESTRATÉGIAS POLÍTICAS NA PENÍNSULA IBÉRICA

José Carlos Gimenez[1]

> *Provengo de una tierra donde el gozo del amor auténtico corresponde a los villanos y a los caballeros sólo se nos permite completar las alianzas del linaje para garantizar la mejor de las posiciones a nuestro vástagos.*
>
> ***Enrique de Castilla***[2]

Este artigo objetiva uma reflexão sobre a importância dos matrimônios realizados pelos Reinos ibéricos durante a Baixa Idade Média. Por meio deles, Portugal, Castela e Aragão ajustaram, em vários momentos, casamentos de reis, infantes e infantas com a finalidade de estabelecer vantajosos acordos políticos. Tratava-se, portanto, de um acontecimento que ultrapassava as solenidades jurídicas e religiosas e compunha, além de uma liturgia, uma prática cultural com finalidade de concretizar acordos de cooperação econômica e militar, de demarcar novos territórios ou de selar a paz.

Refletir sobre a importância dessas práticas, tomando como referência as alianças políticas do século XIII e da primeira metade do século XIV (aproximadamente entre 1280, contexto dos primeiros contatos entre Portugal e Aragão para ajustarem o casamento do rei português Dinis (1279-1325)[3] com a infanta aragonesa Isabel, e 1307, data do casamento infante português, Afonso, futuro Afonso IV (1325-1357)) é situar os matrimônios combinados pelas monarquias peninsulares como uma razão de "Estado".

No contexto da união entre Dinis e Isabel, o direito canônico vigente em Portugal reservava, como elemento essencial para a concretização de uma aliança matrimonial, a decisão final aos próprios cônjuges de se aceitarem por marido e mulher e partilharem uma vida comum. Tal disposição se expressa por palavras de presente – situação que efetivava o compromisso prontamente ou por palavras de futuro – as quais constituíam exclusivamente uma promessa de casamento (noivado) e implicava um compromisso com

---

[1] Doutor em História pela Universidade Federal do Paraná; Professor Adjunto de História Medieval da Universidade Estadual de Maringá/PR; colaborador do Núcleo de Estudos Mediterrânicos da UFPR.

[2] TORRES, M. **Enrique de Castilla**. Barcelona: Plaza Janés, 2003. p. 170 – Enrique de Castilla, irmão de Afonso X e filho de Fernando III (1217/1230-1252) de Leon e Castela.

[3] As datas entre parêntese, que doravante aparecerem, indicam o período de reinado ou de pontificado.

direitos e deveres entre os envolvidos. No entanto ele só seria efetivado quando o casal concretizasse os acordos por meio das palavras de presente. Em ambos os casos, porém, segundo esse mesmo direito, o matrimônio tornar-se-ia indissolúvel quando consumado por união carnal entre os esposos[4].

A segunda situação – palavras de futuro – foi muito comum entre os Reinos peninsulares. Por meio dessa prática, reis e rainhas serviram-se muitas vezes de seus filhos, ainda impúberes, para realizar alianças matrimoniais como uma prerrogativa para seus projetos pessoais[5]. Na maioria das vezes, esses acordos não consideravam a vontade e a liberdade de decisão dos casais, mas sim as disposições traçadas pelas duas casas régias[6].

O ritual que envolveu o matrimônio de Dinis com Isabel é um exemplo dessas práticas políticas[7]. Para o cronista Rui de Pina, o casamento de Dinis com a infanta aragonesa foi uma decisão que partiu do rei português aconselhado pela rainha mãe: "*Sendo El-Rei D. Dinis de vinte anos, idade assás conveniente para casar, foi aconselhado da Rainha D. Beatriz, sua mãe, e assim requerido por parte do Reino de Portugal, que casasse para ter esperança de lhe dar Deus herdeiro legítimo, que o sucedesse, e logo foi apontado na infanta Dona Isabel de Aragão, que estava por casar, filha de El-Rei D. Pedro*[8].

Na perspectiva de Francisco Brandão, essa aliança era fundamental para as pretensões políticas do rei aragonês, uma vez que, com ela, a infanta Isabel seria elevada imediatamente à condição de Rainha, o que poderia não ocorrer, caso ela se casasse com outro pretendente que ainda não era rei: "*Inclinouse com tanta facilidade el Rey de Aragão por muitos respeitos; hu delles foi despedir logo de sua casa para Rainha hua filha que tanto amava. O que não*

---

[4] CAETANO, M. Casamentos reais, doutrina canônica sobre o casamento no século XIv. In: **História do direito português, sécs. XII-XVI**. Lisboa/São Paulo: Verbo, 2000, p. 429-443. Sobre a relação entre matrimônio e moral cristã, veja-se BROOKE, C. **O casamento na Idade Média**. Mem Martins: Europa-América, 1991.

[5] Para uma síntese sobre as alianças matrimonias dos reis portugueses com outras monarquias européias durante a Idade Média, veja-se o levantamento realizado por BRAGA, P. D. Casamentos reais portugueses, um aspecto do relacionamento Ibérico e europeu. In: **Revista da Faculdade de Letras**. Porto: Faculdade de História, 1998, v.1, p. 1531-1537.

[6] Sobre esse tema, veja-se OPTIZ, C. O quotidiano da mulher no final da Idade Média (1250-1500). In: **História das mulheres no ocidente, a Idade Média**. (Dir. DUBY, G.; PERROT, M.). Porto: Afrontamento, 1993, v. 2, p. 353-435.

[7] Marcado por um período de intensa troca de informações entre os dois Reinos para se certificarem de que se tratava de uma aliança benéfica para ambos. As negociações iniciaram-se no final de 1280, com a visita dos embaixadores portugueses à corte aragonesa. Em fevereiro de 1281, foram assinados os acordos em Barcelona e, em abril do mesmo ano, os representantes dos dois Reinos reuniram-se em Vide, com a presença de Dinis para selarem o contrato matrimonial. As negociações foram retomadas em novembro de 1281, quando Dinis nomeou seus embaixadores para concretizar o ajuste, fato que se concretizou em fevereiro de 1282, em Barcelona. Resolvida as questões jurídicas do acordo, as bênçãos matrimoniais foram celebradas na igreja de São Bartolomeu, em Trancoso, em julho de 1282, onde o rei e sua corte esperavam a infanta Isabel. O rei e a rainha, porém, só se intalaram na cidade de Coimbra em 15.10.1282.

[8] PINA, R. de. **Chronica d'El Rei D. Diniz**. Lisboa: Biblioteca dos Clássicos Portugueses. 1907. p. 165.

seria os outros Principes, que ainda não eraõ herdados; & nestas materias obra muito o entrar senhorendo logo, & não esperar para mandar"[9].

Por meio de um texto anônimo do século XIV que narra a vida e os milagres da rainha Isabel, é possível observar que o rei aragonês dispunha de outras possíveis alianças políticas, uma vez que, quando os embaixadores de Portugal realizaram contatos com a corte de Pedro III (1276-1285) para apresentarem as propostas do casamento entre com a infanta aragonesa, lá se encontravam outros mensageiros com os mesmos propósitos. Tratava-se de dois representantes de Eduardo I (1272-1307) da Inglaterra: Carlos I, de Anjou (1246-1285), de Nápoles e da Sicília, e de Felipe III (da França). Diante das possibilidades, Pedro III fez sua opção pelo monarca português, ao considerar que o rei português reunia melhores qualidades que os concorrentes para atender aos interesses do Reino de Aragão[10].

No entanto, mais do que se certificar de quem tenha partido os propósitos para a realização dessa aliança, é importante considerar que se tratava de uma união cuja finalidade era atender aos novos desdobramentos políticos pelos quais passava a Península Ibérica naquele momento. Desdobramentos que podem ser percebidos desde a época de Afonso III (1248-1279), de Portugal, quando se casou com Beatriz, uma filha bastarda do rei castelhano Afonso X (1252-1284). Uma das consequências políticas daquele ajuste mudaria os rumos das relações entre Portugal e Castela, uma vez que foi a Dinis, fruto daquele casamento, que o rei castelhano cedeu a região do Algarve para os domínios de Portugal[11].

Para a medievalista portuguesa Maria Helena da Cruz Coelho, a posse do Algarve, apesar das diversas tentativas de impugnação dos acordos, transformou Portugal, definitivamente, em um Reino independente dos Reinos peninsulares, de forma a tornar-se um aliado indispensável nas estratégicas geo-políticas entre o Mediterrâneo e o Atlântico[12]. Neste sentido, pode-se afirmar que, Aragão via no Reino português um parceiro fundamental para a sua política "internacional".

Por seu turno, D. Dinis buscava em Aragão uma aliança para resolver seus problemas internos. Problemas esses relacionados, principalmente, com as divergências que tinha com o irmão Afonso sobre o direito sucessório ao trono. E, mais uma vez, tratava-se de diferentes interpretações sobre os frutos

---

[9] BRANDÃO, F. Da embaixada a Aragão sobre o casamento delRey Dom Dinis. *In*: **Monarquia Lusitana**. Parte V. Lisboa: Imprensa Nacional, 1976. p. 58-70.

[10] NUNES, J. J. Livro que fala da boa vida que fez a Raynha de Portugal, Dona Isabel e dos seus bõos feitos e milagres em sa vida e depoys da morte. *In*: **Vida e milagres de dona Isabel, Rainha de Portugal**. Coimbra: Imprensa da Universidade, 1921. p. 20-24.

[11] MARQUES, M. A. F. As etapas de crescimento do Reino. *In*: **Nova História de Portugal, Portugal em definição de fronteiras (1096-1325), do condado portucalense à crise do século XIV**. (Dir. SERRÃO, J.; MARQUES, A. H. de O.) Lisboa: Presença, 1996. v. 3, p. 63-64.

[12] COELHO, M. H. da C. O Reino de Portugal ao tempo de D. Dinis. *In*: **Actas de lo Colóquio: Imagen de la Reina Santa. Santa Isabel, infanta de Aragón y Reina de Portugal**. Zaragoza: Diputación Provincial de Zaragoza. 1999, p. 54-55.

de uma aliança matrimonial realizada com finalidades políticas. Essa crise iniciara com a deposição do rei Sancho II (1223-1247) e com a subida ao trono de Afonso III, em 1248. O novo rei, mesmo antes de desfazer o acordo matrimonial das primeiras núpcias que havia assumido com a condessa de Bolonha, pactuou uma aliança com Afonso X, ao casar-se com Beatriz, filha bastarda do rei castelhano[13].

Essa aliança também provocaria uma longa crise política entre Portugal e o papado e, mesmo após a morte da Condessa de Bolonha, por volta de 1258-1259, esse casamento não ficou livre da condenação da religiosa. Aos olhos da Igreja, ele permanecia ilegítimo pelo grau de parentesco que havia entre os cônjuges. Ainda que os atritos com a Igreja só tivessem terminado com a exaração de duas bulas papais, *In nostra* e *Quicae estia* em junho e em julho de 1263, respeectivamente, as conturbações políticas no Reino português relacionadas com o matrimônio de Afonso III estavam longe de terminar[14].

Segundo Antonio de Vasconcelos, Dinis, como primogênito, considerava-se sucessor legítimo; seu irmão, o infante Afonso, por sua vez, protestava alegando que o trono lhe pertencia com base no Direito Canônico, pois, embora ele fosse o segundogênito quando Dinis nasceu, em 8 de fevereiro de 1263, o casamento do seu pai ainda estava sob condenação papal[15].

Esse conflito ecoou para além das fronteiras lusitanas, quando o infante Afonso, valendo-se dos matrimônios de suas filhas com nobres castelhanos que se opunham às pretensões do infante Sancho ao trono, apoiou os revoltosos[16]. Essas alianças matrimoniais que uniam o infante às mais altas esferas nobiliárquicas de Castela eram uma prerrogativa para que ele reclamasse terras e favores e, sobretudo, confrontasse seu irmão pela força, o que transformou a fronteira de Portugal com Castela em um palco de intensos conflitos[17]. Essas querelas estão relacionadas com a morte de Fernando de la Cerda, primogênito de Afonso X. Embora o rei favorecesse o neto, Alfonso de la Cerda, o segundogênito Sancho reclamava o trono para si. Nesse contexto de intrigas internas, Portugal e Castela realizariam no futuro – como será destacado mais adiante – alianças matrimoniais de seus primogênitos para superarem esses problemas de desordem política e social[18].

---

[13] Sobre este tema veja-se, FERNANDES, F. R. **Comentários à legislação portuguesa de Afonso III**. Curitiba, Juruá, 2000 e HERCULANO, A. **História de Portugal, desde o começo da monarquia até o fim do Reinado de Afonso III**. Lisboa: Bertrand, 1980. t. 1.
[14] BRANDÃO, F. De como foi levantado por Rey de Portugal o Infante D. Dinis. *In*: **Monarquia...**, p. 36-38
[15] VASCONCELOS, A. de. **Dona Isabel de Aragão, a Rainha Santa**. Coimbra: Universidade de Coimbra, 1993. p. 26.
[16] Dona Isabel era casada com João, o Torto, filho de João, irmão do rei castelhano Sancho IV (1284-1295); Maria era esposa de D. Tello, senhor de Meneses; dona Constança era casada com Nuno González de Lara, o Menor, e Beatriz, com Pedro de Castro, também castelhano.
[17] BALLESTEROS, M. G. de. **Sancho IV de Castilla**. Madrid: Tipografia de la Revista de Archivos, Bibliotecas y Museos, 1922, t. 1, p. 172-173.
[18] NIETO SORIA, J. M. **Sancho IV (1284-1295)**. Palencia: La Olmeda/Diputación Provincial de Palencia, 1994. p. 91.

O matrimônio de Dinis com Isabel também possibilitou à monarquia portuguesa um contato importante para além da fronteira Ibérica, uma vez que Aragão ostentava uma importância vital na economia e na política do Mediterrâneo, que se estendia pelas Baleares e Sardenha. Essa relação se daria, sobretudo, durante o reinado de Jaime II (1291-1327), cunhado de Dinis, e faria da Rainha Isabel uma mediadora atuante das questões políticas entre as monarquias portuguesa e aragonesa[19].

Pedro III, o Grande filho de Jaime I (1213-1276) e de sua segunda esposa, Violante da Hungria, nascido em Valência, no ano de 1240, casou-se com Constança Hohenstaufen, filha de Manfredo (1258-1266), rei da Sicília e de Nápoles. Com a morte da mãe, no ano de 1251, a formação do infante Pedro ficou sob a responsabilidade de nobres catalãs, o que lhe proporcionou uma educação literária trovadoresca e, principalmente, político-militar. Tal educação lhe valeu a confiança por parte do pai, ao nomeá-lo, em 1257, Procurador Geral do principado da Catalunha. Com a morte de Afonso, em 1262, único filho que Jaime I havia tido com sua primeira esposa, Leonor de Castela, o infante Pedro III transformou-se no único herdeiro do trono do Reino de Aragão, Valência e do Condado de Barcelona, exceto Maiorca e Sardenha, que ficaram para o seu irmão menor, Jaime, futuro Jaime II de Maiorca[20].

Quando Pedro III assumiu o poder, em 1276, estava com 30 anos de idade e muita experiência na política e na guerra, pois, como Príncipe da Catalunha, havia realizado importantes contatos com os cunhados, Afonso X de Castela e Felipe III (1270-1285), da França, e com os muçulmanos que ocupavam diferentes posições geográficas no mediterrâneo. O novo rei concretizou, em boa medida, as profundas alterações iniciadas durante o reinado de seu pai, Jaime I, e possibilitou ao Reino aragonês um desenvolvimento econômico e político capaz de fazer frente aos outros Reinos ocidentais da época. No plano interno, enfrentou uma forte pressão vinda dos setores nobiliários, os quais não desejavam perder os espaços de poder, ameaçados pelo novo empenho da monarquia em regular a vida política do Reino. No plano externo, além da aliança com Portugal, o rei aragonês protegeu com êxito a conservação da sua família no Reino da Sicília, diante das agressões de Carlos de Anjou (1266-1285) e do papado. Defendeu seus territórios das pressões francesas, envolveu-se diretamente na sucessão do rei Afonso X e promoveu uma aproximação com a Inglaterra, ao casar o primogênito Afonso com Leonor, filha de Eduardo I (1272-1307)[21].

---

[19] MATTOSO, J. Dois séculos de vicissitudes políticas, o papel de D. Dinis na política peninsular. In: **História de Portugal: a monarquia feudal (1096-1480)**. Lisboa: Estampa 1993, v. 2, p. 149.

[20] MARTÍNEZ FERRANDO, J. E. **Jaime II de Aragón, su vida familiar**. Barcelona: Consejo Superior de Investigaciones Científicas, 1948, v.3. Sobre Jaime I, veja-se: VILLACAÑAS, J. L. **Jaime I el conquistador**. Madrid: Espasa Calpe, 2003.

[21] GONZÁLEZ ANTÓN, L.; LACARRA MIGUEL, J. M. Expansión mediterránea y crisis interna. In: **Historia de España Menéndez Pidal, la expansión peninsular e mediterránea**

Considerando dessa forma, o casamento da filha de Pedro III com o rei Dinis não pode ser entendido como um fato discordante da política da época. Dentre eles, destacam-se a constante ameaça muçulmana, o que também exigia do rei uma mobilização permanente com grande empreendimento e uma Península Ibérica apaziguada e, principalmente, as divergências internas de Castela, entre o rei Afonso X e seu filho Sancho, futuro Sancho IV, sobre os direitos sucessórios ao trono. Mais que uma questão interna, a querela do reino de Castela tinha conexões com a política francesa, uma vez que os infantes de la Cerda eram filhos do falecido primogênito de Afonso X com Branca, filha de Luiz IX (1227-127), rei da França.

Nesse sentido, o rei aragonês via em Dinis uma autoridade ideal para impedir a aproximação de Afonso X com a França e minar a possibilidade de uma sucessão com descendência francesa, descendência com a qual Pedro III disputava importantes possessões na Itália e no Mediterrâneo.[22] O texto anônimo do século XIV é muito esclarecedor sobre as intenções do rei Aragones: *"E foy conselhado elrey D. Pedro, por guerra grande que em aquele tempo antre elrey de Castela, D. Afonso, e o ifante D. Sancho, seu filho, que depos el foy rey, avia, que quis[ess] mandar por mar esta sa filha a Portugal, temendo-se elrey de Aragom, por ajuda que fazia ao ifante D. Sancho, de querer elrey de Castela embargar a ida a esta sa filha"*[23].

O matrimônio da infanta aragonesa com o rei português significou, também, uma aliança política que uniu Pedro III de Aragão, Dinis e Sancho de Castela para solucionar problemas internos e externos. A conseqüência dessa união equivalia ao interesse da coroa aragonesa por aliados que dessem sustentação legal para a política de dominação sobre o Reino da Sicília e o mediterrâneo, contra a França, que também disputava aqueles territórios.

Os problemas políticos em Castela em torno das disputas entre os sucessores de Afonso X arrastaram-se por mais de meio século, uma vez que principiaram em 1275, entre partidários de Afonso X e seu filho Sancho, diante da morte do primogênito Fernando III de la Cerda, e não cessaram depois da morte de Afonso X, em Sevilha, em 4 de abril de 1284, já que uma parcela da nobreza ainda continuou defendendo os filhos do infante durante os reinados de Sancho IV e de Fernando IV (1295-1312) e parte do governo de Afonso XI (1312-1350), quando esse rei completou 14 anos e adquiriu sua maioridade em 1325.

A crise entre Afonso X e o segundogênito Sancho se acirrou, ainda mais, quando o rei e a nobreza se envolveram diretamente nas divergências políticas entre o filho e os netos do rei. O apoio da influente família dos Lara

---

(1212-1350) – **el Reino de Navarra, la corona de Aragón y Portugal**. (Dir. ZAMORA, J. M. J.). Madrid: Espasa Calpe, 2000, t. 13, v.2, p. 181-228.

[22] ÁNGEL MARZAL, M. Proyectos de revisionismo geopolítico portugués en la coyuntura de la Vísperas Sicilianas (1281-1291). *In*: **Actas da IV Jornadas Luso-Espanholas de História Medieval**. Porto: Universidade do Porto, v. 2, 1988, p. 1197-1230.

[23] NUNES, J. J. **Livro que fala da boa vida...**, p. 24.

para a defesa dos direitos sucessórios ao trono castelhano dos infantes de la Cerda motivou o infante Sancho a buscar o apoio na família dos Haro, poderosos senhores de Viscaya e tradicionais inimigos dos Lara. Com apoio dos Haro e de outras importantes famílias da nobreza que se opunham à política de Afonso X, o infante Sancho autoproclamou-se herdeiro do trono, em 1275 e, em 1278, foi jurado pelas Cortes de Segóvia como único e legítimo herdeiro da coroa castelhana, contrariando, desse modo, os que defendiam a causa dos de la Cerda, principalmente a Rainha Violante, esposa de Afonso X, e dona Branca, a mãe dos infantes[24].

Essas disputas ganharam os primeiros contornos externos quando D. Violante refugiou-se, juntamente com a nora, Branca, e os netos, na corte de seu irmão Pedro III, rei de Aragão, na tentativa de buscar o apoio aragonês para seus netos. Entretanto as boas relações do irmão Pedro III com o infante castelhano Sancho levaram o rei de Aragão não só a apoiar este último, mas também a reter os infantes de la Cerda sob seu domínio no castelo de Jantiva, em 1278. Segundo González Antón, esse episódio garantiu para Pedro III uma importante arma política, pois a devolução dos infantes poderia, de um lado, provocar uma guerra civil em Castela com dimensões peninsulares, até mesmo com possibilidade de intervenção francesa; e, de outro, minar os projetos do rei francês, Felipe III, de assegurar ao trono castelhano um herdeiro de sua estirpe ou, pelo menos, que o rei castelhano concedesse a Afonso de la Cerda um pequeno Reino na Andaluzia, o que aumentaria ainda mais as pressões francesas sobre o Reino aragonês[25].

A luta dos infantes de la Cerda pelo trono castelhano transformou-se, por um período considerável, em um componente político que serviu de razão para que outros Reinos tentassem interceder de forma direta ou indireta no Reino de Castela. De imediato, ela foi motivo para que os Reinos aragonês e francês fizessem desse acontecimento palco de suas querelas políticas. Afonso X, sob influência do rei da França, pendia a favor dos netos e, depois da realização das Cortes de Sevilha, em 1283, sancionou os netos como herdeiros do trono, o que resultou em uma separação decisiva com o infante Sancho[26].

As conseqüências desse distanciamento entre pai e filho concretizaram quando ambos procuraram apoio externo para fazer valer suas prerrogativas. Em um primeiro momento, Afonso X contou com o apoio dos Reinos do Marrocos e, principalmente, da França. Por seu turno, o infante Sancho contava com apoio externo do Reino de Aragão, da Inglaterra, de seus irmãos e

---

[24] NIETO SORIA, J. M. De infante segundón a heredero del trono (1258-1282). *In*: **Sancho IV...**, p. 15-37.
[25] GONZÁLES ANTÓN, L.; LACARRA MIGUEL, J. M. Pedro III el Grande. La pugna con el feudalismo catalán. Planteamientos internacionales del Reinado. *In*: **Historia de España Menéndez Pidal...**, p. 197.
[26] GONZÁLEZ MINGUÉZ, C. Los fundamentos de la guerra civil. *In*: **Fernando IV (1295-1312)**. Palencia: Editorial la Olmeda, 1995, p. 12-19.

do seu tio, o infante Manuel, ainda que estes últimos os abandonassem momentaneamente. Numa resposta contra o apoio externo recebido pelo infante Sancho, Afonso X modificou seu primeiro testamento e criou, num segundo, os Reinos de Badajoz e de Sevilha, os quais ofereceram ao seu filho João e, o Reino de Múrcia ao seu outro filho, Jaime e a marca de Niebla à sua filha, Beatriz, mãe de Dinis[27].

Segundo Martín Duque, a contenda entre os Reinos ibéricos e a França, por causa dos infantes de la Cerda, tinha, também como causa, o controle do Reino de Navarra, uma espécie de prolongamento do território francês e palco de suas manobras políticas sobre os assuntos internos do Reino castelhano; era também um local estratégico para manter uma posição de enfrentamento com o Reino aragonês em luta pelo domínio do Reino siciliano[28].

Como se pode verificar, essas disputas não ficaram restritas ao Reino castelhano e a seus competidores mais diretos; elas atingiram, também, a política portuguesa, quando a Rainha Beatriz, esposa de Afonso III de Portugal e filha bastarda de Afonso X, e seu filho, o infante Afonso, irmão de Dinis, sensibilizaram-se com a causa do rei *Sábio* e se uniram a ele em oposição às pretensões de Sancho de herdar o Reino. Como conseqüência, Dinis, que já tinha problemas de relacionamentos políticos com a mãe e com o irmão, apoiou abertamente o infante Sancho contra seu avô. Segundo a Crónica de Afonso X: "*É luégo el rey de Portugal, que estava mal com su abuelo el rey don Alfonso, porque se tenie com su madre, puso pleito com el infante don Sancho de tenerse contra el Rey don Alfonso*"[29].

Apesar do apoio de Dinis ao infante castelhano Sancho contra o avô Afonso X, da morte daquele e da coroação de Sancho e de Maria de Molina, respectivamente, como rei Sancho IV e Rainha dos castelhanos em Toledo, no ano de 1284, as relações entre Portugal e Castela ainda continuaram tensas. O centro dessa disputa foi a tentativa de Sancho IV de rever a limitação das fronteiras com Portugal, especialmente as da margem esquerda do rio Guadina, Riba Coa, as vilas de Moura, Serpa e Mourão, doados por Afonso X à sua filha Beatriz, quando esta se aliou ao pai contra o infante Sancho. Essas mesmas terras, no entanto, haviam sido doadas aos Hospitalários castelhanos, com a condição de que fossem trocadas por outras terras, fato que ainda não havia sido realizado quando o novo rei assumiu a coroa[30].

A despeito das divergências, os dois Reinos passaram por um breve período de cooperação, na tentativa de superarem divergências internas pro-

---

[27] BALLESTEROS, M. G. de. Los comienzos de um Reinado. *In*: **Sancho IV de Castilla...**, p. 1-22. t. 1.
[28] MARTÍN DUQUE, A. J.; RAMÍREZ VAQUERO, E. El Reino de Navarra (1217-1350). *In*: **Historia de España Menéndez Pidal...**, p. 59.
[29] ROSELL, C. Don Alfonso Décimo. *In*: **Crónicas de Los Reys de Castilla**. Madrid: Biblioteca de Autores Españoles, 1953. p. 61.
[30] SERRÃO, J. v. A Fronteira portuguesa do Guadina. *In*: **Historia de Portugal, Estado, Pátria e Nação [1080-1415]**. Lisboa: Verbo, 1990, p. 146-148.

vocadas por parte dos setores da nobreza[31]. No entanto o acordo mais decisivo entre os dois Reinos, na tentativa de estabelecerem uma aliança de cooperação recíproca, deu-se na Cidade Rodrigo, em setembro de 1291, local e data em que os monarcas acordaram o casamento de seus filhos, Fernando, herdeiro castelhano, com a infanta Constança, filha de Dinis e da Rainha Isabel[32]. Escrito de forma minuciosa, esse contrato é apenas um acordo preliminar entre os dois Reinos, pois nele se estipula um período de oito anos para que o casamento seja ratificado. Como se tratava de uma aliança com "promessa de futuro", ele só foi consumado em 1297, já no reinado de Fernando IV.

Embora a *Crónica de Sancho IV* de Castela afirme que o casamento do infante Fernando com a infanta Constança tenha rendido à coroa portuguesa oito vilas e castelos "*en la frontera del Reino de Portugal, cuales el rey quiso, é con esto asosegó el rey de Portugal con el rey don Sancho*", a relação entre os dois Reinos, naquele período, estava, na maioria das vezes, condicionada à política praticada pelo rei castelhano com seus outros vizinhos[33].

Reflexo de tal política pode ser observado quando morreu Pedro III, de Aragão, em 11 de abril de 1285 e em seu lugar assumiu seu filho mais velho, Afonso III (1285-1291). Diferentemente do seu antecessor, as relações entre Aragão e Sancho IV foram se exasperando de tal forma que terminaram em enfrentamentos bélicos. Esses enfrentamentos foram causados, sobretudo, pela aproximação de Sancho IV com o Reino da França, por meio do tratado de Lyon, de 1288. O acordo franco-castelhano, além de redefinir as alianças da Península Ibérica, também diminuía a importância dos infantes de la Cerda, retidos em Aragão. Diante de tal concerto, Alfonso III proclamou Afonso de la Cerda rei de Castela, motivo que afastou, ainda mais, os dois Reinos.

Continuando a sua política internacional, Afonso III, almejando conquistar o norte da África, firmou, em fevereiro de 1291, o tratado de Tarascón com o Papa Nicolau IV (1288-1292). Por esse tratado, o rei aragonês comprometeu-se com a realização de uma cruzada à Palestina e não prestar socorro ao seu irmão Jaime, rei da Sicília, caso este realizasse guerra contra o Papa. Em contrapartida, o Papa anulou a excomunhão e a interdição que recaíam sobre o Reino. A decisão desse tratado, além de garantir o reconhecimento internacional da presença de Aragão no Reino da Sicília, estabeleceu um posto definitivo do Reino no Mediterrâneo e possibilitou a seu sucessor, Jaime II, que já reinava na Sicília desde 1285, reinar também em Aragão.

---

[31] Para uma leitura sobre os conflitos no seio da nobreza castelhana desse período veja-se, MOXÓ, S. de. De la Nobleza vieja a la nobleza nueva, la transformación nobiliaria castellana en la baja Edad Media. *In*: **Cuadernos de Historia**. Madrid: Instituto Jerónimo Zureta, 1969, n. 3, p. 1-250.

[32] BALLESTEROS, M. G. de. Tratado entre Sancho IV de Castilla y Don Dionis de Portugal. *In*: **Sancho IV de Castilla...**, doc. 369, p. 234-238, t. III,

[33] ROSELL, C. Don Sancho Iv. **Crónicas de Los Reys**, p. 85.

Segundo González Antón, aquele tratado permitiu transformar o Reino aragonês em uma potência com domínios políticos e econômicos sobre aquela região[34].

Por seu turno, o acordo luso-castelhano firmado na Cidade Rodrigo, em setembro de 1291, que assegurava ao Reino português o fortalecimento de Dinis frente às pretensões políticas do irmão, e que garantia para Castela um importantíssimo aliado na guerra contra Aragão, tomou outros rumos com a morte de Afonso III. Ela se deu com a aproximação de Sancho IV ao novo rei aragonês, Jaime II, quando, em dezembro de 1291, estabeleceram um acordo de cooperação político-militar; todavia, entre outras questões, fica evidente que a grande preocupação do rei castelhano assentava-se sempre nas frágeis e inseguras relações com o papado e com o Reino francês. Segundo esse tratado, assinado em Soria, em dezembro de 1291, Jaime II garantiria a Sancho IV: *"Otrossi uos prometemos que sin uro. cossintimiento et sin ura. uoluntad nos non ffaremos pás nin treuga com la Egl. nin com el Rey de Francia nin com otra persona ninguna com la qual ayamos guerra..."*[35]. Nessa nova orientação política, em que o monarca buscava ampliar suas alianças externas, Sancho IV negociou o casamento de sua filha, a infanta Isabel, com o novo rei aragonês[36].

Jaime II, valendo-se do tratado de paz que seu antecessor havia firmado com o papado, também procurou fazer de Castela mais um importante aliado peninsular. Sancho IV, por sua vez, também ideou ampliar suas alianças ao interceder uma aproximação entre os Reinos aragonês e francês com os reis angevinos de Nápoles para superar as antigas rivalidades existentes no Reino da Sicília[37].

Nesse consórcio, o rei castelhano ofereceu o herdeiro do trono, Fernando – o mesmo infante que já havia sido prometido ao Reino português – ao rei da França, para que este o casasse no Reino francês[38]. Essas alianças eram importantíssimas para que o rei de Castela alcançasse a estabilidade interna, assegurasse suas conquistas frente aos muçulmanos e, quiçá, realizasse seu grande projeto – o reconhecimento internacional da legitimidade do seu Reino perante seus vizinhos e o papado, ao afastar, definitivamente, as aspirações dos infantes de la Cerda ao trono castelhano. Segundo Nieto Soria, o projeto do rei castelhano completar-se-ia, uma vez que Jaime II se tornaria seu grande aliado frente aos muçulmanos; logo, as terras conquistadas

---

[34] GONZÁLEZ ANTÓN, L.; LACARRA, J. M. Expansión mediterránea y crisis interna, de la crisis a la paz general. *In*: **Historia de España Menéndez Pidal...**, p. 229-252.

[35] BALLESTEROS, M. G. de. Tratado entre Sancho IV e Jaime II. *In*: **Sancho IV de Castilla**. doc. 384, p. 234-238. t. III.

[36] BALLESTEROS, M. G. de. A Carta de Arras de Jaime II a Isabel de Castela com o compromisso matrimonial. *In*: **Sancho IV de Castilla...**, doc. 490, p. 333-336. t. III.

[37] NIETO SORIA, J. M. **Sancho IV...**, p. 113.,

[38] ÁLVAREZ PALENZUELA, v. Á. Relaciones peninsulares en el siglo de Alcañices (1250-1350). **Actas da IV Jornadas Luso-Espanholas...** 1988. v. 2, p. 1045-1070.

davam-lhe legalidade política perante o Papa e a França: ingrediente relevante para alcançar a paz interna[39].

Nesse sentido, Portugal, Castela e Aragão realizaram, ainda, diversos acordos de cooperação. O rei castelhano já doente, todavia, amargava, como uma das suas maiores derrotas políticas, o fato de nunca ter conseguido a dispensa papal ao seu casamento[40]. Entretanto tal suspensão só foi concedida em 1301, pelo papa Bonifácio VIII (1294-1303), ou seja, seis anos após a morte de Sancho IV[41].

Apesar de os monarcas de Aragão e de Castela tentarem uma reaproximação, esta se revelou impossível. Primeiramente, há que se considerar o aprofundamento que Jaime II deu à política de aproximação com a França e com o papado, iniciada pelo seu antecessor. Esse aprofundamento inverteu uma posição "histórica" do Reino aragonês na luta contra possessões angevinas no Mediterrâneo, pois, diferentemente de seus antecessores – Jaime I e Pedro III –, com Jaime II, a França e o papado tornaram-se seus grandes aliados. Jaime II beneficiou-se, ainda, do estado de beligerância entre franceses e ingleses para realizar importantes acordos a favor do Reino aragonês. O momento principal dessa mudança se deu no Tratado de Anagni, em 24.06.1295[42]. Pelo tratado de Anagni, o rei aragonês casou-se com Branca de Anjou e anulou seu casamento com a filha de Sancho IV, de Castela. O tratado previa, ainda, a devolução da Sicília ao papado, em troca da anulação da investidura de Carlos de Valois como rei de Aragão[43].

Esse tratado tem um significado político não só para Aragão, mas também para a própria história do avanço da conquista peninsular sobre o Mediterrâneo, pois a renúncia de Jaime II à Sicília, com a promessa de concessão da Córsega e da Sardenha como feudos do papado, significou, em uma perspectiva internacional, a transposição das relações amistosas do Reino com a política gibelina para uma política de apoio ao guelfismo[44].

---

[39] NIETO SORIA, J.M. La intensificación de las relaciones diplomáticas. **Sancho IV...**, p. 122.

[40] Maria era filha do infante Afonso, senhor de Molina, irmão do rei Fernando, o Santo, avô do rei Sancho IV, seu esposo. Este foi um dos principais argumentos usados pelo rei da França, Felipe IV (1285-1314), junto ao papa Martinho IV (1281-1285), para justificar sua política de apoio aos infantes de la Cerda. Além do Papa Martinho IV, Sancho havia tentado, sem sucesso, obter dos papas Honório IV (1285-1287), Nicolau IV (1288-1292) e Celestino V (1294) a suspensão da ilegitimidade do seu matrimônio.

[41] BRANDÃO, F. Da morte del Rey D. Sancho de Castella, com o estado daquelle Reyno, que abrio a el Rey Don Dinis e outros intentos. *In*: **Monarquia...**, p. 227-227v.

[42] Sobre os desdobramentos desse Tratado e de sua importância para o Reino francês, veja-se: DUBY, G. O século XIII. *In*: **Idade Media na França (987-1460)**: de Hugo Capeto a Joana D'Arc. Rio de Janeiro: Zahar Editores, 1992. p. 242-255.

[43] GONZÁLEZ ANTÓN, L.; LACARRA, J. M. Consolidación de la corona de Aragón como potencia mediterránea, Jaime II, El comienzo de una nueva etapa. *In*: **Historia de España Menéndez Pidal...**, p. 257-269.

[44] LALINDE ABADÍA, J. La ordenación política e institucional de la corona de Aragón, forma politica y formula de gobierno. *In*: **Historia de España Menéndez Pidal...**, p. 330.

As expectativas de uma convivência pacífica entre os Reinos, com as promessas de alianças matrimoniais, revelaram-se frágeis e as divergências entre eles deflagraram-se novamente, em grandes proporções no início do reinado de Fernando IV de Castela, pois, apesar do empenho político do pai para instituir alianças sólidas com seus vizinhos, quando assumiu o trono, a administração política do Reino mergulhou novamente em uma crise de poder tão profunda, que permitiu, mais uma vez, a interferência direta de outros Reinos nas questões internas castelhanas.

Fernando IV nasceu em Sevilha, em 06.12.1285, e, quando foi coroado, tinha apenas 9 anos e três meses. Seu coroamento não colocou um termo nos problemas internos castelhanos, ao contrário, esse acontecimento expôs claramente a ambição e as disputas políticas no seio da nobreza pelo trono. No início do reinado do jovem monarca, sua mãe, Maria de Molina, na qualidade de tutora, necessitou dialogar com diferentes grupos que se opunham a ele.

Valendo-se da instabilidade Castelhana, ocorrida durante a minoridade de Fernando IV, Dinis e Jaime II realizaram uma série de campanhas militares contra aquele Reino. Essas expedições tinham um duplo significado. Primeiramente, era uma forma de enfraquecer um Reino com o qual competiam por territórios. Um segundo objetivo dessas campanhas e que, em certa medida, complementava o primeiro, estava no significado dessas ações, uma vez que, na essência dessa cobiça territorial, os reis consideravam também uma oportunidade ideal para demarcar suas fronteiras, estabelecer uma relação durável com seus ocupantes e, principalmente, criar uma identidade própria perante seus vizinhos. Para Portugal, isto significaria colocar um termo sobre as disputas com Castela pelo Algarve, até com possibilidades de avançar suas fronteiras sobre Badajoz e Andaluzia. Para Aragão, uma Castela enfraquecida significava um empecilho a menos para que o Reino aumentasse sua área sobre o Mediterrâneo e realizasse a conquista do Reino de Múrcia[45].

Os problemas internos do Reino castelhano estavam relacionados, ainda, com o risco que os Reinos corriam ao realizarem suas alianças matrimoniais à revelia da Igreja. Nesse caso em especial, estava relacionado ao não-reconhecimento da legitimidade do casamento de Maria de Molina com Sancho IV, pelo infante João, irmão de Sancho IV, e Fernando e Afonso de la Cerda, filhos do primogênito de Afonso X. Nesse cenário de incertezas e de disputas, o infante João buscou e conseguiu o apoio de Dinis para ser considerado rei de Castela. Por seu turno, o infante Henrique, por meio de intensas negociações, negociou a neutralidade do rei português mediante a promessa de lhe entregar as povoações de Moura, Serpa, Aroche e Aracena, definir a demarcação das terras luso-castelhanas e de recuperar o compromisso do casamento do rei castelhano Fernando IV com Constança, compromis-

---

[45] LADERO QUESADA, M. Á. La corona de Castilla, transformaciones y crisis políticas. 1250-1350. Europa en los umbrales de la crisis, 1250-1350. *In*: **Actas de la XII Semana de Estudios Medievales**. Estella, 18 a 22 de julio de 1994. Pamplona: Gobierno de Navarra – Departamento de Educación y Cultura, 1995. p. 291.

so firmado entre os monarcas em outubro de 1295, na Cidade Rodrigo, o que fez o infante João aceitar Fernando IV como novo rei[46].

A desarmonia política no interior do Reino castelhano, nesse período, marcou profundamente a história do Reino, principalmente porque, em razão da sua fragilidade e instabilidade política, os aragoneses apoderaram-se de parte significativa do seu território, principalmente do Reino de Múrcia[47].

As tensas relações entre Castela e Aragão, resultantes dos frágeis acordos entre os dois Reinos durante o reinado de Sancho IV e da sua continuidade com Fernando IV, ultrapassaram, mais uma vez, os limites da Península, quando, em setembro de 1295, Jaime II condescendeu com a França ao reconhecer Afonso de la Cerda como legítimo herdeiro ao trono castelhano e devolveu a infanta Isabel, filha de Sancho IV, ao Reino castelhano. A atitude de Jaime II rompia, dessa forma, o acordo matrimonial firmado somente no civil, em 11 de novembro de 1291[48].

O apoio de Aragão à candidatura de Afonso de la Cerda representou um momento oportuno para o Reino aragonês colocar em prática o antigo desejo de desmembrar e de ocupar parte significativa do território castelhano. Segundo Alvarez Palenzuela, o Reino castelhano propriamente dito ficaria para Afonso de la Cerda e com o apoio da Rainha Violante, viúva de Afonso X. O Reino de Leão seria destinado ao infante João, irmão de Sancho IV. Ainda segundo o autor, nessa divisão, Portugal e Navarra também receberiam compensações territoriais[49].

Sendo assim, o não-cumprimento dos ajustes firmados entre Portugal e Castela e o conflito deste último Reino com Aragão alteraram, mais uma vez, o panorama das relações de cooperação entre os Reinos da Península. Para Portugal, eles representaram uma ótima oportunidade para rever suas alianças, fato que se consumaria em 1296, quando Dinis auxiliou o infante João e os infantes de la Cerda contra o exército castelhano. O impasse entre Dinis e Fernando IV alterou-se em momentos de negociações e de guerra declarada, desacordo que só seria resolvido com a assinatura do tratado de Alcañices, em 1297[50].

Segundo Fernandez Marques, o tratado de paz de Alcañices, além de dirimir as disputas entre os dois Reinos peninsulares, possibilitou a conformação final do território português e uma estabilidade política territorial que

---

[46] MATTOSO, J. Dois séculos de vicissitudes políticas, o papel de D. Dinis na política peninsular. *In*: **História de Portugal...**, p. 150.
[47] RUCQUOI, A. Da reconquista aos conquistadores. *In*: **História medieval da Península Ibérica**. Lisboa: Estampa, 1995. p. 179-180.
[48] MARTÍNEZ FERRANDO, J. E. **Jaime II de Aragón, su vida familiar**. Barcelona, Consejo Superior de Investigaciones Cientificas, 1948. v. 3, p. 3.
[49] ÁLVAREZ PALENZUELA, v. Á. Relaciones peninsulares en el siglo de Alcañices (1250-1350). **Actas da IV Jornadas Luso-Espanholas...**, p. 1.053).
[50] A transcrição integral do tratado assinado pelos dois Reinos foi publicada por Brandão (1976, p. 254-256).

permitiu, para o futuro, uma vantajosa política de desenvolvimento interno[51]. No âmbito externo, esse Tratado buscava, também, um equilíbrio político, diplomático e militar entre Portugal, Castela e Aragão, e sua ratificação, com os casamentos dos infantes régios Afonso com a infanta Beatriz, de Castela, e Fernando IV, de Castela, com Constança, de Portugal. Tais fatos possibilitaram, com pequenas alterações nos seus traçados convencionados em Alcañices, o fortalecimento militar e a conquista definitiva de um espaço que, ao longo dos séculos, havia sido um caminho privilegiado de invasão do território português[52].

O acordo assinado, em 1297, somente seria legitimado depois de Fernando haver atingido a maioridade e da publicação da bula papal dispensando o grau de parentesco que havia entre eles. A consolidação da paz entre Portugal e Castela, celebrada com o recebimento das bulas de casamento de Constança com Fernando IV, propiciou ao Reino português uma participação mais direta nos assuntos do Reino castelhano. Além de colaborar com ajuda financeira ao genro em sua luta contra as revoltas dos nobres, Dinis teve um papel determinante como árbitro peninsular para colocar um termo nas divergências entre Castela e Aragão acerca da posse de Múrcia e de Alicante, ocupadas pelos aragoneses desde 1296, e, também, em relação às aspirações do infante de la Cerda ao trono castelhano.

O encontro entre os Reis de Portugal, Castela e Aragão foi realizado em 8 de agosto de 1304, em Turrelas, povoação localizada na fronteira do reino aragonês com o castelhano. No dia seguinte, os reis assinaram sentenças de concórdia, acabando, desse modo, com um conflito que se arrastara por longos anos[53]. Por essa concórdia, *seelada com seelos de chumbo* de D. Dinis de Portugal, de Fernando IV de Castela, de Jaime II de Aragão, fica evidente a importante participação de D. Dinis e da Rainha Isabel. A aproximação de Portugal com Castela estreitou-se mais ainda a partir de 1307, com o casamento do herdeiro do trono português, Afonso, com a irmã do rei castelhano, Beatriz, concretizando, dessa forma, os acordos estabelecidos em 1297[54].

Aproveitando-se de um período de boas relações políticas entre Castela e Aragão, Jaime II foi gradativamente acentuando seu peso político na corte castelhana. Em razão dessa influência, ele concertou o casamento de sua filha, Maria, com o infante Pedro, irmão de Fernando IV, e do seu filho, o infante Jaime, com Leonor, primogênita de Fernando IV. Na tentativa de

---

[51] FERNANDES MARQUES, M. A. As etapas de crescimento do Reino. *In*: **Nova História...**, p. 63-64.
[52] AMARAL, L. C.; GARCIA, J. C. O Tratado de Alcañices (1279), uma construção histórica. *In*: **Actas da IV Jornadas Luso-Espanholas...**, p. 969).
[53] DOMINGUES, M. O bom-senso, a paciência e a bondade fizeram de D. Dinis um grande diplomata. *In*: **D. Dinis e Santa Isabel**: evocação histórica. Lisboa: Romano Torres, 1967. p. 252.
[54] MATTOSO, J. **Historia de Portugal...**, p. 152.

aumentar ainda mais seu poder nos assuntos castelhanos, o rei aragonês casou, ainda, sua outra filha, Constança, com João Manuel, de Castela. O resultado e a importância dessas alianças para o Reino aragonês foram confirmados a partir dos primeiros anos do reinado de Afonso XI, filho e herdeiro de Fernando IV, quando seus genros, os infantes Pedro e João Manuel desempenharam a função de tutoria do novo monarca castelhano[55].

Por essas alianças, é possível perceber, mais uma vez, o empenho dos monarcas peninsulares em buscar soluções para seus problemas políticos por meio de alianças matrimoniais dos seus filhos; e os infantes, apesar da pouca idade, eram elementos indispensáveis para a concretização desses objetivos. Se, por um lado, a pouca idade dos infantes não era impedimento para as monarquias ibéricas, durante a Idade Média, recorrerem aos casamentos como um recurso para colocar um termo nas suas divergências, por outro, não eram também respeitados os graus de parentesco por consangüinidade que havia entre eles[56].

Por essas alianças, é possível notar que ainda continuavam a fazer parte dos projetos dos reis Ibéricos e, apesar de novos personagens e das novas preocupações, eles podem ser entendidos como processos de recomposição de forças políticas, de estratégias familiares e dinásticas na disputa pela hegemonia ibérica nos finais do século XIII e início do XIV e colocavam reis, rainhas, imperadores e papas sob constante vigilância, pois deles necessitavam, muitas vezes, para sustentar seus poderes contra concorrentes internos e ameaças externas.

REFERÊNCIAS

ÁLVAREZ PALENZUELA, v. Á. Relaciones peninsulares en el siglo de Alcañices (1250-1350). **Actas da IV Jornadas Luso-Espanholas...** 1988. v. 2, p. 1045-1070.

AMARAL, L. C.; GARCIA, J. C. O Tratado de Alcañices (1279), uma construção histórica. *In*: **Actas da IV Jornadas Luso-Espanholas...**, p. 969).

ÁNGEL MARZAL, M. Proyectos de revisionismo geopolítico portugués en la coyuntura de la Vísperas Sicilianas (1281-1291). *In*: **Actas da IV Jornadas Luso-Espanholas de História Medieval**. Porto: Universidade do Porto, v. 2, 1988, p. 1197-1230.

BALLESTEROS, M. G. de. A Carta de Arras de Jaime II a Isabel de Castela com o compromisso matrimonial *In*: **Sancho IV de Castilla...**, doc. 490, p. 333-336. t. III.

---

[55] GONZÁLEZ MINGUÉZ, C. El fracaso reconquistador y la consolidación del triunfo de la nobleza. *In*: **Fernando IV...**, p. 237.

[56] No caso específico dos filhos dos reis de Portugal com os filhos dos reis castelhanos, tem-se a seguinte relação: o príncipe herdeiro de Portugal, Afonso, era parente em terceiro grau de Beatriz, assim como Fernando de Castela e a infanta portuguesa Constança. Eles eram primos segundos, uma vez que ambos eram bisnetos do rei de Aragão, Jaime I, o Conquistador, avô da Rainha Santa Isabel. Por outro lado e, ao mesmo tempo, tornaram-se parentes em terceiro grau. Afonso e Constança, de Portugal, assim como Beatriz e Fernando de Castela eram bisnetos de Fernando III, pois Beatriz, mãe do rei Dinis e Sancho IV, rei de Castela, eram irmãos por parte de pai de Afonso X, rei de Castela.

_____. Los comienzos de um Reinado. *In*: **Sancho IV de Castilla...**, p. 1-22. t. 1.

_____. **Sancho IV de Castilla**. Madrid: Tipografia de la Revista de Archivos, Bibliotecas y Museos, 1922, t. 1, p. 172-173.

_____. Tratado entre Sancho IV de Castilla y Don Dionis de Portugal. *In*: **Sancho IV de Castilla...**, doc. 369, p. 234-238, t. III,

_____. Tratado entre Sancho IV e Jaime II *In*: **Sancho IV de Castilla**. doc. 384, p. 234-238. t. III.

BRAGA, P. D. Casamentos reais portugueses, um aspecto do relacionamento Ibérico e europeu. *In*: **Revista da Faculdade de Letras**. Porto: Faculdade de História, 1998, v. 1, p. 1531-1537.

BRANDÃO, F. Da embaixada a Aragão sobre o casamento del Rey Dom Dinis. *In*: **Monarquia Lusitana**. Parte V. Lisboa: Imprensa Nacional, 1976. p. 58-70.

_____. Da morte delRey D. Sancho de Castella, com o estado daquelle Reyno, que abrio a el Rey Don Dinis e outros intentos. *In*: **Monarquia...**, p. 227-227v.

BROOKE, C. **O casamento na Idade Média**. Mem Martins: Europa-América, 1991.

CAETANO, M. Casamentos reais, doutrina canônica sobre o casamento no século XIv. *In*: **História do direito português, sécs. XII-XVI**. Lisboa/São Paulo: Verbo, 2000, p. 429-443.

COELHO, M. H. da C. O Reino de Portugal ao tempo de D. Dinis. *In*: **Actas de lo Colóquio**: Imagen de la Reina Santa. Santa Isabel, infanta de Aragón y Reina de Portugal. Zaragoza: Diputación Provincial de Zaragoza. 1999, p. 54-55.

DOMINGUES, M. O bom-senso, a paciência e a bondade fizeram de D. Dinis um grande diplomata. *In*: **D. Dinis e Santa Isabel: evocação histórica**. Lisboa: Romano Torres, 1967. p. 252.

DUBY, G. O século XIII. *In*: **Idade Media na França (987-1460): de Hugo Capeto a Joana D´Arc**. Rio de Janeiro: Zahar Editores, 1992, p. 242-255.

FERNANDES MARQUES, M. A. As etapas de crescimento do Reino. *In*: **Nova História...**, p. 63-64.

FERNANDES, F. R. **Comentários à legislação portuguesa de Afonso III**. Curitiba, Juruá, 2000 e HERCULANO, A. História de Portugal, desde o começo da monarquia até o fim do Reinado de Afonso III. Lisboa: Bertrand, 1980. t. 1.

GONZÁLEZ ANTÓN, L.; LACARRA MIGUEL, J. M. Expansión mediterránea y crisis interna. *In*: **Historia de España Menéndez Pidal, la expansión peninsular e mediterránea (1212-1350) – el Reino de Navarra, la corona de Aragón y Portugal**. (Dir. ZAMORA, J. M. J.). Madrid: Espasa Calpe, 2000, t. 13, v.2, p. 181-228.

GONZÁLEZ ANTÓN, L.; LACARRA, J. M. Consolidación de la corona de Aragón como potencia mediterránea, Jaime II, El comienzo de una nueva etapa. *In*: **Historia de España Menéndez Pidal...**, p. 257-269.

GONZÁLEZ MINGUÉZ, C. Los fundamentos de la guerra civil. *In*: **Fernando IV (1295-1312)**. Palencia: Editorial la Olmeda, 1995, p. 12-19.

LADERO QUESADA, M. Á. La corona de Castilla, transformaciones y crisis políticas. 1250-1350. Europa en los umbrales de la crisis, 1250-1350. *In*: **Actas de la XII Semana de Estudios Medievales**. Estella, 18 a 22 de julio de 1994. Pamplona: Gobierno de Navarra – Departamento de Educación y Cultura, 1995. p. 291.

LALINDE ABADÍA, J. La ordenación política e institucional de la corona de Aragón, forma politica y formula de gobierno. *In*: **Historia de España Menéndez Pidal...**, p. 330.

MARQUES, M. A. F. As etapas de crescimento do Reino. *In*: **Nova História de Portugal, Portugal em definição de fronteiras (1096-1325), do condado portucalense à crise do século XIV**. (Dir. SERRÃO, J.; MARQUES, A. H. de O.) Lisboa: Presença, 1996. v. 3, p. 63-64.

MARTÍN DUQUE, A. J.; RAMÍREZ VAQUERO, E. El Reino de Navarra (1217-1350). *In*: **Historia de España Menéndez Pidal...**, p. 59.

MARTÍNEZ FERRANDO, J. E. **Jaime II de Aragón, su vida familiar**. Barcelona: Consejo Superior de Investigaciones Cientificas, 1948, v. 3.

_____. **Jaime II de Aragón, su vida familiar**. Barcelona, Consejo Superior de Investigaciones Cientificas, 1948. v. 3, p. 3.

MATTOSO, J. Dois séculos de vicissitudes políticas, o papel de D. Dinis na política peninsular. *In*: **História de Portugal**: a monarquia feudal (1096-1480). Lisboa: Estampa 1993, v. 2, p. 149.

_____. Dois séculos de vicissitudes políticas, o papel de D. Dinis na política peninsular. *In*: **História de Portugal...**, p. 150.

MOXÓ, S. de. De la Nobleza vieja a la nobleza nueva, la transformación nobiliaria castellana en la baja Edad Media. *In*: **Cuadernos de Historia**. Madrid: Instituto Jerónimo Zureta, 1969, n. 3, p. 1-250.

NIETO SORIA, J. M. De infante segundón a heredero del trono (1258-1282). *In*: **Sancho IV...**, p. 15-37.

_____. La intensificación de las relaciones diplomáticas. **Sancho IV...**, p. 122.

_____. **Sancho IV (1284-1295)**. Palencia: La Olmeda/Diputación Provincial de Palencia, 1994. p. 91.

NUNES, J. J. Livro que fala da boa vida que fez a Raynha de Portugal, Dona Isabel e dos seus bõos feitos e milagres em sa vida e depoys da morte. *In*: **Vida e milagres de dona Isabel, Rainha de Portugal**. Coimbra: Imprensa da Universidade, 1921. p. 20-24.

OPTIZ, C. O quotidiano da mulher no final da Idade Média (1250-1500). *In*: **História das mulheres no ocidente, a Idade Média**. (Dir. DUBY, G.; PERROT, M.). Porto: Afrontamento, 1993, v.2, p. 353-435.

PINA, R. de. **Chronica d'El Rei D. Diniz**. Lisboa: Biblioteca dos Clássicos Portugueses. 1907. p. 165.

ROSELL, C. Don Alfonso Décimo. *In*: **Crónicas de Los Reys de Castilla**. Madrid: Biblioteca de Autores Españoles, 1953, p. 61.

RUCQUOI, A. Da reconquista aos conquistadores. *In*: **História medieval da Península Ibérica**. Lisboa: Estampa, 1995. p. 179-180.

SERRÃO, J. v. A Fronteira portuguesa do Guadina. *In*: **Historia de Portugal, Estado, Pátria e Nação [1080-1415]**. Lisboa: Verbo, 1990, p. 146-148.

TORRES, M. **Enrique de Castilla**. Barcelona: Plaza Janés, 2003. p. 170 – Enrique de Castilla, irmão de Afonso X e filho de Fernando III (1217/1230-1252) de Leon e Castela.

VASCONCELOS, A. de. **Dona Isabel de Aragão, a Rainha Santa**. Coimbra: Universidade de Coimbra, 1993. p. 26.

VILLACAÑAS, J. L. **Jaime I el conquistador**. Madrid: Espasa Calpe, 2003.

JÚLIO CÉSAR, PODER, INSTITUIÇÕES E JURISDIÇÕES NA CONSTRUÇÃO BIOGRÁFICA DE PLUTARCO

Pedro Paulo A. Funari[1]

Sumário: *1. Introdução: História e gênero narrativo. 2. Vida de Plutarco e o gênero biográfico. 3. Júlio César de Plutarco: poder e escrita. 4. Agradecimentos. 5. Referências.*

1 INTRODUÇÃO: HISTÓRIA E GÊNERO NARRATIVO

A História é definida por sua forma, antes que por seu conteúdo. O quê é a História? Para que possamos tratar disso, convém começar por diferenciar dois sentidos muito diferentes da palavra "História". Com H maiúsculo, é o nome de uma disciplina, que não se confunde com história, aquilo que ocorreu no passado. Em nossa língua, assim com em diversas outras línguas de origem latina, história costuma designar, a um só tempo, aquilo que se passou e o relato sobre o passado. Os dois termos, contudo, não se confundem. Em alemão, diferencia-se, de forma clara, o passado, aquilo que se passou (*die Geschichte*) e o relato do passado (*die Historie*), usando o alemão o verbo "passar, acontecer" (*geschehen*) para cunhar o termo *Geschichte* (literalmente, "o Passado").

Notemos que a própria palavra História, hoje tão corriqueira, é uma adventícia, um termo erudito que não possui sentido em nossa língua portuguesa ou em qualquer das outras línguas modernas ocidentais. *Historie, history, histoire, storia,* História, nenhuma delas encontra explicação para seu sentido no alemão, inglês, francês, italiano ou português. *Historia* é uma palavra do grego antigo, derivada de *histor*, "investigar, pesquisar" e significava, em sua língua de origem, "pesquisa" em geral. Este sentido lato da palavra, de certa forma, ainda persiste em português, por exemplo, na expressão "História Natural".

A epistemologia pós-moderna mostra como tais considerações tornaram-se relevantes. Segundo Munslow:

> *Até que ponto a História, como disciplina, é a descoberta e a representação do conteúdo do passado, por meio de sua forma popular, como narrativa do passado? Minha resposta foi que, como um veículo para a explicação histórica, a adequação de sua estrutura narrativa deve ser julgada dentro de uma crítica mais ampla pós-moderna da natureza do significado e da linguagem. A conseqüência mais ampla é que a História pode*

---

[1] Professor Titular de História Antiga da Universidade Estadual de Campinas; Bolsista PQ-ID CNPq.

> ser, nem mais, nem menos, do que uma representação do passado. Tal conceito explicitamente rejeita a História escrita, em primeiro lugar, como uma disciplina empírica que visa, de forma objetiva, a representar uma realidade presumível do passado histórico. A questão é a natureza da representação, não o processo de pesquisa empírica em si. O problema é alertar contra a crença que podemos, realmente, saber a realidade do passado por meio de sua representação textual. Há, ainda, uma forte tendência que a História, em sua forma narrativa, se torne mais real do que a realidade, tal como na experiência da fronteira na América, representada pela tese da fronteira de Frederick Jackson Turner. Para os americanos, esta História tornou-se tão importante como uma metáfora para o individualismo e a democracia americanos que adquiriu uma dimensão essencial e em tudo mítica. Na medida em que o texto histórico se torna mais real do que o próprio passado, todas as noções tradicionais de verdade, referencialidade e objetividade que, de forma paradoxal, estiveram na raiz do seu status como verdade histórica, acabam por desaparecer. Deconstructing History, Alun Munslow, Londres e Nova Iorque, Routledge, 1997, p. 177-8. Tradução de Pedro Paulo A Funari.

A História Antiga teve um papel muito forte dentro da construção de conceitos de identidade nacional e da idéia de herança cultural (HINGLEY 2002:28). Sobretudo, buscou-se ressaltar o passado romano em sua expansão territorial, seu imperialismo, sua força bélica, sua literatura, suas construções e sua arte: cada um destes temas foi mais ou menos privilegiado em virtude do momento histórico em que este passado era reclamado. Cada época, baseada em valores de seu momento presente, tentou resgatar um determinado tipo de passado de acordo com suas necessidades identitárias, buscando estabelecer as idéias de herança cultural e continuidade histórica[2].

Como nos aponta Duby: "*cada época constrói, mentalmente sua própria representação do passado, sua própria Roma e sua própria Atenas*" (DUBY 1980:44).

Neste contexto, adquire sentido especial o relato biográfico de Plutarco.

2 VIDA DE PLUTARCO E O GÊNERO BIOGRÁFICO

Plutarco nasceu, provavelmente, pouco antes de 50 d.C., na cidade de Queronéia, na Beócia, em família antiga e ilustre. Seu avô, Lâmpria, se havia destacado pelo interesse variado, da Botânica à Filologia e à História. Seu pai, Autóbulo, era um amante da Filosofia. Essas heranças familiares foram importantes para a formação inicial de Plutarco, que se viu atraído pelos estudos, em geral, e pela reflexão filosófica e moralizante, em particular. Na juventude, foi a Atenas para seguir os ensinamentos do filósofo acadêmico

---

[2] "*O sentido de pertencimento é vital para uma definição própria de identidade nacional e a ligação de identidades étnicas a certos tipos de evidências arqueológicas tornou-se um instrumento poderoso na Inglaterra como em vários países europeus*". (HINGLEY 2002:30-31).

Amônio, o que lhe renderia uma ligação duradoura com Atenas, coroada pela concessão honorária da cidadania ateniense. Em Atenas, ele entrou em contato com as escolas filosóficas e, contrário à doutrina de Epicuro, interessou-se pela peripatética, em particular pela ética. Ainda que tenha estudado a matemática, física, ciências naturais e medicina, dedicou-se com afinco à Filosofia de matriz platônica.

Viajou pela Grécia e pelo Egito e, entre 75 e 90, esteve em Roma várias vezes, onde conseguiu a cidadania romana, patrocinado por Lúcio Méstrio Floro, de quem ganhou o nome de família, Méstrio. Tornou-se amigo de diversos intelectuais e políticos, em grande parte por meio do patrocínio de Méstrio, amigo do imperador Vespasiano. Seu maior promotor foi o conselheiro do imperador Trajano, Q. Sósio Senecião, a quem dedicou obras como as *Vidas Paralelas*, na qual se inclui a biografia de Caio Júlio César. O patrono teve importantes cargos políticos e militares sob Domiciano e Trajano, além de ter sido amigo e mesmo protetor do jovem Adriano. Plutarco, contudo, preferiu voltar à sua cidade natal, uma cidadezinha, e à Beócia, que valorizava por ter sido o berço de poetas estimados, como Hesíodo (c. 700 a. C.) e Píndaro (518–438 a.C.), assim como de Epaminondas (morto em 362 a.C.), aos olhos de Plutarco modelo de virtude. Casado com Timossena, tiveram cinco filhos, ao menos, três deles mortos cedo. A partir de 90, dividiu-se entre Queronéia e Delfos, o grande santuário grego, umbigo do mundo, sacerdote laico do templo de Apolo, por mais de vinte anos, desde 95. Estava encarregado de organizar os Jogos Píticos e presidir as assembléias da liga dos povos da Grécia central. Temos notícias de mais de 250 títulos de livros escritos por Plutarco, dos quais 101 nos chegaram completos e 30 em fragmentos. Morreu na década de 120 d.C.

Dentre as obras de Plutarco, suas Vidas Paralelas, composição tardia, constituem uma inovação, em ambiente grego. Como gênero literário, distingue-se da História e parece responder a um interesse antes romano, do que grego. Os antecedentes latinos, como são as Hebdômades de Varrão (116-27 a. C.) e os Homens Ilustres de Nepo (99-24 a.C.), ambos de finais da República Romana, parecem ter inspirado Plutarco no sentido de escrever uma comparação sistemática. Os estudiosos, em particular a erudição de língua alemã, procuraram remontar o gênero biográfico a Isócrates (436-338 a.C.) e Xenofonte (428-354 a.C.), como parte de um exercício de encômio. Mencionam-se, ainda, as influências de Aristóteles e de seus seguidores, em busca de ensaios eruditos sobre a vida dos filósofos. Embora Plutarco afirme ter aprendido tardiamente a língua latina, não parece descabido aventar a hipótese que tenha se inspirado em Varrão e Cornélio Nepos, como maneira de mostrar que, para cada romano ilustre, se podia comparar um heleno notável. A comparação sistemática (*sýnkrisis*), de toda forma, representa um novo conceito.

Como gênero literário e por sua ambição, seria mais apropriado associar as Vidas à Filosofia do que à História. Em primeiro lugar, o próprio Plutarco adverte que:

> Se os meus leitores notarem que não reproduzo, por completo e detalhadamente, os grandes feitos célebres, mas que, em geral, apresento apenas um resumo breve, que esses leitores não me recriminem. Na verdade, não escrevo uma obra de história, mas biografias. Não são sempre os grandes feitos mais marcantes que revelam melhor as qualidades e defeitos dos homens. Uma atitude ou palavra banal, um gracejo, tudo isso permite-nos melhor conhecer o caráter, do que um combate com muitos mortos.
> (PLUTARCO, **Vida de Alexandre**, 1)

Plutarco refere-se, nesta passagem, à tradição historiográfica que remonta a Tucídides (460-400 a.C.), com sua ênfase na descrição acurada dos acontecimentos e deixa claro que ele se preocupa com uma questão de ordem filosófica, antes que histórica: o caráter, matéria da ética. Obra filosófica, portanto, a biografia ainda que relacionada ao encômio, vai além. Busca ser quase o exato inverso da historiografia, já que as vidas aparecem na História como elemento para a compreensão dos acontecimentos históricos, enquanto na Biografia são os eventos a ilustrar o caráter, ou *éthos*, de um personagem. Inserido na tradição peripatética e nos escritos aristotélicos sobre a ética, Plutarco considera que a virtude moral não é um dom natural nem apenas algo aprendido, mas uma mescla. Por isso, o biógrafo procura sempre descrever a infância e a tenra educação do biografado. A parte central da vida não é tratada com rigor cronológico, já que a ênfase está na descrição do desenvolvimento do seu caráter. O final da vida e a morte, por outro lado, merecem particular atenção, por permitir uma avaliação moral do conjunto da vida.

3   JÚLIO CÉSAR DE PLUTARCO: PODER E ESCRITA

Tudo isto é bem perceptível na biografia de Júlio César, a começar pela provável perda dos parágrafos iniciais, pois os manuscritos que chegaram até nós começam abruptamente com a chegada ao poder de Sila, quando César já estava com vinte anos de idade. Em seguida, no decorrer do relato da sua vida, há diversas divergências de datas com outras fontes, como no famoso caso da referência ao choro de César ao se comparar a Alexandre (Plutarco, Vida de César, 11), já que a informação de Suetônio (Div. Iul. 7) e Cássio Dio (37, 52, 2) faz mais sentido, pois a questura de César na Hispânia, em 67 a.C. coincidiu com os trinta e três anos do personagem que se comparou ao Alexandre que morreu com essa idade. Por fim, a vida conclui-se com a seqüência ao assassinato e com o julgamento moral de que o assassínio de César não havia agradado aos deuses.

Uma questão preocupou, de maneira obstinada, a historiografia alemã: a *Quellenforschung*, ou busca das fontes de Plutarco em suas vidas. Como Plutarco não pretendeu escrever História, essa preocupação moderna torna-se ainda mais difícil, já que as imprecisões no decorrer da biografia de um personagem como Júlio César não se devem tanto à falta de consulta às fontes, como à preocupação moralizante do autor. Como Plutarco mesmo afirma conhecer mal o latim, muitos estudiosos enfatizaram sua falta de atenção para com as obras latinas. Contudo, na vida de Júlio César há diversas referências a fontes latinas, como, logo no primeiro parágrafo, quando se refere aos "muitos Mários", ao ecoar Suetônio (1), *nam Caesari multos Marios inesse*. A leitura da Guerra das Gálias de Júlio César parece evidente em diversos passos, como no capítulo 20, 8, calcado no latino *scuto ab nouissimis uni militi detracto* (BG 2, 25,2) e vertido aqui como "César, apoderando-se de um escudo e passando entre os que combatiam à sua frente". O caso mais célebre é o da expressão "vim, vi e venci", mencionada por Suetônio (Diu.Iu. 37) e apresentada por Plutarco com um breve comentário (JC 50). Muitos comentadores, contudo, pensam que Plutarco sempre consultou versões gregas e que a elas se reporta.

Os méritos filosóficos e literários das biografias de Plutarco não podem ser subestimados, nem sua influência, consubstanciada na expressão vernacular "varões de Plutarco". Rejeitado, em grande parte, pela historiografia positivista como fonte histórica pouco confiável, Plutarco encontrou, nas últimas décadas, um renovado interesse também por parte da moderna ciência histórica, interessada nas identidades e nas particularidades, temas de eleição de Plutarco. Sua posição ambígua, entre a Grécia e Roma, entre a cidadezinha natal e os grandes centros, parece, em nossos dias, fascinante. As reflexões da teoria social, nas últimas décadas, têm ressaltado como as identidades sociais são fluidas e múltiplas e o mundo romano, em particular, tem sido revisto. A globalização que vivemos, com a interação das identidades sociais, tem servido para entender um mundo romano também às voltas com a diversidade. Neste contexto, Plutarco encarna muito bem essa fluidez de identidades, cidadão de muitas cidades, grego, mas romano, filósofo, mas sacerdote e líder local, amigo da elite romana, mas também orgulhoso herdeiro da Hélade.

Há, pois, na releitura hermenêutica de Plutarco uma re-avaliação de nossa prática como historiadores.Como ressalta, ainda uma vez, Alun Munslow[3]:

> *O passado não é descoberto ou encontrado. É criado e representado pelo historiador como um texto que, por sua vez, é consumido pelo leitor. A História tradicional é dependente em seu poder de explicação como a estátua que pré-existe no mármore, ou o princípio do* **trompe l'oeil***. Mas esta não é a única História que podemos ter. Ao explorarmos a maneira como representamos a relação entre nós e o passado, podemos ver-nos não como observadores distantes do passado mas, como Turner, participantes na sua criação. O passado é complicado e difícil o bastante sem a auto-ilusão que quanto mais nos engajamos com a evidência, mais perto estamos do passado. A idéia de descobrir a verdade na evidência é um conceito modernista do século XIX e não há mais lugar para ela na escrita contemporânea sobre o passado.*

---

[3] MUNSLOW, A. **Deconstructing History**. Londres e Nova Iorque: Routledge, 1997. p. 178.

O personagem retratado, Júlio César, também tem sido revisto pela historiografia de nossa época, igualmente à luz das identidades múltiplas e fluidas. Patrício e aristocrata, mas popular, general, mas "rainha da Bitínia", conquistador de terras e mulheres, mas emotivo e lacrimoso, romano até a medula, mas falante do grego em seu íntimo, preocupado com a *res publica*, mas *dictator*. César, pintado por Plutarco aparece associado a Alexandre, os dois grandes luminares da Grécia e de Roma, ambos ligados à ordem do divino (*ta theîa*), como se explicita nos parágrafos finais de ambas biografias. Para o leitor moderno, imerso nas contradições das identidades múltiplas, a vida do Júlio César de Plutarco constitui uma jóia particular. Para o estudioso da Antigüidade, Plutarco permite discutir questões epistemológicas relevantes, no início do século XXI.

4 AGRADECIMENTOS

Agradeço aos professores Renan Frighetto e Renata Senna Garraffoni, da UFPR, pelo convite, e a Richard Hingley, assim como menciono o apoio institucional do Núcleo de Estudos Estratégicos da Unicamp, o CNPq e a Fapesp. A responsabilidade pelas idéias restringe-se ao autor.

5 REFERÊNCIAS

DENCH, Emma. **Romulus'Asylum. Roman identities from the age of Alexander to the Age of Hadrian.** Oxford: Oxford University Press, 2005.

ERBSE, Harmut. **Die Bedeutung der Synkrisis in den Parallelbiographien Plutarchs.** Hermes 84: 398-424, 1956.

FUNARI, P. P. A. (Org.). Repensando o Mundo Antigo. Fronteiras do Mito (Jean-Pierre Vernant) e Concepções de Roma: uma perspectiva inglesa (Richard Hingley). Tradução de Renata Cardoso Beleboni e Renata Senna Garraffoni. Campinas: IFCH-Unicamp, **Coleção Textos Didáticos** n. 47, mar. 2002,

FUNARI, Pedro Paulo A. **A vida quotidiana na Roma Antiga.** São Paulo: Annablume, 2003.

HINGLEY, Richard. **Globalizing Roman Culture. Unity, diversity and empire.** Londres: Routledge, 2005.

LEO, Friedrich. **Die griechisch-römische Biographie nach ihrer litterarischen Form.** Leipzig: Teubner, 1901.

MOSSMAN, Judith (Ed.). **Plutarch and his Intellectual World. London and Swansea.** Classical Press of Wales and Duckworth, 1997.

PELLING, Christopher. Plutarch on Caesar's fall. *In*: MOSSMAN, Judith (Ed.). **Plutarch and his Intellectual World. London and Swansea.** Classical Press of Wales and Duckworth, 1997. p. 215-234.

SCARDIGLI, Barbara. Die Römerbiographien Plutarchs. *In*: **Forschungsbericht.** Munique: Beck, 1979.

AUTORIDADE PÚBLICA E VIOLÊNCIA NO PERÍODO MEROVÍNGIO: GREGÓRIO DE TOURS E AS *BELLA CIVILIA*

Marcelo Cândido da Silva[1]

Nos últimos anos, observa-se um aumento considerável do interesse pelo problema da resolução dos conflitos na Idade Média. De fato, desde o colóquio sobre a justiça organizado em Spoleto pelo *Centro Italiano di Studi sull'Alto Medioevo* (CISAM), em 1995, vários estudos foram consagrados ao tema. Poderíamos mencionar, nesse sentido, os trabalhos de P. Geary[2], P. Fouracre[3], E. James[4], I. Wood[5], R. Le Jan[6], bem como o colóquio organizado pela *Société des Historiens Médiévistes de l'Enseignement Supérieur Public Français* (SHMESP)[7], em 2000, cujos anais foram publicados um ano mais tarde, e, mais recentemente, o colóquio sobre a "vingança", promovido na *École Française de Rome*, em 2003, e publicado em 2006[8]. Ainda que o interesse pela violência na Idade Média não seja um fenômeno recente, o que se observa hoje é uma mudança do enfoque sobre o problema. A Idade Média é tradicionalmente encarada como o teatro de uma violência endêmica e sem limites, verdadeiro contraponto à ordem jurídica moderna. As principais razões apontadas para justificar esse ponto de vista são, por um lado, a "ausência" do Estado, e, por outro, a "decadência" da Civilização romana e a

---

[1] Professor de História Medieval da Universidade de São Paulo (USP) e Pesquisador da Unité Mixte de Recherches 5648 – Histoire et Archéologie des Mondes Chrétiens et Musulmans Médiévaux (Lyon/França); colaborador permanente do Núcleo de Estudos Mediterrâneos da UFPR.

[2] GEARY, P. Vivre en conflit dans une France sans État: typologie des mecanismes de règlement des conflits (1050-1200). **Annales ESC**, 5 (1986), p. 1.107-1.133).

[3] FOURACRE, P. Placita and the settlement of disputes in later Merovingian Gaul. *In*: W. Davies, P. Fouracre (Ed.). **The Settlement of Disputes in Early Medieval Europe**. Cambridge, 1986. p. 23-44.

[4] JAMES, E. Beati pacifici: Bishops and the Law in Sixth-Century Gaul. *In*: BOSSY, J. (Ed.). **Disputes and Settlements. Law and Human Relations in the West**. Cambridge, 1983. p. 25-46.

[5] WOOD, I. N. Disputes in late fifth and sixth-century Gaul: some problems. *In*: DAVIES, W.; FOURACRE, P. (Ed.). **The Settlement of Disputes in Early Medieval Europe**, Cambridge, 1986. p. 7-22.

[6] LE JAN, R. La vengeance d'Adèle ou la construction d'une légende noire. *In*: BARTHÉLEMY, D.; BOUGARD, F.; LE JAN, R. (Dir.). **La vengeance, 400-1200**. Paris: École Française de Rome, 2006. p. 325-340.

[7] **Le règlement des conflits au Moyen Age** (Actes du XXXIe Congrès de la SHMESP). Paris: Publications de la Sorbonne, 2001.

[8] BARTHÉLEMY, D.; BOUGARD, F.; JAN LE R. (Dir.), **La vengeance, 400-1200**. Paris: École Française de Rome, 2006.

"barbarização" dos costumes. O primeiro fator é geralmente invocado por autores do século XVIII e, sobretudo, do século XIX, que partilhavam uma extrema confiança no "Estado Nacional", e para os quais esse último seria o único instrumento capaz de garantir a paz social: sua ausência significaria a disseminação das formas "privadas" de violência. O principal contraponto ao Estado Nacional encontrar-se-ia na Idade Média e seria representado pelo "particularismo feudal". De acordo com W. Hegel, por exemplo, a substituição da "poliarquia" pela "monarquia" marcaria a substituição da arbitrariedade de alguns pelo arbítrio do Estado soberano e universal, cuja violência seria a única legítima, pois serviria para garantir a paz e fundar a liberdade. Esse é o pressuposto essencial em torno do qual se organiza o aparato repressivo nas sociedades modernas. Há uma distinção clara e hierárquica entre "violência pública" (agente da coesão social) e a "violência privada" (desagregadora das relações sociais), exercida através da vingança, e típica de sociedades que não possuiriam sistemas jurídicos. A Alta Idade Média é vista, nesse sentido, como o lócus de um poder publico fragmentado e, por isso mesmo, incapaz de coibir as formas privadas de violência; e o Estado Moderno, uma forma mais evoluída e eficaz de organização social.

O segundo fator que explica a má reputação da Idade Média é a perspectiva que chamamos de "germanista", segundo a qual, na formação da Idade Média, teriam prevalecido os costumes e as instituições germânicas. Para os defensores desse ponto de vista, a "violência atávica" do período medieval seria o resultado da barbárie dos povos germânicos, que teriam subjugado militarmente o mundo romano e destruído as instituições e o direito imperiais. Ao vislumbrarem a Idade Média, os historiadores do direito e das instituições encontraram-se em terreno pouco familiar ao Estado Moderno, e a reação da maioria foi ignorar os meios de resolução de conflitos que não passavam pelos tribunais, ou ainda tentar integrá-los em estrutura explicativa tributaria do Estado Moderno. F. Guizot, em sua *Histoire de la civilisation en Europe*[9], afirma que a sociedade e a civilização da Gália, após a instalação dos povos germânicos, ter-se-iam caracterizado pela preponderância do direito privado de vingança, incompatível com toda verdadeira ordem jurídica. Esse é o grande pomo da discórdia entre os especialistas do direito e das instituições da Alta Idade Média, o lugar atribuído à prática da vingança nas sociedades daquele período.

Para os historiadores do direito na França, pelo menos até a primeira metade do século XX, a "vingança" é o resultado da barbárie dos povos germânicos e da ausência de autoridade pública nos reinos por ele criados a partir da "queda de Roma". O regime de composição consistiria na primeira tentativa de combater as pulsões violentas individuais e de instaurar um regime legal de resolução de conflitos. Esse regime teria sido, no entanto, incapaz de eliminar a violência inter-pessoal na sociedade franca: em primeiro lugar porquê a vingança continuaria a ser um direito da parte ofendida, em

---

[9] GUIZOT, F. **Histoire de la civilisation en Europe**. 1. ed. 1828. Paris: Hachette, 1985.

uma sociedade ainda profundamente marcada pelo ideal germânico de "liberdade"; em segundo lugar, a obrigatoriedade da composição ter-se-ia estabelecido somente a partir do século VIII, sob os carolíngios, e de maneira pouco eficaz. Em seguida, a noção de crime teria predominado e trazido consigo a utilização das penas, inicialmente pecuniárias, como forma de castigo àquele que atenta contra a ordem social, e não mais como simples compensação à parte lesada. Em seguida, as penas corporais teriam surgido então como forma mais rigorosa de punição. Em suma, a vingança seria a antítese de uma ordem jurídica que teria começado existir na Idade Média somente quando o poder real foi capaz de pôr fim a essa prática, a partir dos séculos XII e XIII.

Em um registro distinto, os historiadores alemães do direito e das instituições pretenderam demonstrar que a prática da vingança era parte constitutiva de uma ordem jurídica coerente. Um dos pressupostos fundamentais dessa "escola" é a noção de "volksgenossenschaft", ou "comunidade de homens livres". W.E. Wilda (1800-1856), por exemplo, considerava a vingança como um componente do sistema jurídico, mesmo que em seu estágio mais primitivo. O exercício da vingança seria, nos limites fixados pelas leis, legítimo e legal, pois punia o culpado com o próprio mal que ele havia causado e que o havia colocado fora da paz comum. Nessa perspectiva, a vingança não era um substitutivo à ausência de penalidade, ela era a própria penalidade[10]. As idéias de Wilda foram mais tarde retomadas e aprofundadas por G. Waitz (1813-1886). Para esse autor, a vingança se exerce entre os germânicos no contexto de uma ordem jurídica objetiva, e ela seria, ao mesmo tempo, uma satisfação subjetiva de um instinto de vingança privado e punição objetiva do crime cometido contra a comunidade. Um movimento contínuo levaria a comunidade a limitar ao máximo o exercício do direito à vingança através das composições e em seguida das penas corporais[11]. Encontramos nesses dois autores a mesma visão "evolucionista" do direito penal também presente na historiografia francesa: o regime da vingança teria sido substituído pelo das composições e esse, por sua vez, teria cedido lugar ao sistema de punições corporais. Contrariamente aos historiadores franceses, os alemães recusaram-se a considerar as sociedades ditas germânicas como sociedades primitivas cujos membros eram movidos pela força de seus instintos. Eles pensaram a vingança como uma prática que se desenvolveu no contexto de uma ordem jurídica que fundava a paz comum e cujo fiador era a própria comunidade.

A vingança não é mais vista como a realização de uma pulsão violenta e irracional, mas, graças aos estudos de antropologia jurídica, como o resultado de códigos e normas que presidem a organização de uma sociedade. Em sua formulação clássica sobre a noção de "faida", J.-M. Wallace-Hadrill, designa esse termo como a **ameaça** de hostilidade entre duas linhagens, bem como o **estado** de hostilidade entre elas e, finalmente, a **satisfação** das dife-

---

[10] WILDA, W. E. **Das Strafrecht der Germanen**. 1. ed. 1842. Aalen: Scientia, 1960.
[11] WAITZ, G. **Deutsche Verfassungsgeschichte**. Kiel: Ernst Homann, 1875.

renças e a resolução em termos aceitáveis para ambas[12]. A *faida* é, segundo esse ponto de vista, uma **relação** na qual o estado de violência cede lugar à paz e onde a inimizade (*inimicitia*) tende a transformar-se em amizade (*amicitia*), e também onde o inverso pode ocorrer. Note-se que de acordo com essa definição, a vingança é um sistema que não opõe dois indivíduos: trata-se de um fenômeno inter-grupal e de "longa duração". É possível, nesse sentido, estabelecer uma linha direta entre o enfoque dos historiadores alemães do século XIX sobre a vingança como uma prática regulamentada e legitimada socialmente e a noção de "faida" elaborada pela antropologia jurídica. Nenhuma das visões atualmente predominantes tenta integrar a autoridade pública aos mecanismos da vingança. Quando o fazem, é apenas para ressaltar que o objetivo dos textos normativos oriundos da realeza é combater a vingança através da instauração de um "estado de direito", ou ainda para afirmar a preeminência da comunidade e de seus direitos sobre as ingerências normatizadoras e pacificadoras da autoridade pública. O objetivo deste trabalho é, portanto, questionar se não haveria espaço nas resoluções de conflitos no período merovíngio para recursos legítimos à violência inter-pessoal, e se essa legitimidade não era reconhecida pela própria autoridade pública.

* * *

Não se pode negar que o combate à violência inter-pessoal é um dos mecanismos de afirmação da autoridade pública: várias sociedades conheceram uma autoridade pública paralelamente à constituição de um centro de poder capaz de arbitrar as controvérsias, combater a violência e instaurar a paz. Entretanto, esse caminho, mesmo na época moderna, não foi linear e não se caracterizou pela oposição rígida entre "violência pública"/"violência legítima" e "violência privada"/"violência ilegítima". Análises como a de J.-P. Poly – para quem o *Pactus legis Salicae* teria sido utilizado pela autoridade real emergente no século VI como um instrumento de combate à vingança inter-pessoal e de afirmação do "estado de direito" – não são capazes de captar os arranjos específicos entre a autoridade pública e a violência que marcaram a sociedade franca naquele período. Para tanto, impõe-se uma releitura das fontes. No entanto, há alguns obstáculos importantes. Em primeiro lugar, a dimensão quantitativa das mesmas. Para citar apenas um exemplo, os arquivos do papado, somente entre os anos de 1198 a 1378, registram cerca de 270.000 cartas e privilégios pontificais[13]. Ora, para o período compreendido entre os séculos VII e IX, possuímos apenas 2.000 manuscritos e fragmentos de manuscritos. Mesmo se comparado ao século IX carolíngio, o século VI na Gália engendrou uma produção documental quantitativamente restrita. Há o *Pactus legis salicae,* a correspondência

---

[12] WALLACE-HADRILL, J. M. The Bloodfeud of the Franks. *In*: **The Long-Haired Kings and Other Studies in Frankish History**. Londres, 1962. p. 121-47.

[13] GUYOTJEANNIN, O. **Les sources de l'histoire médiévale**. Paris: Le Livre de Poche, 1998. p. 150.

dos príncipes da Austrásia, os capitulários, os cânones conciliares, os poemas de Venâncio Fortunato (c.535-c.600), pequenas crônicas, vidas de santos e, sobretudo, as obras de Gregório de Tours (c.538-594), dentre as quais se destacam os *Decem Libri Historiarum*. Nada que se compare ao volume de testemunhos escritos dos séculos IX e X. Os chamados *Capitularia Merowingica*, editados por A. Borétius nos *Capitularia regum Francorum*, reúnem apenas 9 textos heteróclitos contra cerca de 250 textos da época carolíngia. Isso sem mencionar o fato de que a grande maioria dos manuscritos merovíngios são conhecidos apenas através de cópias carolíngias ou posteriores[14].

Além disso, há também os obstáculos qualitativos. Tomemos como exemplo um tema de pesquisa hipotético: "*a violência nas hagiografias merovíngias do século VII*". Ora, a violência descrita nesses textos não refletiria mais as exigências retóricas próprias do gênero hagiográfico do que as práticas sociais do mundo franco? Gregório de Tours é outro bom exemplo: em vários casos narrados ao longo das *Histórias*, os atos iníquos e violentos cometidos por certos personagens servem para explicar suas mortes. É o caso de Sicário [*"Obiit autem Sicharius quasi annorum XX. Fuit autem in vita sua levis, ebriosus, homicida, qui nonnulis per ebrietatem iniuriam intulit"* (*Histórias*, IX, 19)], de Chilperico [*"...statimque profluente cupia sanguinis tam per os quam per auditum vulneris, iniquum fudit spiritum. Quam vero malitiam gesserit, superio lectio docet"* (*Histórias*, VI, 46)] e de Leudastus [*"Sicque semper perfidam agens vitam, iusta morte finivit"* (*Histórias* VI, 32)][15]. Pode-se questionar, portanto, se a descrição de atos violentos não cumpriria uma função "moralizadora" no relato do bispo de Tours. Em caso afirmativo, temos um grande desafio pela frente se quisermos utilizar esse texto para o estudo da violência no mundo franco.

Para alguns, mais pessimistas, dados os obstáculos anteriormente mencionados, não é possível escrever a história do período merovíngio. Poderíamos, no máximo, empreender um exercício de crítica historiográfica, tentando mostrar como nossos predecessores escreviam a história do século XIX pensando que estavam redigindo páginas da história merovíngia. Mesmo reconhecendo as dificuldades e os obstáculos – alguns deles intransponíveis, diga-se de passagem – inerentes ao estudo desse período, é possível, através de uma releitura das fontes merovíngias, chegar a algumas conclusões sobre as relações entre autoridade pública e violência no Reino dos Francos durante o período merovíngio.

* * *

---

[14] SILVA, M. Cândido da; MAZETTO JUNIOR, M. A Realeza nas fontes do período merovíngio (séculos VI-VIII). **História Revista**. Revista do Programa de Pós-Graduação em História, Universidade Federal de Goiás, 11, 2006, p. 89-119.

[15] Gregorii episcopi Turonensis historiarum libri X. Monumenta Germaniae Histórica, Scriptores Rerum Merovingicarum, ed. B. Krush, W. Levison, Hanover,1951.

Comecemos pela afirmação segundo a qual o sistema de composições era incompatível com a prática das punições corporais, constituindo assim uma primeira fase do desenvolvimento do combate à violência inter-pessoal. Um dos problemas com essa visão evolucionista é que ela não leva em conta a heterogeneidade da legislação real franca. Os editos e os preceitos reais, previam castigos corporais, o banimento e até mesmo a pena de morte. O Preceito de Childeberto I, por exemplo, estabelece penas corporais para aqueles que persistissem no culto aos ídolos: *"Quicumque post commonitionem sacerdotum vel nostro praecepto sacrilegia ista perpetrare praesumpserit, si serviles persona est, centum ictus flagellorum ut suscipiat iubemus; si vero ingenuus aut honoratior fortasse persona est..."* [o restante do documento foi perdido][16]. Ora, as punições corporais estavam previstas nas *leges* bárbaras. O *Pactus pro tenore pacis*, um dos "capitulários adicionais à Lei Sálica", ameaça de morte os *iudices* que ousassem violar os princípios por ele estabelecidos[17]. Mesmo os atentados contra as pessoas ou os bens podiam ser objeto de condenação à morte ou de banimento. O prólogo do mesmo *Pactus pro tenore pacis* ameaça com a morte aqueles que, após a sua publicação, fossem condenados por roubo. Isso mostra que as composições não eram o único instrumento para a afirmação da paz no Reino dos Francos, e que o recurso a elas não constituía uma "primeira etapa" do desenvolvimento do sistema jurídico.

* * *

Deixemos de lado as penas corporais e concentremo-nos no problema das composições. Qual a articulação entre os diversos níveis da autoridade pública na aplicação das mesmas? Os agentes laicos e eclesiásticos do poder real agiam de forma independente ou apenas reproduziam a vontade do príncipe? Seria um erro reduzir o exercício da justiça no mundo franco a uma simples atividade coercitiva na qual o príncipe agiria como um "monarca absoluto", como afirma N. D. Fustel de Coulanges. A formula *placuit et convenit*, que se encontra no Edito de Chilperico (*Simili modo **placuit atque convenit**, ut si quicumque vicinos habens aut filios aut filias post obitum suum superstitus fuerit, quamdiu filii advixerint, terra habeant, sicut et lex Salica habet*[18]), bem como no Pacto de Andelot, de 585 (*Cum in Christi nomine praecellentissimi domni Guntchramnus et Childebertus reges vel gloriosissima domna Brunechildis regina Andelao caritatis studio convenissent, ut omnia quae undecumque inter ipsos scandalum poterant generare plenio-*

---

[16] Childeberti I. Regis Praeceptum, 2, Capitularia Merowingica. ed. A. Borétius, MGH Leges. Capitularia regum Francorum, Hanovre, 1881, I, p. 1-23, aqui, p. 3.

[17] Pactus Childeberti I et Chlotarii I. Capitularia Merowingica. ed. A. Borétius, MGH Leges. Capitularia regum Francorum, Hanovre, 1881, I, p. 1-23, aqui, p. 7.

[18] Chilperici Edictum, 4, Capitularia Merowingica. ed. A. Borétius, MGH Leges. Capitularia regum Francorum, Hanovre, 1881, I, p. 1-23, aqui, p. 8.

*re consilio definirent, id inter eos mediantibus sacerdotibus atque proceribus, Deo medio, caritatis studio sedit, **placuit atque convenit**, ut, quandiu eos Deus omnipotens in praesenti saeculo superesse voluerit, fidem et caritatem puram et simplicem sibi debeant conservare – Histórias* IX, 20), exprime o fato de que as decisões eram tomadas em uma assembléia com a participação dos grandes do reino. O recurso a essas expressões, mais do que testemunhar da maneira pela qual as decisões eram tomadas, servia para reforçar a legitimidade das mesmas. O papel dos grandes do reino foi muitas vezes subestimado em trabalhos inspirados na idéia de Fustel de Coulanges de que o Reino dos Francos constituía uma "monarquia absoluta". Por outro lado, os grandes do reino (tanto laicos quanto eclesiásticos) não eram uma aristocracia predatória ao assalto constante do poder central. Eles formavam um corpo político responsável pela administração local, que como mostrou K. F. Werner, tinha origem na aristocracia senatorial romana. Nesse sentido, o papel desempenhado, por exemplo, pelos membros do episcopado na resolução dos conflitos não deve ser entendido como o resultado de iniciativas pessoais, fruto de uma autoridade espiritual ou do papel por eles desempenhado na rede de solidariedades comunitárias em cada *civitas* do reino. O papel dos bispos na resolução de conflitos foi objeto de um brilhante estudo de E. James. Entretanto, no âmbito do exercício da justiça, havia uma articulação entre o poder central e os poderes locais (representados pelos bispos e condes) que não atraiu a atenção devida da historiografia. Com o objetivo de compreender essa articulação, examinaremos o relato de Gregório de Tours sobre as *bella civilia* que ocorreram em Tours na segunda metade do século VI, e nas quais esse bispo desempenhou um papel dos mais importantes.

Esse relato foi objeto de inúmeros estudos desde a publicação, em 1886, de um artigo de G. Monod, intitulado "Les aventures de Sichaire". Ao examinar a descrição gregoriana à luz do *Pactus legis Salicae*, Monod apresenta a Gália merovíngia como uma sociedade bárbara e violenta, na qual esse texto normativo constituiria uma primeira tentativa de resolução de conflitos[19]. Um ano mais tarde, N.D. Fustel de Coulanges publica uma crítica acerba a esse artigo. O cerne de suas críticas diz respeito às relações que G. Monod estabelece entre o relato de Gregório e o *Pactus legis Salicae:* para Fustel de Coulanges, não haveria no relato sobre Sicário referências claras às disposições do *Pactus*, ou mesmo expressões comuns, além da utilização dos termos *compositio* e *componere*. Em suma, a autoridade pública no Reino dos Francos seria incapaz de resolver os conflitos no século VI. Essa resolução se daria em um âmbito "extra-judiciário"[20]. Ora, um mesmo ponto une os dois autores: a oposição entre "autoridade pública" e "violência interpessoal". É exatamente essa oposição que será questionada ao longo das

---

[19] MONOD, G. Les aventures de Sichaire. Commentaire des chapitres XVLII du livre VII et XIX du livre IX de l'Histoire des Francs de Grégoire de Tours. **Revue Historique**, 31, 1886. p. 259-290.
[20] COULANGES, N. D. Fustel de. De l'analyse des texts historiques. **Revue des questions historiques**, 41 (1887), p. 5-35.

páginas seguintes. Para tanto, seguiremos o caminho criticado por Fustel de Coulanges: a análise comparativa entre o relato gregoriano e o *Pactus legis Salicae*.

O relato de Gregório encontra-se nas *Histórias* divide-se em duas partes: na primeira, no livro VII, capítulo 47, cujo titulo é *De bello civile inter cives Toronicus*, Gregório descreve *Gravia tunc inter Toronicus cives bella civilia surrexerunt* ("Violentas guerras civis que estouraram entre os habitantes de Tours"); na segunda parte, no livro IX, capítulo 19, cujo titulo é *De interitu Sichari civis Thoronici* ("Morte violenta de Sicharius, habitante de Tours"), Gregório descreve a retomada e o desfecho do conflito entre os habitantes da *civitas*: *Bellum vero illud, quod inter cives Toronicus superius diximus terminatum, in rediviva rursum insania surgit*. Note-se a freqüência com que o bispo de Tours se refere à *bellum civilium* e às *bella civilia*. É dificil, num primeiro momento, compreender as razões do emprego alternado da expressão no singular e no plural, mas é possível afirmar que ela constitui a expressão-chave do relato. De um modo mais geral, a "guerra" é um conceito-chave da obra de Gregório de Tours. No prólogo do livro I, ele afirma: *Scripturus bella regum cum gentibus adversis, martyrum cum paganis, eclesiarum cum hereticis, prius fidem meam proferre cupio, ut qui ligirit me non dubitet esse catholicum*. Eis, portanto, o objeto de nosso autor: as "guerras" dos reis com as nações adversas, a dos mártires com os pagãos, a das igrejas contra os heréticos. Pode-se afirmar que esse é o "motor" das *Histórias*, o movimento a partir do qual se anuncia o triunfo final do Cristo. O papel escatológico dessas "guerras" fica claro quando, na frase seguinte, Gregório menciona o fim do mundo: *Illud etiam placuit propter eos, qui adpropinquantem finem mundi disperant, ut, collectam per chronicas vel historias anteriorum annorum summam, explanitur aperte, quanti ab exordio mundi sint anni*.

A expressão *bella civilia*, ao contrario, possui uma acepção negativa, que vai se tornando cada vez mais explícita ao longo do livro IV, e que designa a luta fratricida entre os herdeiros de Clotário I: *Dum autem cum eis esset turbatus Sigyberthus, Chilpericus, frater eius, Remus pervadit et alias civitates, quae ad eum pertenebant, abstulit.* **Ex hoc enim inter eos, quod peius est, bellum civile surrexit** (*Histórias* IV, 23). No capítulo 47, Gregório afirma que o rei Gontrão, para pôr fim às querelas entre ele e o rei Sigeberto, seu irmão, reuniu os bispos em Paris para que eles decidissem qual dois dois tinha razão: **Sed ut bellum civili in maiore pernicitate crescerit**, *eos audire, peccatis facientibus, distulerunt* (*Histórias* IV, 47). Mas é no prólogo do livro V que Gregório define mais claramente as *bella civilia*: *Taedit me bellorum civilium diversitatis, que Francorum gentem et regnum valde proterunt, memorare; in quo, quod peius est, tempore illud quod Dominus de dolorum praedixit initium iam videmus: Consurgit pater in filium, filius in patrem, frater in fratrem, proximus in propinquum*. Durante muito tempo, os historiadores avaliaram essas guerras civis como um fenômeno exclusivo da dinastia merovíngia, como se a definição de Gregório englobasse apenas e tão somente aquela família. Ora, o bispo de Tours menciona de maneira explícita "a nação e o reino dos francos". Além do mais, se a noção de "guerra" aparece no prólogo do livro I como uma espécie de "motor" das *Histórias*, as "guerras civis" aparecem como o indício do fim dos tempos, a prova que o "tempo das dores" já começou. Inspirado no Evangelho de São Mateus, Gregório define as *bella civilia* como sinônimo de discórdia, com o pai se levantando contra o filho, o filho contra o pai, o irmão contra o irmão e o próximo contra o próximo. Elas não são o oposto da "paz" com as outras nações, mas apenas o oposto de uma "paz civil" que deveria prevalecer no interior do reino e servir como instrumento de conquistas dessas outras nações: *Utinam et vos, o regis, in his proelia, in quibus parentes vestri desudaverunt, exercimini, ut gentes, vestra pace conterritae, vestris viribus praemirentur!* A condenação das "guerras civis" não constitui, portanto, uma condenação a todas as formas de violência, mas apenas àquelas que provocam a divisão e destroem a concórdia: *Si tibi, o rex, bellum civili delectat, illut quod apostolus in hominem agi meminit exerce, ut spiritus concupiscat adversus carnem et vitia virtutibus caedant; et tu liber capite tuo, id est Christo, servias, qui quondam radicem malorum servieras conpeditus.* Há, portanto, na crítica de Gregório às "guerras civis" o espaço para uma "violência legítima" que nos ajudará a compreender a interferência do próprio Gregório nos conflitos ocorridos em Tours na segunda metade do século VI.

O primeiro elemento a ser levado em conta no relato do livro VII, capítulo 47, é que a intervenção de Gregório deve ser entendida como a ingerência de um agente da autoridade pública em um conflito entre os habitantes da *civitas*, e não apenas como a ingerência de um pastor em seu rebanho. Aliás, ele não interfere sozinho, mas como apoio do *iudex* (conde) de Tours: *Quod nos audientes, vehimenter ex hoc molesti, adiuncto iudice, mittimus ad eos legationem, ut in nostri praesentia venientes, accepta ratione, cum pace discederent, ne iurgium in amplius pululuret.* Temos aqui todos os elementos de uma ação legal: o apoio do conde, a convocação dos litigantes à presença dos juízes (no caso, Gregório e o conde), e o estabelecimento da paz, de modo a evitar a ampliação da querela. A vinda dos litigantes até a presença dos juízes é um elemento constitutivo da prática jurídica no mundo franco: ela remete não apenas ao fato de que o julgamento ocorre em um lócus específico, mas também que o deslocamento dos litigantes até esse lócus é sinal da preeminência da autoridade pública. Note-se que a intervenção de Gregório não ocorre desde o início da querela, mas somente quando um dos litigantes, Sicário, age em desrespeito ao processo em curso: *Dehinc cum in iudicio civium convenissent et praeceptum esset, ut Austrighyselus, qui homicida erat et, interfectis pueris, res sine audientia diripuerat, censura legali condempnaretur, inito placito, paucis infra diebus Sicharius audiens, quod res, quas Austrighyselus direpuerat, cum Aunone et filio adque eius fratre Eberulfo retinerentur, postposito placito, coniunctus Audino, mota seditione, cum armatis viris inruit super eos nocte, elisumque hospicium, in quo dormiebant, patrem cum fratre et filio interemit resque eorum cum pecoribus, interfectisque ser-*

vis, abduxit. Quod nos audientes, vehimenter ex hoc molesti, adiuncto iudice, mittimus ad eos legationem, ut in nostri praesentia venientes, accepta ratione, cum pace discederent, ne iurgium in amplius pululuret. O primeiro julgamento é realizado pelos habitantes do local (o vilarejo de Manthelan) onde a contenda se iniciou, sem que haja referência à interferência de uma instância superior. É somente depois de Sicário ter cometido assassinatos "em desrespeito ao processo em curso" (*postposito placito*), que o bispo de Tours e o *iudex* entram em ação. Mais curioso ainda, o objetivo proclamado da ingerência não é suprimir completamente a querela, mas impedir que ela se amplie mais (*...ne iurgium in amplius pululuret*). Essa mesma idéia está presente no "Prólogo curto" do *Pactus legis Salicae*, escrito entre o final do século VII e o início do século VIII: *Placuit auxiliante Domino atque conuenit inter Francos atque eorum proceribus*, **ut pro seruandum inter se pacis studium omnia incrementa <uirtutum> rixarum resecare deberent**, *et quia ceteris gentibus iuxta se positis fortitudinis brachio prominebant, ita etiam eos legali auctoritate praecellerent, ut iuxta qualitate causarum sumerent criminalis actio terminum*[21]. O Prólogo estabelece uma relação direta entre o estabelecimento da paz entre todos e a supressão do aumento das disputas: a "paz" não é sinônimo de supressão de todas as querelas, mas a cessação de seu crescimento. Isso significa que a "paz" não é incompatível com um certo grau de disputas, da mesma forma como a crítica de Gregório às "guerras civis" deixa espaço para uma "violência legítima", aquela praticada pelos reis francos contra as nações adversárias. Podemos, assim, enunciar a principal hipótese deste trabalho: o objetivo das composições não era combater sistematicamente a vingança, mas promover uma "paz" que os observadores modernos qualificariam de instável, na medida em que ela poderia conviver com certo grau de violência interpessoal, ou seja, com a própria pratica da vingança. Essa aceitação da vingança pode ser explicada a partir da ênfase dada pela legislação franca nas controvérsias, em detrimento dos delitos que podiam dar origem a elas. No "Prólogo curto", observa-se que o objetivo da lei não era punir os delitos, mas julgá-los em função da natureza das controvérsias: *ut iuxta qualitate causarum sumerent criminalis actio terminum*. Isso explica por quê o bispo de Tours definiu a composição a ser paga por Sicário em metade do que estabelecia a lei: *Tunc partes a iudice ad civitatem deductae, causas proprias prolocuntur; inventumque est a iudicibus, ut, qui nollens accepere prius conpositionem domus incendiis tradedit, medietatem praetii, quod ei fuerat iudicatum, amitteret – et hoc contra legis actum, ut tantum pacifici redderentur – aliam vero medietatem conpositionis Sicharius redderet. Tunc datum ab aeclesia argentum, quae iudicaverant, accepta securitate, conposuit, datis sibi partes invicem sacramentis, ut nullo umquam tempore contra alterum pars alia musitaret. Et sic altercatio terminum fecit.* Se ele admite ter agido contra o que estabelecia a lei, é para que a "paz" fosse estabelecida.

---

[21] Pactus Legis Salicae. ed. K. A. Eckhardt, MGH, Leges Nationum Germanicarum, sectio I, v. 4, Leipzig, 1962. p. 2.

Isso significa que a vingança possuía no Reino dos Francos o estatuto de um direito da *Volksgenossenschaft*, como sustentaram historiadores do direito na Alemanha? A existência dessa *Volksgenossenschaft* releva do domínio da fantasia historiográfica do século XIX. Não há elementos suficientes para se sustentar a relação entre o reconhecimento por parte da autoridade pública de formas legítimas de violência e a existência de um direito à vingança que remontaria aos primórdios da história germânica. O que se pode afirmar, com o apoio de vários indícios, é que a vingança estava integrada nas práticas sociais e políticas do *Regnum Francorum* no século VI: *Vidastis cognomento Avus, qui ante hos annos Lupum Ambrosiumque pro amore uxoris Ambrosii interfecerat et ipsam sibi, quae consubrina sua esse dicebatur, in matrimunio acceperat, dum multa scelera infra Pectavum terminum perpetraret, quodam loco cum Chulderico Saxone coniunctus, dum se invicem convitiis lacesserent, unus ex pueris Chulderici Avonem hasta transfixit.* ***Qui ad terram ruens, plerisque adhuc ictibus sauciatus, iniquam animam, sanguine defluente, refudit; fuitque ultrix divina maiestas sanguinis innocentis, quem propria effuderat manu*** (*Histórias* VII, 3). Como vemos nesse relato de Gregório de Tours, a Majestade divina se vinga. A descrição das intervenções de Deus em favor de seus servidores nesses termos mostra que a vingança estava integrada ao horizonte ideológico do episcopado franco.

Há ainda outros indícios de que essa prática era reconhecida como uma possibilidade pela própria legislação real. O Edito de Chilperico prevê uma série de sanções contra aqueles que se recusarem a efetuar a composição após terem cometido o mal no pagus: *Si quis causam mallare debet et sic ante vicinas causam suam notam faciat et sic ante rachymburgiis videredum donet: et si ipsi hoc, dubitant, ut malletur causam. Nam antea mallare non presummat; et si ante mallare presumpserit, causam perdat. Nam si certe fuerit malus homo qui male in pago faciat et non habeat ubi consistat nec res unde conponat et per silvas vadit et in presentia nec agens nec parentes ipsum adducere possunt, tunc agens ille et cui male fecit nobiscum adcusent et ipsum mittemus foras nostro sermone, ut quicumque eum invenerit, quomodo sic ante pavido interfitiat*[22]. O Edito menciona também as circunstâncias nas quais aquele que perpetrou o mal não pode ser conduzido diante do rei para ser julgado. Trata-se, portanto, de uma referência à necessidade de um julgamento presidido pelo rei e, portanto, o que é óbvio, em presença desse último, ou talvez de um representante seu. O termo mais importante nesse edito não é a *praesentia*, mas o *sermo regis*, ou a "palavra do rei": é essa palavra quem garante um julgamento de acordo com as normas do procedimento judiciário. Ser colocado fora do *sermo regis* significa perder toda a possibilidade de um julgamento equânime. O *sermo regis* significa aqui a proteção formal concedida aos acusados face à violência e à imprevisibilidade dos acertos inter-pessoais. No capítulo 19 do livro IX das *Histórias*, Gre-

---

[22] Chilperici Edictum, 4, Capitularia Merowingica. ed. A. Borétius, MGH Leges. Capitularia regum Francorum, Hanovre, 1881, I, p. 1-23, aqui, p. 10.

gório conclui seu relato das "guerras civis" mencionando o assassinato de Sicarius por Austregesilo. Esse último teria ido ao encontro do rei para justificar-se pelo ocorrido, deparando-se então com a cólera da rainha Brunilda, pois Sicário estava sob sua proteção (*in eius verbo*). É em sobreposição às relações inter-pessoais que a "palavra" real deve ser entendida: ela garante a previsibilidade de um ordenamento jurídico no qual as mesmas regras se aplicam a todos os litigantes. A afirmação pelo rei da existência de um domínio onde as regras jurídicas não são válidas, supõe um outro domínio no qual o culpado está fora de qualquer regime de proteção legal, podendo mesmo ser assassinado, sem conseqüências legais para o assassino. Vemos, portanto, que a vingança não é combatida sistematicamente pela legislação real, e sequer excluída: ela é uma possibilidade claramente proclamada.

Vejamos um último exemplo que ilustra as relações particulares entre a autoridade pública e a vingança no período merovíngio. Trata-se do Preceito de Childeberto I, publicado na primeira metade do século VI. Neste preceito, o culto aos ídolos é apresentado como uma ofensa (*iniuria*) feita a Deus: *Qualiter in sacriligiis Dei iniuria vindicetur, nostrum est pertractandum, et quia fides nostra, ut verbo de altario sacerdote faciente, quaecumque de euangelio, prophetis vel apostolo fuerit adnuntiatum, in quantum Deus dat intellectum*[23]. Ora, a própria legislação real aparece aqui como instrumento da vingança! Decididamente, não é possível afirmar a existência de um oposição entre a autoridade pública e a violência na época merovíngia. Essa última pode ser inclusive um instrumento de afirmação da "paz", ao forçar os litigantes a um compromisso.

47	DE BELLO CIVILE INTER CIVES TORONICUS

Gravia tunc inter Toronicos cives bella civilia surrexerunt. Nam Sicharius, Iohannis quondam filius, dum ad natalis dominici solemnia apud Montalomaginsim vicum cum Austrighyselo reliquosque pagenses caelebraret, presbiter loci misit puerum ad aliquorum hominum invitationem, ut ad domum eius bibendi gratia venire deberint. Veniente vero puero, unus ex his qui invitabantur, extracto gladio, eum ferire non metuit. Qui statim cecidit et mortuus est. Quod cum Sicharius audisset, qui amicitias cum presbitero retinebat, quod scilicet puer eius fuerit interfectus, arrepta arma ad eclesiam petit, Austrighyselum opperiens. Ille autem haec audiens, adpraehenso armorum apparatu, contra eum diregit. Mixtisque omnibus, cum se pars utraque conliderit, Sicharius inter clericos ereptus, ad villam suam effugit, relictis in domo presbiteri cum argento et vestimentis quattuor pueris sauciatis. Quo fugiente, Austrighyselus iterum inruens, interfectis pueris, aurum argentumque cum reliquis rebus

---

[23] Childeberti I. Regis Praeceptum, 2, Capitularia Merowingica. ed. A. Borétius, MGH Leges. Capitularia regum Francorum, Hanovre, 1881, I, p. 1-23, aqui, p. 2.

abstulit. Dehinc cum in iudicio civium convenissent et praeceptum esset, ut Austrighyselus, qui homicida erat et, interfectis pueris, res sine audientia diripuerat, censura legali condempnaretur, inito placito, paucis infra diebus Sicharius audiens, quod res, quas Austrighyselus direpuerat, cum Aunone et filio adque eius fratre Eberulfo retinerentur, postposito placito, coniunctus Audino, mota seditione, cum armatis viris inruit super eos nocte, elisumque hospicium, in quo dormiebant, patrem cum fratre et filio interemit resque eorum cum pecoribus, interfectisque servis, abduxit. Quod nos audientes, vehimenter ex hoc molesti, adiuncto iudice, mittimus ad eos legationem, ut in nostri praesentia venientes, accepta ratione, cum pace discederent, ne iurgium in amplius pululuaret. Quibus venientibus coniunctisque civibus, ego aio: «Nolite, o viri, in sceleribus proficere, ne malum longius extendatur. Perdidimus enim aeclesiae filios; metuemus nunc, ne et alios in hac intentione careamus. Estote, quaeso, pacifici; et qui malum gessit, stante cantate, conponat, ut sitis filii pacifici, qui digni sitis regno Dei, ipso Domino tribuente, percipere. Sic enim ipse ait: Beati pacifici, quoniam filii Dei vocabuntur. Ecce enim! etsi illi, qui noxae subditur, minor est facultas, argento aeclesiae redemitur; interim anima viri non pereat». Et haec dicens, optuli argentum aeclesiae; sed pars Chramnesindi, quae mortem patris fratrisque et patrui requirebat, accepere noluit. His discedentibus, Sicharius iter, ut ad regem ambularet praeparat, et ob hoc Pectavum ad uxorem cernendam proficiscitur. Cumque servum, ut exerceret opera, commoneret elevatamque virgam ictibus verberaret, ille, extracto baltei gladio, dominum sauciare non metuit. Quo in terra ruente, currentes amici adpraehensum servum crudeliter caesum, truncatis manibus et pedibus, patibolo damnaverunt.

Interim sonus in Toronicum exiit, Sicharium fuisse defunctum. Cum autem haec Chramnesindus audisset, commonitis parentibus et amicis, ad domum eius properat. Quibus spoliatis, interemptis nonnullis servorum, domus omnes tam Sichari quam reliquorum, qui participes huius villae erant, incendio concremavit, abducens secum pecora vel quaecumque movere potuit. Tunc partes a iudice ad civitatem deductae, causas proprias prolocuntur; inventumque est a iudicibus, ut, qui nollens accepere prius conpositionem domus incendiis tradedit, medietatem praetii, quod ei fuerat iudicatum, amitteret – et hoc contra legis actum, ut tantum pacifici redderentur – aliam vero medietatem conpositionis Sicharius redderet. Tunc datum ab aeclesia argentum, quae iudicaverant, accepta securitate, conposuit, datis sibi partes invicem sacramentis, ut nullo umquam tempore contra alterum pars alia musitaret. Et sic altercatio terminum fecit.

19 DE INTERITU SICHARI CIVIS THORONICI

Bellum vero illud, quod inter cives Toronicus superius diximus terminatum, in rediviva rursum insania surgit. Nam Sicharius, cum post interfectionem parentum Chramisindi magnam cum eo amicitiam patravisset et in tantum se caritate mutua diligerent, ut plerumque simul cibum caperent ac in uno pariter stratu recumberent, quadam die cenam sub nocturno tempore praeparat Chramisindus, invitans Sicharium ad epulum suum. Quo veniente, resident pariter ad convivium. Cumque Sicharius crapulatus a vino multa iactaret in Chramisindo, ad extremum dixisse fertur: «Magnas mihi debes referre grates, o dulcissime frater, eo quod interfecerim parentes tuos, de quibus accepta compositione, aurum argentumque superabundat in domum tuam, et nudus nunc essis et egens, nisi haec te causa paululum roborassit». Haec ille audiens, amaro suscepit animo dicta Sichario dixitque in corde suo: «Nisi ulciscar interitum parentum meorum, amittere nomen viri debeo et mulier infirma vocare». Et statim extinctis luminaribus, caput Sichari seca dividit. Qui parvolam in ipso vitae termino vocem emittens, cecidit et mortuus est. Pueri vero, qui cum eo venerant, dilabuntur. Chramisindus exanimum corpus nudatum vestimentis adpendit in saepis stipite, ascensisque aequitibus eius, ad regem petiit; ingressusque aeclesia, ad pedes prosternitur regis, dicens: «Vitam peto, o gloriose rex, eo quod occiderim homine, qui, parentes meus clam interfectis, res omnes diripuerunt». Cumque, expositis per ordinem causis, regina Brunechildis graviter accepisset, eo quod in eius verbo Sicharius positus taliter fuerat interfectus, frendere in eum coepit. At ille, cum vidisset eam adversam sibi, Vosagensim territurii Biturigi pagum expetiit, in quo et eius parentes degebant, eo quod in regno Guntchramni regis haberetur. Tranquilla quoque, coniux Sichari, relictis filiis et rebus viri sui in Toronico sive in Pectavo, ad parentes suos Mauriopes vicum expetiit; ibique et matrimonio copulata est. Obiit autem Sicharius quasi annorum XX. Fuit autem in vita sua levis, ebriosus, homicida, qui nonnullis per ebrietatem iniuriam intulit. Chramisindus vero iterum ad regem abiit, iudicatumque est ei, ut convinceret super se eum interfecisse. Quod ita fecit. Sed quoniam, ut diximus, regina Brunechildis in verbo suo posuerat Sicharium, ideoque res huius confiscari praecepit; sed in posterum a Flaviano domestico redditae sunt. Sed et ad Aginum properans, epistolam eius elicuit, ut a nullo contingeretur. Ipsi enim res eius a regina concessae fuerant.

3 REFERÊNCIAS

BARTHÉLEMY, D.; BOUGARD, F.; JAN LE R. (Dir.), **La vengeance, 400-1200**. Paris: École Française de Rome, 2006.

Childeberti I. Regis Praeceptum, 2, Capitularia Merowingica. ed. A. Borétius, MGH Leges. Capitularia regum Francorum, Hanovre, 1881.

Chilperici Edictum, 4, Capitularia Merowingica. ed. A. Borétius, MGH Leges. Capitularia regum Francorum, Hanovre, 1881.

COULANGES, N. D. Fustel de. De l'analyse des texts historiques. **Revue des questions historiques**, 41 (1887), p. 5-35.

FOURACRE, P. Placita and the settlement of disputes in later Merovingian Gaul. *In*: W. Davies, P. Fouracre (Ed.). **The Settlement of Disputes in Early Medieval Europe**. Cambridge, 1986. p. 23-44.

GEARY, P. Vivre en conflit dans une France sans État: typologie des mecanismes de règlement des conflits (1050-1200). **Annales ESC**, 5 (1986), p. 1.107-1.133).

Gregorii episcopi Turonensis historiarum libri X. Monumenta Germaniae Histórica, Scriptores Rerum Merovingicarum, ed. B. Krush, W. Levison, Hanover, 1951.

GUIZOT, F. **Histoire de la civilisation en Europe**. 1. ed. 1828. Paris: Hachette, 1985.

GUYOTJEANNIN, O. **Les sources de l'histoire médiévale**. Paris: Le Livre de Poche, 1998. p. 150.

JAMES, E. Beati pacifici: Bishops and the Law in Sixth-Century Gaul. *In*: BOSSY, J. (Ed.). **Disputes and Settlements. Law and Human Relations in the West**. Cambridge, 1983. p. 25-46.

LE JAN, R. La vengeance d'Adèle ou la construction d'une légende noire. *In*: BARTHÉLEMY, D.; BOUGARD, F.; LE JAN, R. (Dir.). **La vengeance, 400-1200**. Paris: École Française de Rome, 2006. p. 325-340.

Le règlement des conflits au Moyen Age (Actes du XXXIe Congrès de la SHMESP). Paris: Publications de la Sorbonne, 2001.

MONOD, G. Les aventures de Sichaire. Commentaire des chapitres XVLII du livre VII et XIX du livre IX de l'Histoire des Francs de Grégoire de Tours. **Revue Historique**, 31, 1886. p. 259-290.

Pactus Childeberti I et Chlotarii I. Capitularia Merowingica. ed. A. Borétius, MGH Leges. Capitularia regum Francorum, Hanovre, 1881, I, p. 1-23, aqui, p. 7.

Pactus Legis Salicae. ed. K. A. Eckhardt, MGH, Leges Nationum Germanicarum, sectio I, v. 4, Leipzig, 1962. p. 2.

SILVA, M. Cândido da; MAZETTO JUNIOR, M. A Realeza nas fontes do período merovíngio (séculos VI-VIII). **História Revista**. Revista do Programa de Pós-Graduação em História, Universidade Federal de Goiás, 11, 2006, p. 89-119.

WAITZ, G. **Deutsche Verfassungsgeschichte**. Kiel: Ernst Homann, 1875.

WALLACE-HADRILL, J. M. The Bloodfeud of the Franks. *In*: **The Long-Haired Kings and Other Studies in Frankish History**. Londres, 1962. p. 121-47.

WILDA, W. E. **Das Strafrecht der Germanen**. 1. ed. 1842. Aalen: Scientia, 1960.

WOOD, I. N. Disputes in late fifth and sixth-century Gaul: some problems. *In*: DAVIES, W.; FOURACRE, P. (Ed.). **The Settlement of Disputes in Early Medieval Europe**, Cambridge, 1986. p. 7-22.

ÍNDICE ALFABÉTICO

A

- A monarquia portuguesa e o Cisma do Ocidente (1378-85). Fátima Regina Fernandes. 137
- Algunas aproximaciones en relación con el espacio fronterizo entre Castilla y Granada (S. XIII-XV): espacio, instituciones, guerra y tregua. Diego Melo Carrasco. 69
- Alianças matrimoniais como estratégias políticas na Península Ibérica. José Carlos Gimenez. 157
- Ariel Guiance. Tiranos y tirania en la castilla medieval (Siglos VIII-XII). 51
- Autoridade pública e violência no período merovíngio: Gregório de Tours e as Bella Civilia. Marcelo Cândido da Silva. 181
- Autoridade Régia. O rei e a lei na Hispania Visigoda: os limites da autoridade régia segundo a *Lex Wisigothorum*, II, 1-8 de Recesvinto (652-670). Renan Frighetto. 117

B

- Bella Civilia. Autoridade pública e violência no período merovíngio: Gregório de Tours e as Bella Civilia. Marcelo Cândido da Silva. 181
- Bizancio. Noticias bizantinas en España - El caso de San Isidoro de Sevilla. José Marín Riveros. 27
- Bizantinos. Noticias bizantinas en España - El caso de San Isidoro de Sevilla. José Marín Riveros. 27
- Bragança. Relações entre a municipalidade e a Monarquia Portuguesa: o caso de Bragança. Marcella Lopes Guimarães. 87

C

- Castilla. Algunas aproximaciones en relación con el espacio fronterizo entre Castilla y Granada (S. XIII-XV): espacio, instituciones, guerra y tregua. Diego Melo Carrasco. 69
- Castilla Medieval. Tiranos y tirania en la castilla medieval (Siglos VIII-XII). Ariel Guiance. 51
- Cisma. A monarquia portuguesa e o Cisma do Ocidente (1378-85). Fátima Regina Fernandes. 137

- Control social. El otro poder: vida cotidiana y control social en Roma. Marcela A. E. Cubillos Poblete 15

D

- Diego Melo Carrasco. Algunas aproximaciones en relación con el espacio fronterizo entre Castilla y Granada (S. XIII-XV): espacio, instituciones, guerra y tregua. 69

E

- El otro poder: vida cotidiana y control social en Roma. Marcela A. E. Cubillos Poblete. 15
- Espacio. Algunas aproximaciones en relación con el espacio fronterizo entre Castilla y Granada (S. XIII-XV): espacio, instituciones, guerra y tregua. Diego Melo Carrasco. 69
- España. Noticias bizantinas en España - El caso de San Isidoro de Sevilla. José Marín Riveros. 27
- Espetáculo. Poder e espetáculo no início do Principado Romano. Renata Senna Garraffoni. 107

F

- Fátima Regina Fernandes. A monarquia portuguesa e o Cisma do Ocidente (1378-85). 137
- Frontera. Algunas aproximaciones en relación con el espacio fronterizo entre Castilla y Granada (S. XIII-XV): espacio, instituciones, guerra y tregua. Diego Melo Carrasco. 69

G

- Gladiador. Poder e espetáculo no início do Principado Romano. Renata Senna Garraffoni. 107
- Granada. Algunas aproximaciones en relación con el espacio fronterizo entre Castilla y Granada (S. XIII-XV): espacio, instituciones, guerra y tregua. Diego Melo Carrasco. 69
- Gregório de Tours. Autoridade pública e violência no período merovíngio: Gregório de Tours e as Bella Civilia. Marcelo Cândido da Silva. 181
- Guerra. Algunas aproximaciones en relación con el espacio fronterizo entre Castilla y Granada (S. XIII-XV): espacio, instituciones, guerra y tregua. Diego Melo Carrasco. 69

H

- Hispania Visigoda. O rei e a lei na Hispania Visigoda: os limites da autoridade régia segundo a *Lex Wisigothorum*, II, 1-8 de Recesvinto (652-670). Renan Frighetto. 117

I

- Imperador. Poder e espetáculo no início do Principado Romano. Renata Senna Garraffoni. 107
- Instituciones. Algunas aproximaciones en relación con el espacio fronterizo entre Castilla y Granada (S. XIII-XV): espacio, instituciones, guerra y tregua. Diego Melo Carrasco. 69
- Instituição. Júlio César, poder, instituições e jurisdições na construção biográfica de Plutarco. Pedro Paulo A. Funari. 175

J

- José Carlos Gimenez. Alianças matrimoniais como estratégias políticas na Península Ibérica. 157
- José Marín Riveros. Noticias bizantinas en España - El caso de San Isidoro de Sevilla. 27
- Júlio César, poder, instituições e jurisdições na construção biográfica de Plutarco. Pedro Paulo A. Funari. 175
- Jurisdição. Júlio César, poder, instituições e jurisdições na construção biográfica de Plutarco. Pedro Paulo A. Funari. 175

L

- Lei. O rei e a lei na Hispania Visigoda: os limites da autoridade régia segundo a *Lex Wisigothorum*, II, 1-8 de Recesvinto (652-670). Renan Frighetto. 117
- *Lex Wisigothorum*. O rei e a lei na Hispania Visigoda: os limites da autoridade régia segundo a *Lex Wisigothorum*, II, 1-8 de Recesvinto (652-670). Renan Frighetto. 117

M

- Marcela A. E. Cubillos Poblete. El otro poder: vida cotidiana y control social en Roma. 15
- Marcella Lopes Guimarães. Relações entre a municipalidade e a Monarquia Portuguesa: o caso de Bragança. 87

- Marcelo Cândido da Silva. Autoridade pública e violência no período merovíngio: Gregório de Tours e as Bella Civilia. 181
- Monarquia portuguesa. Relações entre a municipalidade e a Monarquia Portuguesa: o caso de Bragança. Marcella Lopes Guimarães. 87
- Monarquia portuguesa e o Cisma do Ocidente (1378-85). Fátima Regina Fernandes. 137
- Municipalidade. Relações entre a municipalidade e a Monarquia Portuguesa: o caso de Bragança. Marcella Lopes Guimarães. 87

N

- Noticias bizantinas en España - El caso de San Isidoro de Sevilla. José Marín Riveros. 27

O

- O rei e a lei na Hispania Visigoda: os limites da autoridade régia segundo a *Lex Wisigothorum*, II, 1-8 de Recesvinto (652-670). Renan Frighetto. 117
- Ocidente. A monarquia portuguesa e o Cisma do Ocidente (1378-85). Fátima Regina Fernandes. 137

P

- Pedro Paulo A. Funari. Júlio César, poder, instituições e jurisdições na construção biográfica de Plutarco. 175
- Península Ibérica. Alianças matrimoniais como estratégias políticas na Península Ibérica. José Carlos Gimenez. 157
- Período Merovíngio. Autoridade pública e violência no período merovíngio: Gregório de Tours e as Bella Civilia. Marcelo Cândido da Silva. 181
- Plutarco. Júlio César, poder, instituições e jurisdições na construção biográfica de Plutarco. Pedro Paulo A. Funari. 175
- Poder. El otro poder: vida cotidiana y control social en Roma. Marcela A. E. Cubillos Poblete. 15
- Poder. Júlio César, poder, instituições e jurisdições na construção biográfica de Plutarco. Pedro Paulo A. Funari. 175
- Poder. Poder e espetáculo no início do Principado Romano. Renata Senna Garraffoni. 107
- Poder e espetáculo no início do Principado Romano. Renata Senna Garraffoni. 107
- Povo. Poder e espetáculo no início do Principado Romano. Renata Senna Garraffoni. 107

- Principado romano. Poder e espetáculo no início do Principado Romano. Renata Senna Garraffoni. 107

R

- Recesvinto. O rei e a lei na Hispania Visigoda: os limites da autoridade régia segundo a *Lex Wisigothorum*, II, 1-8 de Recesvinto (652-670). Renan Frighetto. 117
- Rei e a lei na Hispania Visigoda: os limites da autoridade régia segundo a *Lex Wisigothorum*, II, 1-8 de Recesvinto (652-670). Renan Frighetto........... 117
- Relações entre a municipalidade e a Monarquia Portuguesa: o caso de Bragança. Marcella Lopes Guimarães... 87
- Renan Frighetto. O rei e a lei na Hispania Visigoda: os limites da autoridade régia segundo a *Lex Wisigothorum*, II, 1-8 de Recesvinto (652-670)........ 117
- Renata Senna Garraffoni. Poder e espetáculo no início do Principado Romano. 107
- Roma. El otro poder: vida cotidiana y control social en Roma. Marcela A. E. Cubillos Poblete. 15
- Roma. Poder e espetáculo no início do Principado Romano. Renata Senna Garraffoni. 107

S

- San Isiodoro de Sevilla. Noticias bizantinas en España - El caso de San Isidoro de Sevilla. José Marín Riveros... 27
- Sumário. 13

T

- Tiranos y tirania en la castilla medieval (Siglos VIII-XII). Ariel Guiance. 51
- Tregua. Algunas aproximaciones en relación con el espacio fronterizo entre Castilla y Granada (S. XIII-XV): espacio, instituciones, guerra y tregua. Diego Melo Carrasco. 69

V

- Vida cotidiana. El otro poder: vida cotidiana y control social en Roma. Marcela A. E. Cubillos Poblete. 15
- Violência. Autoridade pública e violência no período merovíngio: Gregório de Tours e as Bella Civilia. Marcelo Cândido da Silva................................. 181
- Visigodos. Noticias bizantinas en España - El caso de San Isidoro de Sevilla. José Marín Riveros.. 27

JURUÁ EDITORA

Esta obra foi impressa em oficinas próprias, utilizando um moderno sistema digital de impressão por demanda. Ela é fruto do trabalho das seguintes pessoas:

Professores revisores:
Adão Lenartovicz
Dagoberto Grohs Drechsel

Impressão:
Andrea L. Martins
Doreval Carvalho
Marcelo Schwb

Editoração:
Elaine Gonsales
Elisabeth Padilha
Emanuelle Milek

Acabamento:
Afonso P. T. Neto
Anderson A. Marques
Bibiane A. Rodrigues
Luciana de Melo
Luzia Gomes Pereira
Maria José V. Rocha
Nádia Sabatovski
Sueli de Oliveira
Willian A. Rodrigues

Índices:
Emilio Sabatovski
Iara P. Fontoura
Tania Saiki

"Ma il nuovo non deve farci dimenticare il vecchio."
Arnaldo Momigliano